鄭彥棻傳

馮成榮 著

東大圖書公司 印行

國立中央圖書館出版品預行編目資料

鄭彥棻傳／馮成榮著．--初版．--
臺北市：東大發行：三民總經銷，民82
面；　公分．--(滄海叢刊)
ISBN 957-19-1533-5（精裝）
ISBN 957-19-1534-3（平裝）

1.鄭彥棻一傳記

782.886　　82003928

著　者　馮成榮
發行人　劉仲文
著作財產權人　東大圖書股份有限公司
總經銷　三民書局股份有限公司
印刷所　東大圖書股份有限公司
地址／臺北市復興北路三八六號六樓
郵撥／〇一〇七一七五——〇號
初　版　中華民國八十二年六月
編　號　E 78081①
基本定價　陸元捌角玖分
行政院新聞局登記證局版臺業字第〇一九七號

ISBN 957-19-1533-5（精裝）

鄭彥棻先生玉照

(右)民國五十一年鄭彥棻先生六十華誕，先總統蔣公題字祝勉。

(左)民國六十一年鄭彥棻先生七十華誕，先總統蔣公題字祝勉。

民國四十五年鄭彥棻委員長(前右)陪同陳副總統(前右二)在總統府前接見華僑青年回國參加軍中服務團全體人員。

民國五十年十一月鄭彥棻部長(右)參加先總統　蔣公伉儷(左)在陽明山款待回國祝壽僑胞茶會。

鄭彥棻先生伉儷的家庭之樂：觀賞長公子至豪(左)與次公子至剛(右二)下象棋。

民國六十九年春，鄭彥棻先生伉儷(左三、四)在女婿家和四婿四女五外孫合影。

前序

黨國楨幹鄭彥棻先生，廣東順德人氏，自幼命運坎坷，四歲喪父，十一歲亡母，十五歲時又失去弟弟，孤苦伶仃，艱辛備嘗。先生並不因此而懷憂喪志，一蹶不起，反而淬礪奮發，自立自强，終於創造出叱咤風雲，多彩多姿光明燦爛的人生旅程。

先生在「學」的方面，由私塾而小學、大學到留學法國，得到法國國立巴黎大學統計師學位、法科研究員。在「教」的方面，由小學教員、小學訓育主任、中學教師做到國立中山大學教授兼法學院院長。在「黨」的方面，由區黨部書記做到中央委員、中央常務委員及中央黨部秘書長。在「政」的方面，由縣政府的錄事做到行政院政務委員兼僑務委員會委員長、司法行政部部長、總統府秘書長及總統府資政。成為當代名教育家、政治家、僑務問題專家及法學專家。萬事在於人為，先生的成就，絕非倖致也。

再詳細研讀先生之文章，又可以體會到，先生的特點是人格高超；眼光銳利。智慧超人；毅力堅强。學貫中西，道通古今。德業可垂百世；精神永契人心。再就先生的懷念親恩，景仰 國父，効忠 蔣公，尊師重道，關心下屬，幼年苦學，負笈歐陸，愛國愛鄉，熱心教育，戮力黨務，獻身僑務，改革司法，參贊中樞，生活修養，著述立言，都有其最不平凡的表現和建樹，為後世立下了典範。《左傳》有立德、立功、立言三不朽之說，先生可當之無愧矣。

先生之識見高遠，料事神準。主張「多做多對、少做少對、不做不對。」反對「多做多錯、少做少錯、不做不錯。」以及「不求有功，但求無過，凡事差不多。」的消極說法。先生認為「對就是對，非就是非，不可含糊其詞，模稜兩可」。堅信「無功就是有過；保守就是落伍，苟日新、日日新、又日新。」的積極做法。事事講突破，處處求革新，無中生有，虛中求實。先生時刻不忘「機關學校化，工作教育化，辦事科學化。」司掌僑務時，提出「非以役僑乃役於僑，無僑教即無僑務。」的精闢見解，榮膺僑生之父的尊號。接掌司法時，又強調「監獄學校化、監獄工廠化、監獄醫院化、監獄公園化、訴訟便民化。」改革司法，氣象為之一新。先生對一般人不願意去的冷衙門或升官不易的冷板凳，他都樂意去嘗試。對棘手而難做的工作，很樂意接受挑戰。先生抱著人生以服務為目的，服務為快樂之本，吃虧就是佔便宜的原則。常以宗教家的精神，燃燒自己，照亮別人。犧牲奉獻，從不保留。如先生之作風，在今日社會來說，不能說「全無」，先生可能是「僅有」的一位了。

再就先生之大公至正，公而忘私，不論辦黨、辦學或主政，唯人才是用。唐人韓愈〈雜說〉有云：「周世有伯樂❶，然後才有千里馬，千里馬常有，而伯樂不常有。」誠非虛譽也。便知先

❶ 伯樂，姓孫名陽字伯樂，春秋秦穆公時代人，以善相馬而著稱於世。

生之大公無私，求才若渴，卽是伯樂，也有遜色。

筆者不才，多年以來，屢蒙先生渥愛垂護，常思無以圖報；於是恭著《鄭彥棻傳》一書，聊表對先生之景仰與心儀。本書共分十九章，一百一十三節，都二十五萬餘言。唯感筆者學疏才淺，禿筆無能，區區之文，實無法表達先生之豐功偉績、嘉言懿行於萬一，然先生為學與做人；道德與文章，劉勰《文心雕龍．程器篇》有「摛文必在緯軍國，負重必在任棟樑。」又豈是生花之妙筆，所能詳道者哉！

本書的寫成，承蒙前華僑救國聯合總會秘書長陳以令教授親自校閱訂正，德明商專前校長王更生博士的指導，林安弘教授、林清溪秘書詳審雅正、圖書館林萬居先生、文書組程道游先生、司法院第四廳廳長耿雲卿博士以及總統府王金友先生，提供珍貴資料。本書卽將付梓之際，特向其致最誠懇的謝意。更希望由於本書的面世，對於匡正世道人心，轉移社會風氣，鼓舞民心士氣，變化青年氣質，有所助益。本書自民國七十年七月三日始稿，至民國八十二年六月殺青，前後雖歷時十一年，移稿多次，增刪再三，但內容仍嫌不夠精審，掛一錙而漏萬珠，實所難免。懇祈先生之親朋鄉誼、黨國耆碩、革命前輩、方家賢達，多賜教正，則衷心感激不盡也。

中華民國八十二年六月馮成棠識於臺北泉廬

鄭彥棻傳 目錄

第一章 先生之生平行誼

第一節 先生之家世

先生姓鄭名彥棻，籍隸廣東順德，民前十年夏曆正月初一誕生，民國七十九年六月二十一日二十三時四十二分，以腦血管梗塞，病逝於臺北三軍總醫院，享年八十九歲。

先生之尊翁諱作釗字玉剛，是一位清末儒生，不願仕進，隱居林下，開館課徒，後從廣州名大夫趙鶴琴先生習醫學，欲達其「不爲良相，便爲良醫」懸壺濟世，造福桑梓的目的。玉剛公富有濃厚的愛國革命思潮，常奔走各地鼓吹排滿運動，其後先生之六叔鼎彝公和十叔軍凱公，先後參加辛亥起義，追隨革命前輩姚雨平先生光復南京，爲國家赤膽忠誠建立大功，就是受了玉剛公愛國思想的薰陶與影響。

先生令祖父，因爲省吃儉用，薄有積蓄。玉剛公兄弟析產甚早，經濟狀況，原本不太寬裕，完全仰賴其先祖在香山縣開設一座杉木店，來貼補家用，先生之尊翁逝世後，與其弱弟二人，均在稚齡，家中生活，頓失憑據，先生之尊萱辛太夫人還要上奉婆姑，下撫遺孤，其生活就更形艱難困苦了。

先生自幼命運多舛，四歲喪父，十一歲亡母，十五歲時，又失去彥蘂弟弟，不幸之遭遇，無情的打擊，接踵而至，眞所謂門衰祚薄，家徒四壁，孤苦伶仃，無一瓦覆。先生雖歷人世難堪之境，卻秉持自立自強之志，刻苦自勵，奮鬪不懈，終於奠定了後來騰達的人生歷程，完成服務人羣報効黨國的壯志。

第二節　先生之苦學歷程

壹、啓蒙教育時期：先生九歲，弟弟八歲的那年冬天，由其尊萱辛太夫人將兄弟二人送進順德縣槎涌鄉的一所私塾，從黎惠南先生受學，一年後，又轉入北滘鄉由革命前輩周蘇羣先生所創辦的周氏宗祠小學就讀，先生轉入時卽編在初級小學一年級，由於先生用功勤奮，成績進步迅速，不逾一月，先生卽升入高級小學一年級（相當於今日之小學五年級）就讀。

就在這一年，先生之尊萱辛太夫人，因平時操勞過度，身體日益衰弱，病勢轉劇，藥石罔效，一病不起，先生在學校聞訊後，立刻返家隨侍在側，辛太夫人與世長辭了。這是先生一生當中最痛苦、最悲傷、最哀慟、最難忘的一天。

先生服喪一年期滿之後，先生又回到北滘小學念書，爲了節省膳費，每日往返外祖家中用餐，常因思母心切，感懷身世之坎坷，暗自悲傷而潸然淚下，但痛苦又不能向他人傾訴，只有咬緊牙關，度過漫長孤單苦難的歲月。

先生在北滘鄉高等小學唸到二下時，廣東發生龍濟光叛亂事件，先生被迫輟學，隨其六叔鼎彝公亡命香港，立刻進入一所英文學校唸書，龍濟光之亂敉平之後，又返回廣州，先生認爲自己家境清寒，沒有錢唸中學，只好投考國立高等師範附設的簡易師範，可以免繳學費，可以暫時緩和外祖家中的經濟負擔。

貳、簡易師範教育時期：因先生在高小並未正式畢業，僅能以同等學力報考，結果以備取第六名遞補入學，當時先生仍寄居在廣州陶街外祖父的家裏，距學校尚有六、七華里之遙，並沒有任何交通工具代步，先生中午必須回外祖家用餐，每日往返四次之多，不以爲苦，更習以爲常，藉以磨練自己的奮鬭意志，並且從不遲到早退，期末考試，榮獲全班第一名，自此先生信心倍增，更相信有一分耕耘，就有一分收穫的眞理。

當時的師範學校，雖然都是公費，不繳學費，但仍須交納伙食費，但學校有一單行法規，凡學業成績在八十分以上，操行成績甲等者，可以免交膳費，第一名免六個月，第二名免五個月，第三名免四個月，先生因爲讀書用功，每學期均名列前茅，自然得到全公費的獎勵，因此就減輕了外祖父家的經濟負擔及自己作客的心理壓力，更可改正了同學輕視備取生的不正當心理。

先生十六歲進入國立廣東高師附屬師範讀書時，由於個性內向，不善辭令，好靜而不好動，此乃受先生祖母管教嚴格之影響，但先生認爲讀師範學校的目的，將來就是要爲人師表，如果不善言談，口齒木訥，行爲拘謹，便不適合從事教學工作，因此先生便下定決心，專心研讀說話藝術方面的書籍，自己利用課餘之暇，面對著鏡子，學習講話，每日反覆練習多次，經過一番苦練之後，成績進步可觀，結果先生便成爲學校中最活躍的學生，不但品學兼優，並主動參加各種公共服務的活動，這是先生自幼卽養成不怕苦、不怕難的良好習性，更相信《中庸》上所說「人一能之己百之，人十能之己千之，雖愚必明，雖柔必強」的道理。

先生向以自動、自治、自立、自強而自勉，並不因父母的辭世，弟弟的夭殤，而自暴自棄或頹喪不振，從十五歲開始，卽一面讀書，一面在《采風報》擔任校對工作，半工半讀。進入師範學校之後，對教育的神聖，發生濃厚興趣，並已深深體會到沒有機會讀書的貧苦兒童很可憐，決心與辦一所平民義學。先生除了晚上或星期日在義學服務外，白天利用課餘休息時間，在學生貿易服務部工作，先生由幹事、總經理而到董事長，因經營得法，盈利甚多。暑假期間還要到南海縣政府擔任錄事，先生一直是全班的前三名，先生之辛勤苦讀可想而知了。

叁、高等師範教育時期：先生在附屬師範讀了三年（預科一年、本科二年）因爲成績優異，便連跳兩級，以同等學力考進國立廣東高等師範，先生選定數學爲主科，化學爲副科，因爲三角及大代數以前並未唸過，當然生疏，因此便決心埋首苦讀，把簡師三、四年級的功課，自行補完，斯時先生已接獲廣州市立第二女中的聘書，初登講壇，開始任教，仍然是半工半讀。先生獻身教育的抱負已經有了萌芽。內心之喜悅，非局外人所能知。先生在小學唸書時，在各門功課中以數學最差，每次考試都落在最後幾名，當先生考進國立廣東高師附屬師範之後，先生的數學成績卻一變而成爲全班的第一名，這完全是先生孜孜矻矻、鍥而不捨，格外用功所致。正如朱瑞元先生作證說：「彥棻先生爲人認眞、謹愼、聰明、勤力，在校時，勤奮異常，同學因贈予綽號『書錐』。及升到高師數理化部時，功課艱深，彥棻先生每晚輒讀至午夜，在圖書館中，無時不見其埋頭苦讀，成績每列前茅。」❶但先生卻很謙虛的說，這是歸功於教我數學的劉芙初老師，劉老師是先生平生最敬佩的老師。後來先生再以同等學力考取高師理化部，便是得自於劉老師的熱心教導與鼓勵。一個學生的學業有否成就，全在於老師的正確指引，老師的一言一行、一舉一動，都足以發生示範作用，先生後來辦學特別重視師資，尤其是老師的品德及教學熱誠，其原因即在於此也。

先生升入高師理化部後，又遇到教務主任徐甘棠老師，徐老師也是教數學的，雖不良於行，但教學認眞，督促嚴格，要求學業，一絲不苟，先生經此兩位嚴師教導之後，學業突飛猛進，更

❶《鄭彥棻八十年》第四十頁。

奠定了良好紮實的數學基礎。

肆、大學教育時期：先生所就讀的國立廣東高等師範，到了民國十三年又與法政、農業兩所專科合併，經 國父命名爲國立廣東大學，後又改爲國立中山大學。是先生人生觀的轉捩時期，先生接受了革命的洗禮，信奉了三民主義，再由鄒海濱校長的介紹，加入了中國國民黨，成爲後來不可多得的國家棟樑，吾黨楨幹。

先生當時一面任職附小，一面在母校繼續選修教育課程。先生認爲既然對教育有興趣，就必須修習教育概論、教育心理學、中西教育史和倫理學等科目，所以決定一面教學一面進修。

另外特別值得一提的是先生就讀廣東高等師範時，有機會親自聆聽 國父演講三民主義而引爲終生榮幸。廣東是革命的發源地。先生斯時正是高師部四年級的學生，民國十三年元月 國父蒞臨高師大禮堂演講，曾有三次親自見到 國父。先生爲紀念中山先生演講三民主義六十週年，特以最虔誠的心情，撰寫〈恭聆 國父演講三民主義的感受〉一文，在國內各大報章發表，俾資紀念。先生說：「國父演講時，態度從容，聲調鏗鏘，侃侃而談，內容非常充實，雖是高深理論，但因運詞顯豁，趣味雋永，取材適切，深入淺出，極能吸引聽衆的注意和興趣，國父也越講越有勁，毫無倦容。我當時雖然只是一個快要畢業的學生，也聽得津津有味，越聽越神往，越聽越有勁。……」❷這是先生第一次親自恭聽 國父講演三民主義而終生引以爲榮。第二次先生

❷ 民國七十三年元月二十七日《中央日報》第二版及十二版。

曾以學生會代表的身分，到大元帥府向　國父請願。第三次先生曾以廣東學生聯合會評議部代表的身分恭請　國父向全國學生聯合會評議大會訓話。先生受到　國父偉大精神的感召，得到無比的啓迪而終生難忘。先生後來迭任艱鉅，均能達成使命，完全是受到　國父精神的啓發與薰陶以及鄒海濱校長的提拔與賞識，引薦先生加入了中國國民黨，信仰了三民主義。鄒校長對先生的愛護與栽培，眞是關心備至。這是先生後來一直念念不忘的一樁大事。

伍、負笈歐陸教育時期：民國十四年，國立中山大學校長鄒海濱先生選派一批學生到中山大學海外部去留學，計有學生十人，教授一人，這位教授就是曾任國立政治大學文學院院長的吳敬軒老師。至於留法的十位學生，今天能來到臺灣，忠心耿耿追隨政府而同甘共苦的也只有先生一人了。

先生從小學開始，一直希望能有出國深造的機會，先後曾投考過清華幼年學校，南洋兄弟烟草公司在香港主辦的留學生考試，因爲語文基礎不理想，也均未獲錄取，因此先生便痛下決心在外國語文方面下工夫，非達成考取留學的目的不可。

先生的留學意願是美國，並不是法國，可是留法的機會既然來到，自然不可錯過，經過三思之後，終於接受了鄒校長的選派，於民國十五年春天由上海乘船出發前往法國。中山大學選派一批人到法國去留學，其原因就是法國政府歸還我國的庚子賠款，政府就利用這筆錢在法國里昻創辦中法大學一所，並聘請資深教育家吳稚暉先生擔任首任校長。

先生二十四歲的那一年到法國時，中法大學的校址，原是一座砲臺，那裏住的都是中國人，吃的是中國菜，說的是中國話，風俗習慣完全是中國式的，沒有接觸外國人的機會，先生認爲這樣下去不是辦法，所以便決定到法國四大中學之一的里昂花園中學特別班去攻讀法文及教育學，並擬藉此機會對法國的中等教育制度，作一實地的考察。

法國人民崇尚自由，巴黎又有世界花都之稱，但中學生的管理，確實很有規律化，不論課程與作息時間，全國一致，花園中學更爲謹嚴，全體學生一律住校，先生與其他幾十位中國人同住一室，住校生有專人負責管理，起床、盥洗、早餐、自修、上課等，都指派專人負責，作息時間，絲毫不苟，通學生遲到早退，都要受嚴格的處罰，類似今日的軍事管理。另外，學生在校不准看報，不准看課外讀物，教科書由公家供應，用後由學校收回。

先生進了花園中學不到半年，就放暑假，法國人到了暑假無論貧富貴賤，男女老幼，都要到各地去遊覽。先生的法文老師也要去避暑，還邀約了幾位補習法文的學生聯袂前往。先生爲了能在暑期學習法文，同時藉此考察法國的農村生活，所以也應邀前往山中渡假，結果先生的法文進步很多。

民國十六年暑假，先生爲了要到巴黎大學唸書，決定先到格城的一所最著名的暑期學校，專攻法文及文法，這所學校，師資優秀、教學方法高明，全是外籍學生，先生在這裏苦讀了一個暑假，法文進步不少，獲益良多。

先生留學法國之後，仍想繼續攻讀教育，然而法國大學，都沒有教育系，只有一所著名的而且學術地位很高的國立高等師範，法國人都以能讀這所學校爲榮，先生本想進入這所學校，但該校一向不收外籍學生。先生求學心切，親自拜訪該校校長布格列先生，他是一位社會學專家，曾答應特准先生到該校圖書館研究，並面允擔任先生的指導教授，但先生在主觀條件不允許的情形之下，卻只好去就讀巴黎大學法科研究院了。

先生到巴黎大學選修了統計學，先生認爲統計方法是研究社會科學的鎖鑰，統計學的基本原理是以數學作基礎，先生在國立廣東高等師範，是攻讀數學爲主科，對於統計學的研究，很有幫助，這也是先生到法國後研究統計學的主因。當時先生的指導教授麥斯先生，是一位統計學權威，曾任法國統計局局長，對於統計實務，經驗豐富，由於先生對統計興趣濃厚，學習虛心，研究認眞，麥斯教授的悉心指導，先生於一九三一年六月二十六日榮獲法國國立巴黎大學法學院統計師學位。其論文是〈限制製造痲醉藥品統計上諸問題〉。後來先生擔任廣東省政府秘書長時，創設統計處，推廣統計科學運動，開我國統計學科之先河。

先生自九歲進入私塾開始，即歷艱難困厄，可是先生自幼懷有大志，常對自己說：「沒有知識就沒有一切。」❸任何一位偉人的成功都不是偶然的，必須咬緊牙關，下定決心，衝破所有障

❸《往事憶述》第三十七頁。

礙，一分耕耘，一分收穫，皇天不負苦心人，先生雖然吃盡了苦頭，受盡了折磨，也終於締造了輝煌的成就和萬古不朽的烜赫事功。

第三節 先生之政治生涯

先生於民國十三年六月，畢業於國立廣東高等師範，民國十五年春天負笈歐洲，民國二十年（一九三一年）六月二十六日榮獲法國國立巴黎大學統計學院統計師、法科研究員學位後，即應瑞士日內瓦國際聯盟秘書廳之聘，服務七年後，應鄒海濱校長之徵召，放棄高薪，返回國立中山大學任法學院教授兼院長，時間只有兩年，興革積弊，整飭校風，貢獻良多。

抗日軍興，先生應國際反侵略委員會中國分會會長宋子文先生的聘邀，出任國際反侵略委員會中國分會執行部主任。先生做事腳踏實地，不虛偽、不粉飾，認眞負責，贏得政府高級長官的一致稱道，自此以後，先生之政治生涯，如旭日東升，扶搖直上，不久又奉派中央幹部訓練團教育委員會主任秘書。接著又被廣東省政府主席李漢魂將軍禮邀返粵，擔任廣東省政府委員兼秘書長及統計長。先生識見高遠，處事週詳，時間雖只有兩年，獻替良多，成績卓著，並在百忙中著成《省政五論》一書，轟動遐邇。

民國三十二年三月，先生接奉委員長手諭返回重慶，擔任三民主義青年團中央幹事會常務幹事兼宣傳處長，先生在宣傳處長任內，曾發動徵印《三民主義》一百萬册運動，並襄贊　蔣委員長號召「十萬青年」從軍報國運動，粉碎日本侵華陰謀，抗戰獲得勝利。先生之精心擘畫，建功至鉅。

抗戰勝利，政府還都南京後，開始行憲，先生曾任行憲前廣東省參議員，旋又奉派立法委員及制憲國民大會代表，不久又當選行憲後第一屆民選立法委員。先生在立法委員任內，曾親自研擬立法院議事規則及立法院組織法兩項歷史性任務。

民國三十四年八月至三十五年九月，先生奉命出任中國國民黨中央黨部副秘書長。民國三十五年九月至三十六年九月，先生又回任三民主義青年團中央團部常務幹事兼副書記長，三十六年九月黨團統一，先生又回任中央黨部副秘書長，先生於中央黨部副秘書長任內，曾奉陪　領袖飛抵北平、天津、上海等地慰問同胞，並親率七人代表團訪問印度，先生擔任團長，開會期間，折衝樽俎，赤膽忠心，爲國爭光。三十七年十二月奉命代理中央黨部秘書長。

民國三十八年一月二十一日　蔣公宣布引退，先生與蔣經國、張羣、陳立夫等三位先生奉陪領袖返回溪口，度過春節後，先生回到南京。時因軍事失利，局勢惡化，先生臨危受命，出任艱鉅，繼吳鐵成先生之後，膺任中央黨部秘書長。此時國家生機及黨的命脈，都到了千鈞一髮之際，岌岌可危之時刻，先生在兵慌馬亂，軍事倥傯及顛沛流離中，遷移中央黨部數百位員工及眷屬由南京、廣州、重慶、成都、海口而臺北。中央黨部所有檔案及珍貴史料，均完整無缺，先生爲了不辱使命，曾焚膏繼晷，不眠不休，不知費了多少心血，不負 總裁付託，終於圓滿的達成了偉大莊嚴而神聖的使命。

民國三十九年三月一日 蔣公復行視事，續任命先生爲中央黨部秘書長，並限期完成黨的改造。旋任命先生爲僑務委員會委員長並繼續兼任中央黨部第三組主任（現改爲海外工作會），在這同一時間先生應聘革命實踐研究院院務委員兼講座。先生擔任中央黨部第三組主任十二年零四個月及僑務委員會委員長六年零四個月，先生在任內，號召華僑回歸祖國，並提出「無僑教卽無僑務」的口號，四次出國訪問僑胞，足跡遍全球，辛勞備至，人稱華僑之父，獻替良多。同時得有「馬上」委員長之雅號，因遇事必須馬上辦，足證先生之做事勤奮積極，將一個冷冷清清的僑委會，一變而成爲熱鬧忙碌的僑委會，做的有聲有色，獲得國人的肯定與讚揚。

民國四十九年六月一日，先生又膺命新職，接任行政院政務委員兼司法行政部部長，到民國五十六年十二月六日交卸，先生掌管司法歷時七年零六個月，在此以前的同時，曾協助陳伯南將軍親屬，創辦德明商專於臺北市內湖，並曾擔任首任董事長。闢荆斬棘，慘淡經營，捐書捐樹，從未間歇，現已具有相當規模，先生用心良苦貢獻特多。先生在司法行政部長任內，全面改革司法，與建司法新村，與建現代化監獄，改善司法人員福利，倡導「監獄學校化」，突破瓶頸，開創新局。崇法務實，剛正不阿，鐵面無私，嚴懲貪瀆，國人贈以鄭彥棻先生「打虎斬鯨」之美譽，成就非凡。

民國五十六年十二月先生奉命調升總統府副秘書長，民國六十一年五月繼張岳軍先生之後，接任總統府秘書長，前後輔弼先總統　蔣公及前總統嚴家淦先生，無論國際局勢，如何動盪不安，均能運籌帷幄，莊敬自強，處變不驚。先生之參贊機宜，厥功至偉。

民國六十七年五月，先生奉聘爲總統府國策顧問，並繼續擔任中國國民黨中央常務委員，以後繼續擔任中國國民黨中央委員及中華民國憲法學會理事長。先生接長憲法學會後不久，該會會務面貌爲之一新，購置會所，募集新臺幣貳佰萬元，作爲活動基金，獎勵出版著作，該學會會員人數最多，學術水準也最高，頗具規模，而曾獲政府多次獎勵，爲最優良的學術團體。

民國四十六年十一月，先生高票當選中山大學旅臺校友會理事長之後不久，會務即大展宏圖，先生爲了促成母校在臺早日復校，曾多次面謁　蔣總統經國先生，由於先生積極爭取，熱心呼籲，復校終告成功。中山大學具有今日之規模，鮮有人知乃先生辛勞奔波之功也。

民國五十二年三月，世界鄭氏宗親總會在臺北成立，與會宗親一致推舉先生爲總會會長，先生接長後，即著手募集新臺幣五千萬元，籌建鄭氏滎陽大宗祠及鄭成功廟於外雙溪，該工程現已開始動工興建，規模宏大，用途多目標，是國內私人慈善機構罕見者，乃先生又一心血之貢獻也。

民國六十八年二月，先生應聘中國文化大學三民主義研究所博士班教授。民國七十二年八月一日，先生又應聘國立中山大學中山學術研究所教授。民國七十六年八月一日，先生奉聘爲總統府資政。

先生處事細密，態度謹嚴，有擔當、有魄力、有創意、有遠見。先生特別重視工作績效。尤重計畫、執行和考核，不論擔任任何一種工作或職務，都有突破性的表現和不平凡的成就。前任立法院長劉健羣先生，於彥棻先生六十歲生日時，親撰聯語一幅贈予先生：「朝於斯，夕於斯，復國有心求俊彥；僑也可，法也可，英才無處不芳芬。」❹這是指先生先後擔任過僑務工作和司法行政工作。先生自己也說：「在黨的方面，由區黨部書記到中央黨部的幕僚長。在政的方面，由縣政府的錄事，到行政院的部會首長。在教的方面，由小學教員到大學院長。」❺便知先生的政治生涯是多彩多姿，並非溢美。

第四節 先生之致仕講學

民國六十七年五月，中央政府改組，先生交卸了總統府秘書長，可以說是功成而身退。先生並不因此而悠閒自得，相反的，事務更形忙碌，時間益見珍貴，卽忙於讀書、講學及著作。

民國六十八年二月，先生應中國文化大學創辦人張曉峰博士、校長潘維和博士的禮聘，擔任

❹《往事憶述》第一一五頁。
❺《往事憶述》第一一五頁。

該校三民主義研究所博士班五權憲法專題研究課程。民國七十二年八月一日，先生又應國立中山大學校長李煥先生之再三懇請禮聘，允於擔任中山學術研究所五權憲法專題研究課程，爲培養下一代青年而奉獻心力，同時也擔任革命實踐研究院特別講座，先生一生醉心教育，不問是主持省政，或是黨務，或辦僑務，或負責司法，也都是從教育作爲入手之門徑，也均能獲得空前的成功。先生主張「機關學校化、工作教育化、辦事科學化。」先生也常風趣的也是很謙虛的對人說，如果上級要我去做教育部長或大學校長，那一定會比我做司法行政部長做的更好、更成功，更有成績。可知先生對教育興趣之濃厚及信心。

先生雖然隱居，但著述更勤，寫作便成爲先生平日生活重要的一環，在各大報紙及雜誌上，經常看見先生所發表的鴻文。民國六十七年以後先生連續完成幾部大作，計有：《往事憶述》、《師友風義》、《國父思想闡微》、《憲法論叢》、《思齊集》等巨著。唐人杜甫詩：「讀書破萬卷，下筆如有神」先生可當之。

第五節　先生之家居生活

民國六十七年六月，先生離開忙碌的公職之後，生活恢復平靜。先生胸懷豁達，識見高遠，生活有規律；作息有定時。清晨五時起床後散步公園，已成爲每日必修之課程，烟、酒、賭不沾，無任何不良嗜好，清茶淡飯，儉約成習。如非參加重大慶典，或在家或外出，總是一襲中山裝，數十年如一日。先生無論擔任何種要職，從不輕易參加宴會應酬，而自己在家中待客，保持六菜一湯，從廣東省政府以迄於今，從未改變。先生之節約主張持久而有恒。

先生所住之寓所，乃是民國三十八年來臺後，擔任中央黨部秘書長時所配住之日式木造平房，三十多年來，臺灣經濟快速起飛，一般平民生活水準大幅提高，所住房屋，早已高樓巨廈或花園別墅，而先生仍居住在又小又隘又熱的蝸廬之中，如果沒親自去過先生公館的人，絕不相信那就是總統府秘書長中央要人的官邸。

先生之長公子至豪與專學建築的三女婿朱祖明，共同研議合力改建先生之舊居爲五層樓式公寓，經過研商、設計、製圖、籌款、興工之後，於民國七十三年五月，新屋終於落成啓用。先生住其底層，客廳佈置，一如往昔，古書名畫，懸掛有序，窗明几淨，室內灑然，只是先生的讀書與寫文章更形忙碌了。

第六節 先生之家屬

民國二十二年十月，先生由歐洲國際聯盟返國渡假期間，與倫蘊珊女士結爲百年好合，婚後偕夫人返回日內瓦定居。倫女士爲廣東南海望族，是一位教育家，出身書香門第，品學兼優。國立中山大學教育系畢業，抗戰時期曾任廣東省政府員工子弟學校校長（當時稱黃岡小學）、廣東省立曲江高級中學校長，以後又擔任國民大會代表等職，與先生都是教育工作的愛好者，志同道合，夫唱婦隨，先生婚後數十年，伉儷情深，倫女士克勤克儉，教子有方，先生在事業上，有此轟轟烈烈的成就，與其夫人的幫助和鼓勵有著最密切的關係。倫女士天不假年，先於民國七十七年三月十二日病逝於臺北，享壽八十五歲。遺有二男四女，均聰穎過人，全部完成大學以上教育，學有專長，並在國內外大學執教或服務社會，榮獲好評。

先生長女公子鄭雪玫小姐，民國四十四年國立臺灣大學法律系畢業，民國五十年榮獲美國 Drexel 大學圖書館學碩士學位，並曾擔任美國紐約市布魯克林公共圖書館兒童圖書館館員，民國五十年十月與留學美國的田長輝先生締結良緣。長輝先生曾畢業於國立臺灣大學、美國密蘇里大學碩士，美國哥倫比亞大學研究，並在美國金融機構擔任要職，現已返國定居。雪玫小姐曾擔任世界新聞專科學校圖書資料科主任，現任輔仁大學圖書館學系專任教授。長輝先生現任職於中央銀行金融業務檢查處副處長。負責盡職，甚獲其長官器重。

先生之二小姐鄭雪馨小姐，曾留學美國 St. Mary's University 藝術系，畢業後再赴法國巴黎大學藝術學院研究深造。雪馨小姐在美留學期間，曾當選五月皇后，做了許多國民外交工作，愛國不讓鬚眉。留法期間，與留學法國專攻化學工程的申仲文先生永結同心。雪馨小姐旅法十餘年，除每年返國探親之外，久居法國。仲文先生現在法國一家規模很大的石油公司擔任化學工程師，待遇甚優，生活美滿。

先生之第三掌珠鄭雪霏小姐，民國五十一年國立師範大學衛生教育系畢業，民國五十四年美國亞拉巴馬（ALABAMA）大學研究所畢業，主修兒童發展與家庭福利，榮獲理學碩士學位。民國五十九年再進入美國德州聖安東尼市立大學修畢教師課程，並榮獲美國德州教師證書。後不久與留學美國專攻建築工程的朱祖明先生結為連理。祖明先生民國四十七年國立成功大學建築工程設計第一名畢業，美國紐約州 R.P.I 建築系碩士，曾擔任美國德州山旦寸市立學院建築系講師三年（一九六二—一九六五年）、美國德州 Marmon & Mok 建築事務所設計主任及建築師十二年（一九六一—一九七三年），並在美國德州山旦寸市擔任中華公所副主席並兼中華學校創辦人。祖明先生旅美十餘年，返國後，在國內又榮獲許多榮譽及獎勵。茲將其最重要者，摘要如下：民國六十九年臺中市立圖書館公開比圖第一名、同年臺中市司法聯合大厦公開比圖第一名、七十三年榮獲臺北市頒授優良建築師獎、七十四年士林地方法院設計、屏東地方法院及地檢處大厦設計公開比圖第一名。另有國立中山大學學生活動中心、高雄西子灣救國團之逸園及海水浴場、新莊丹鳳國小、三重永福國小、陽明山郭氏別墅、關渡陳氏匡園、外雙溪鄭氏大宗祠及鄭成功廟等，均為祖明先生親手設計建築，成就非凡。雪霏小姐曾任實踐家專、德明商專、銘傳商專講師，現任國立臺北師範學院教授、國立師範大學衛生教育系兼任教授以及國立編譯館師專、國小健康教育編輯委員。祖明先生除擔任淡江大學工學院建築研究所兼任教授之外，並主持朱祖明建築事務所，事業蒸蒸日上，成績可觀，是當今國內最具權威名建築師之一。

先生之第四千金，鄭雪茵小姐，臺中靜宜女子大學外文系畢業後，負笈美國休士頓大學研究，學成歸國後與留學美國的洪文湘先生結爲秦晉。雪茵小姐現任職於世華商業銀行營業部保管箱科科長。文湘先生臺灣大學商學系畢業、美國休士頓大學會計學碩士，返國後，先後擔任德明商專特種教學中心主任及副校長並實際主持德明校務，德明行專於民國六十三年六月廿一日正式更名爲德明商專，乃文湘先生之創意也，後又擔任臺大教授兼商學系主任、中國青年反共救國團學校組組長兼海外組組長及臺灣北區知識青年黨部書記長，現任考試院考試委員，文湘先生年輕有爲，做事果斷，有擔當、有魄力，是一位青年才俊，現正踏上人生的絢爛前程。

先生之大公子鄭至豪中原大學土木工程系畢業，美國密蘇里大學土木工程系碩士，並考取美國土木工程師執照，至豪先生與留學美國的曾少秋小姐結爲伉儷。曾女士國立政治大學國際貿易系畢業，後赴美國密蘇里大學商學研究院研究，專攻會計學。至豪先生現在美國加州羅森工程公司擔任工程師，頗有成就。曾女士端莊賢淑，知書達禮，與至豪先生婚後，長居美國，生活至爲愉快而美滿。

先生之次公子鄭至剛輔仁大學生物系畢業後，即留學美國德州 St. Mary's University 榮獲化學系碩士學位後，與留學美國密蘇里州 Willtam Jewell College 獲有數學學士學位的盧雪雲小姐結爲鸞儔。至剛先生現擔任美國加州公共衛生處化學師。盧女士現在一家房地產管理公司擔任會計，待遇優厚，生活安定。

先生一門俊秀，蘭桂騰芳，計有四女、四婿、二男、二媳合計十二人，十一人留學美國，一人留學法國，均獲有碩士以上學位，先生早年也是留學法國的，先生之家庭不但是書香門第，讀書世家，也是名副其實的留學世家。先生家庭生活幸福而美滿，其樂也融融，知者無不稱道而羨慕。可見先生家庭教育之成功也。

第七節 先生之著述

先生平時手不釋卷，嗜愛讀書，喜寫文章，歷任政府要職，不論工作如何緊張紛忙，寫作從未間斷，乃先生精力、思考及智慧過人之故。

先生一生著述宏富，但有一部分著作，在大陸於兵荒馬亂中散失，來臺後的著述，經蒐編出版者，約有六百餘萬言。先生之眞知灼見，對於政治、社會、教育、法律、尊師重道、崇老敬賢、易風移俗、啓廸後進，都具有相當深遠的影響力。限於篇幅，茲將先生之重要著述及其內容概略敍述於後：

壹、《限制製造麻醉藥品統計上諸問題》。係以法文著成，乃先生「於一九三一年（民國二十年）六月二十六日獲得法國國立巴黎大學法學院統計師畢業論文。」❻先生以後到日內瓦國際

❻《鄭彥棻先生文集》第一三九頁。

聯盟禁烟部工作，從事禁烟和限制痲醉藥品公約的研議，乃根據本論文作爲底稿。抗戰前先生回粵從政，在廣東省政府創設統計處，曾開中國統計學術之先河，帶動後來國人研究統計科學之風氣。

貳、《合作教育的研究》。民國二十二年先生出任國立中山大學教授兼法學院院長時，曾講授合作論，將平時所累積的講稿，編輯成册，後來著成《合作教育的研究》。先生留學法國時，就對合作事業發生了好感。民國二十二年由中山大學法學院出版之後，曾引起很多人的興趣，中國合作事業的興起，乃濫觴於本書的發行與流衍。

叁、《怎樣才能使機關學校化》。民國三十二年元月，先生擔任三民主義青年團中央團部宣傳處長時，爲貫徹 蔣公之「機關學校化」之訓示。曾著《怎樣才能使機關學校化》，民國三十二年二月在重慶出版，此書成爲全國各機關推行「機關學校化」之藍本。

肆、《省政五論》。民國二十九年八月至三十二年五月，先生擔任廣東省政府秘書長時，「先後寫了五篇文章，在報端發表。㈠省的性質與地位。㈡省政府機構的調整。㈢省政府委員會制。㈣行政督察專員制。㈤省府合署辦公制等問題加以論述。後來輯成《省政五論》，民國三十二年由廣東省政府出版，曾引起許多地方行政人員的爭購。」❼相當轟動，一時洛陽紙貴，後曾

❼《往事憶述》第七十二頁。

再版多次，此書臺灣坊間不多見。

伍、《從制憲到行憲》。民國三十六年十二月，先生由三民主義青年團指定爲制憲國民大會代表，親自參加了制憲與行憲的工作，曾先後寫了十四篇文章在報上刊出，後來輯成《從制憲到行憲》一書。其中除自序及再版後序中說明政府行憲的誠意與決心外，內分三大單元十四綱目，一、從制憲到行憲。二、實施憲政與完成自治。三、青年與憲政。本書都十萬餘言，詳述制憲經過及行憲的神聖意義。信筆揮灑，論說自如，敍述深刻，見解卓越。民國三十七年元月由南京黑白出版社印行問世後一個月，即被搶購一空。先生於再版後敍中曾說：「這書出版一個多月，便有機會再版，我希望這是表示大家對實施憲政的關切。」足證斯書的可讀性及研究價值。

陸、《民生定義的眞諦》。民國三十三年十月，先生在重慶主持三民主義青年團時，爲了發動徵印三民主義一百萬冊運動，發現民生主義版本，多達二十三種，內容不同者達四百餘處，文章有出入者達一千七百餘字。尤其重要的是「民生」二字的定義亦有不同，一作「民生就是人民的生活、社會的生存、羣衆的生命、國民的生計便是。」一作「民生就是人民的生活、社會的生存、羣衆的生命、國民的生計。」少了「便是」二字，先生覺得關係重大，爲了正本清源，除徹底查明三民主義印行的經過及其原始版本外，爲了糾正錯誤，訂正乖謬，先生便著《民生定義的眞諦》一書❽，詳加闡述，內容分四提綱：一、革命目的，哲學基礎。二、一個定義，幾種解

❽《往事憶述》第八十一頁。

說。三、兩類版本，一個發現。四、認識眞諦，重見廬山。並有附錄「徵印三民主義一百萬册運動版本校勘報告」以及作者補志。全書都四萬一千餘言。篇幅短小，內容條分縷析，要言不煩。本書雖篇幅不大，先生所用的心血不少。民國四十一年五月，由中央黨部海外出版社印行。受到中央黨部黨史會的重視以及三民主義讀者的讚賞，本書坊間不多見，只有黨史會及總統府圖書館存有斯書，時間愈久，愈見其珍貴。

柒、《五權憲法要義》。民國五十七年先生爲了進一步研究憲法，再著《五權憲法要義》一書，本書篇幅不大，卻涵蓋了五權憲法的全部精華。本書內容共分四大部分：一、前言：說明五權憲法爲　國父所獨創，在國父遺教中，與三民主義常相提並論；行憲以後，五權憲法之理想，已否實現，深值得研究。二、五權憲法的意義，要從它在國父遺教中所佔的地位去瞭解。三、五權憲法的理論。四、五權憲法的設計。本書共兩萬一千三百餘言，以正楷字體排版，印刷精美，筆勢酣暢，精闢簡潔，一氣呵成。民國四十二年三月由中央文物供應社出版問世。到民國五十八年十一月止，已發行第三版，可知該書雖文字不多，卻很精實而有研究價值，可讀性極高。

捌、《僑務問題的新認識》。先生於民國三十九年八月至五十一年十二月，擔任中央黨部海外工作會主任。任職長達十二年又四個月，同時又於民國四十一年三月，接長僑委會至四十七年七月交卸，也長達七年之久，並著《僑務問題的新認識》一書，鼓舞僑胞士氣，喚回僑胞靈魂。先生的呼籲，確實發生了很大的震撼。

本書共分五大綱要，都二萬二千九百餘言。從唐宋、元明、清代、民國時代來分析僑胞的愛國事蹟，語氣豪壯，精簡扼要，旁徵博引，針針見血，斷言漢奸必敗，暴政必亡，乃歷史不易之定理。由於本書的出版，確實給華僑開拓了一條光明大道。民國四十二年五月由海外出版社發行問世，因是書是針對解決僑胞的切身問題，在海外受到廣大讀者的歡迎。

玖、《當前僑務》。先生於民國四十六年二月十四日應革命實踐研究院的邀請，對該院黨政軍聯合作戰研究班第九期學員以《當前僑務》為題，作長達二小時的專題精闢演講。其內容可分為：壹、緒言——幾個基本觀念的瞭解。又分：一、華僑的定義。二、華僑與外國的殖民、移民不同。三、華僑的重要。四、當前僑務的特質。貳、僑務政策及其重要措施。又分：一、現階段的僑務政策。二、幾年來僑務工作的重要措施。叁、中共禍僑陰謀與對敵人戰鬥策略。又分：一、新陰謀的由來與配合。二、新陰謀的執行方法。三、新陰謀的具體表現。四、我們對敵人戰鬥的策略。五、近年海外對敵人戰鬥的事實。肆、當前重要問題與努力的途徑。

本書計三萬餘言，寫作有技巧，文章具匠心，層次分明，言簡意賅，針對華僑問題提出解決之道，並深入說明中共迫害僑胞的殘酷手段，呼籲全球一千二百萬僑胞，切勿中其欺騙陰謀，鞭剖深入，語意沉痛。非一般應酬文字所可比擬。更可看出先生在僑胞問題上所花費的心血，後來海內外同胞尊稱先生為「華僑之父」，其來有自也。

拾、《僑胞的動向與路向》。民國四十一年三月到四十七年七月，先生將平時親撰講稿三十篇著成《僑胞的動向與路向》一書，內容除有編者小引外，分三大綱要。壹、偉大的僑胞。又分：一、我所看到的海外僑胞。二、海外僑胞對祖國的熱愛和期望。三、華僑力量的偉大。四、華僑的生活與貢獻。五、重視華僑力量展開海外工作。六、如火如荼的僑胞愛國復國運動。七、東南亞僑胞在戰鬥中。八、漫談美洲僑報。九、海外革命三老。貳、協力同心。又分：一、國父半生在海外。二、從美洲華僑說到「三八」婦女節。三、發揚海外青年的革命精神。四、改善華僑兒童教育問題。五、勞動節談海外勞工僑胞。六、重視華僑教師的貢獻、注視華僑教育危機。七、在苦鬭中成長的海外華僑報刊。八、僑胞應如何紀念國慶。九、從平實細微處效法　總統。叁、團結奮鬭救祖國。又分：一、中華民族偉大的愛和力。二、提高警覺加緊努力。三、防諜除奸僑胞有責。四、海外僑胞團結起來。五、團結就是力量。六、反勒索反暴行。七、擴大海外僑胞愛國運動。其次是附錄。又分：一、溫情洋溢中美洲。二、訪問鄭彥棻先生。三、新作風在古巴。四、鄭彥棻先生訪問關西九州僑胞隨行記。五、海外人心敬仰　蔣公偉大。

　先生在文中反覆說明只有團結在三民主義的旗幟下，才會有眞自由。也只有在　蔣公的領導之下，才有幸福的生活。斯書對僑胞的感召與影響，至深且鉅。對黨國的貢獻，無法估量。內容豐富，見解深刻，精譬流暢，理直氣壯，語多警惕，寓意深遠。全書都九萬六千餘言，珍貴紀念圖片十四幀。先生對海外僑胞的奉獻，是華僑史上最突出的一位。本書可與《僑務問題的新認識》及《當前僑務》兩書，互相對照研讀，可收融會貫通之效。民國四十八年十月，由中央黨部海外出版社發行問世，受到海內外廣大讀者的歡迎。斯書已成爲華僑史上最珍貴的史料。

拾壹、《鄭彥棻先生言論選集》。本書共選了六十三篇文章，其中又分六大類別：㈠求學、爲人、做事。㈡國父法律思想的認識。㈢知法、守法、崇法。㈣司法行政的改革。㈤走向成功的道路。㈥永恒的感召等。都四十六萬九千餘言。從這本書中可以看出先生的愛國思想、科學思想、哲學思想、法律思想、教育思想、政治思想、社會思想、經濟思想等，哲理深奧，篇篇錦繡，字字珠璣，組織嚴整，修辭細密，可作爲先生之代表作，與《景光集》、《師友風義》、《往事憶述》、《思齊集》等書寫作方法完全不同，風格亦異，文字斬釘截鐵，乾淨俐落，高高識見，懇懇文辭，對每一事務都有深入的探討與分析。是一本不可多見的好書，民國六十一年二月十五日，由大信圖書公司印行，現已編入法令月刊叢書。此書坊間無售，只有司法行政部所屬各單位圖書館中才有珍藏，是先生從政以來，最珍貴、最深刻之人生知勉錄也。

拾貳、《景光集》。先生於政務紛煩之餘，逐年在各報章雜誌發表了二十一篇文章，內容涵蓋了慈暉孝思、紀念恩師、尊老敬賢、懷念故舊，共計描述了十八位可歌可欽的人物及故事。乃先生尋根索本、飲水思源、發自內心眞情至性之作。民國六十四年元旦由三民書局出版。不僅象徵著光明的遠景，尤含蘊著感恩德，垂景光，致休祥的美意。定名曰《景光集》，是本自蘇武詩「願君崇令德，隨時愛景光。」全書都十餘萬言，珍貴照片及墨寶十七幀。是青年變化氣質，端正品德必讀之書，也是一部敎忠敎孝之敎科書，臺灣各大書局均有出售，銷路至佳。

拾叁、《國父遺教講述》。先生自從政以來，精研國父遺教，已歷數十寒暑，在總統府任職十一年期間，不論主持任何會議，均就國父遺教，探其微而勾其玄。本文共收集了十一篇講稿，附錄兩篇，都十三萬四千餘言。文句切實中肯，自與卓見，層次分明，要言不煩。與《國父思想闡微》一書，成爲姊妹編。讀者可以相互參閱印證，可收相得益彰之效，民國六十七年一月由總統府人事處印行面世。

拾肆、《往事憶述》。民國六十七年五月，先生榮任總統府國策顧問之後，生活歸於寧靜。先生一向書生本色，嗜著文章，先後在傳記文學社發表了〈我的苦學生涯〉、〈旅歐十年〉和〈由回國任教到抗戰從政〉等三篇文章。後來再續寫〈暴風雨中的考驗〉、〈乃役於僑十二年〉和〈司法行政的知與行〉等三篇，連同前文共計六篇，並蒐集前賢墨寶及名貴照片四十餘幀。定名曰《往事憶述》，描述先生一生的奮鬪及生活體驗以及我國七十年來政治、社會、教育、經濟、軍事、外交演變的痕跡。圖文並茂，內容精湛，行文流暢，深入淺出。都十五萬八千餘言，編入《傳記文學叢刊》發行問世，是一部現代流變史。更可作爲現代青年求學、做人、處事的典範。王瑞林先生說：「最好請讀先生《往事憶述》一書。這本書文字清新優美，敍事條理明白，越讀越有味，令人愛不釋手。」❾可知本書閱讀價值極高，已經再版多次，十分暢銷。

---

❾《鄭彥棻八十年》第二九五頁。

拾伍、《師友風義》。先生繼《景光集》面世之後，又陸續在報端雜誌上發表了二十篇文章，定名曰《師友風義》，是本自唐人李商隱哭劉蕡詩：「平生風義兼師友，不敢同君哭寢門」，可見本書均爲懷慕前賢、思念故舊、記述革命先進、黨國元老、軍人政要，對其師長前輩的道德文章及其嘉言懿行，娓娓道來，情意眞摯，感人至深。全書計十三萬餘言，珍貴照片及墨寶二十一幀。民國六十七年十一月十一日由東大圖書公司印行。已列入《滄海叢刊》文學類，自發行以來，博得廣大讀者的歡迎與愛好，現已再版多次。

拾陸、《國父遺敎闡微》。乃先生從民國五十六年至六十八年五月，任職總統府長達十一年之久，總統府動員月會，或輪由先生主持，或由先生講演，或由先生專題報告，無不是就國父遺敎發揚精闡，以便引起國人的重視，滙爲研究風氣，進而實踐力行，是書共收了十一篇講詞，附錄一篇，合計十三篇。 國父墨寶及珍貴圖片三十一幀。分爲上下兩編。上編六文，就 國父思想加以闡發，下編六文，就 國父言行加以析述。共計十三萬五千餘言，文筆生動，辭理條暢。民國六十八年一月由正中書局發行，問世以來， 佳評如潮，吾人研究 國父遺敎，不可不讀此書，民國七十一年五月，中華民國各界發起以三民主義統一中國，並組織三民主義統一中國大同盟，較先生高呼三民主義救中國已晚了數十年，乃先生之遠見卓識，洞察世局又一明證也。

拾柒、《憲法論叢》。本書分爲三綱十目，乃先生於工作繁忙之暇，逐年寫成的一本憲法專書，泛論憲法之制定，人民、國民大會及總統之職權。五院的性質，五權的行使以及中央與地方之關係等。取材新穎，結構嚴整，筆勢酣暢，見解正確，是一本大衆化必讀之好書。都十七萬餘言，民國六十九年九月由東大圖書公司印行，已列入《滄海叢刊》法律類。因爲很受讀者歡迎，現已再版多次，本書仍繼續暢銷中。

拾捌、《**鄭彥棻先生文集**》。乃先生主持德明商專二十餘年來向全校師生之專題講演稿，共收集了二十二篇講詞，都十三萬九千餘言。內容多就個人的苦學經過、留法見聞、崇敬 國父，効忠 蔣公，弘揚憲政，衝破橫逆，持志養氣及奮發圖強等加以闡發，眞是有血有淚，語豪氣壯，辭達理舉。乃先生口才之雄捷；文氣之浩瀚。正反對勘，列舉旁證，氣勢顯豁，層遞綿密。民國七十年農曆十二月，由德明商專課外活動組姜主任瑞明，財稅科林主任慶隆整理出版，有精裝、平裝兩種本，坊間無售。只有德明商專圖書館中才有珍藏。

拾玖、《**思齊集**》。本書是先生繼《景光集》、《師友風義》之後，又一思親憶師、懷舊念友之作。定名曰《思齊集》，是本自《論語・里仁篇》：「子曰，見賢思齊焉，見不賢而內自省者也。」與前二書內容不盡相同，寫作方式完全一樣，卻有等量齊觀之價值，本書共收集了二十四篇文章。「其中有參加革命、拋頭顱灑熱血的先烈志士，有翊贊中樞、對民主法治卓有貢獻的黨國元老，有參與北伐抗日、功勳彪炳的革命將領，有政治黨務貢獻卓越的朋友，有志行高潔、清風亮節的學者藝人，有忠誠勤奮，鞠躬盡瘁的幹部。」[10]文字不假雕飾，自然流暢，用筆如行

[10]《思齊集》前言第一頁。

雲嶺月，生發不窮，筆鋒帶有感情，歷歷如繪。如與《景光集》、《師友風義》相互對照，即可印證事實，可收相得益彰、紅花綠葉之效。全書都十四萬言，並搜集珍貴圖片五十三幀。民國七十二年七月由東大圖書公司出版問世，是先生眞情流露又一巨著，研讀價値極高。

貳拾、《國父的偉大及其思想探微》。乃先生再一次親著有關 國父思想研究的精心佳構。國人都知道 國父的偉大，但對於 國父思想，未必都能有深刻的認識，本書卻兼顧到這兩方面。尤其是先生曾三次親聆 國父演講三民主義及對國是的演說，所以要比一般人更能深一層的體會與感受。

本書分爲上下兩編。上編有六章，一、偉大的 國父孫中山先生。二、國父的「三不原則」與革命精神。三、恭聆 國父演講三民主義的感受。四、國父創立興中會前後的革命救國思想與作爲。五、國父與法國。六、國父創辦廣東大學經緯。下篇六章，七、國父的法律思想。八、國父的民主憲政思想。九、國父創立民國的遺教與中華民國憲法。十、五權憲法研究導論。十一、「三民主義自序」失而復得的經過及其題跋。十二、「三民主義自序」重讀有感。附錄一、民生定義的眞諦。二、國父與僑務。都十八萬六千餘言，揷圖五十三幀及 國父墨寶，均極其珍貴。本書不僅文筆流利，詞句生動，態度謹嚴，記載翔實，圖文並茂，讀者更能心領神會 國父的偉大及其思想的深邃。是全國同胞必須閱讀的一本好書。民國七十四年九月，由正中書局出版，銷路至佳。

貳拾壹、《國父孫中山先生》。乃先生繼《國父的偉大及其思想探微》一書之後，又一部有關研究　國父一生的歷艱難險巇革命奮鬥救中國的專著，也就是一部中華民國的開國史。　國父百折不撓的革命精神，足可作爲國人處事創業以及做人的典範。全書共分四章，一、幼年和童年時代。二、不凡的青年時代。三、屢敗屢戰終告成功。四、創建民國繼續奮鬥。並附帶說明國父的乳名由「帝象」到幼名「德明」，再改爲「文」號日新，又號「逸仙」再取名「中山」等。並附珍貴插圖三十幅，都四萬餘言。本書雖著墨無多，篇幅短小，但描述細膩，詞意充沛，語句懇摯，條理井然，乃先生最後所遺著之　國父思想叢書者。民國七十六年十二月由正中書局出版，曾得到海內外讀者的好評。

第二章 獻身新聞

第一節 前言

任何人的一生，在其人生觀及事業尚未能定型之前，誰也不敢說將來要做些甚麼，或者說在那一種事業上會有些甚麼成就，所以說有許多人在其事業發展過程中，常常有多采多姿的感覺。

鄭彥棻先生一生赤膽忠貞，功勳彪炳，做過許多大事，奉獻過許多心血。先生常對人說，從來對自己工作的好壞，待遇的高低，有無前途發展，會不會升官發財，從來就不去計較。所要考慮的就是那裏需要我，我就到那裏，那一種工作最艱苦，別人不肯做，或者說最難做，甚至於說最沒有出路，我卻樂意去嘗試，一個人做事要有正義感，要抱著燃燒自己照亮別人，我不下地獄誰下地獄的犧牲精神。還要專心致志，不可專為金錢待遇斤斤計較，凡是見異思遷，不安於工作崗位，患得患失腳踏兩隻船的人，就不可能是一位好幹部，更不可能有甚麼好的成就或表現。

第二節　十五歲時曾任廣州采風報外勤記者

先生獻身新聞事業，是在民國六年，投考國立廣東高等師範的附屬師範學校前夕。先生說：「我在十五歲那年回到廣州，也在那年開始找到職業，起初在廣州市的采風報擔任校對，因為工作很努力，不久便升為外勤記者。」❶這是先生獻身新聞事業的開始，也是先生初次接觸社會的起點。

第三節　曾任中央日報駐歐特派員從事國際宣傳

民國十五年，先生留學法國，是又一階段獻身新聞事業的行列。據先生說：「民國十八年，中國國民黨召開第三次全國代表大會。我被駐法總支部推選為代表，返國參加會議。因此，對學業的進修，又受到影響。回到巴黎以後，我又奉命致力於駐歐黨務的整理工作，同時我以中央日報駐歐特派員的名義，從事國際宣傳。」❷先生接著又說：「我在國聯最初是進入宣傳部工作，

❶《往事憶述》第十八頁。
❷《往事憶述》第三十九頁。

經常和各國記者來往。「民國二十年九一八事變發生，我國卽將日本侵略我國東三省的問題，提交國聯處理。我當時雖然是國聯的職員，做的是國際性的事務，但我仍盡力協助我國駐國聯的代表團。有一次我爲我國代表準備資料，曾通宵工作，沒有睡覺。又關於我國在國聯的新聞採訪工作，因當時我已是國聯職員，不便再用中央日報特派員的名義來活動，因此我國在歐洲有新聞記者身分的只餘上海申報的一位駐歐記者。我爲了加強中國記者陣容起見，特別請了不少的留歐學生，分任祖國各報駐歐記者，前來國聯從事採訪宣傳工作。總之，在那個時期，我曾爲祖國竭盡了心力。」❸同時先生在另外一篇文章中也有這樣的一段記載：「我在國聯最初是在宣傳部工作，經常和各國記者來往，這時正是我國九一八事變發生以後，由於我有中央日報的駐歐特派員的名義，所以參加新聞界的活動，比較方便。當時我國海外新聞工作，說起來眞是可憐，記得只有申報派了一個人在歐洲採訪，所以我當時還爲我們的代表團做了不少的事，找資料，和各國記者聯繫，同時還請了不少同學，以中國新聞記者的名義，從事爲國家宣傳的工作。記得有一次爲了幫助伍代表❹找資料趕辦文件，曾通宵工作，沒有睡眠，那個時期也算盡了我爲國家服務的一份心

---

❸《往事憶述》第五十一至五十二頁。

❹伍代表，卽伍朝樞先生，字梯雲，廣東新會人，民前二十六年生，英國倫敦大學法學士，曾任第一屆參議員，護法時外交次長，國民政府委員，廣州市長、外交部長、駐美公使、駐日內瓦國聯代表、廣東省政府主席、瓊崖特區長官等職。

力。所以我們只要有志爲國家服務，隨時隨地都可以把握機會，貢獻自己的心力，來爲國家服務，即使是在國外，也仍是有很多爲國效力的機會。」❺讀以上文章便知先生當時雖然身在國外，只要是爲祖國效勞的事，常是不眠不休，通宵達旦，這種赤膽忠誠效忠黨國的精神，都爲現代青年樹立了榜樣。

先生從這時候開始，不論從事何種工作，必須基於下列四項原則：㈠必定是忠黨愛國的事。㈡必定是有助於他人的事。㈢必定是爲同胞服務的事。㈣必定是合乎君子道義的事。卽知先生的做人原則及公忠體國的精神了。

❺《鄭彥棻先生言論選集》第四十七頁。

第三章　獻身外交

第一節　前言

彥棻先生於民國十八年，二十七歲時畢業於法國國立巴黎大學，次年先生二十八歲，即接受了日內瓦國際聯盟秘書廳的聘約，開始擔任了一項新的職務。

國際聯盟，簡稱國聯，西曆一九一九年，成立於瑞士的日內瓦，所締盟約共有二十六條，其任務在增進國際互助，保障和平，仲裁國際糾紛，防止戰禍，會員國有違背盟約者，得加以經濟或軍事的制裁等。可是當時的國際聯盟，類似今日設在美國的聯合國，被少數帝國強權所把持，缺乏是非道義及公理正義，形同虛設。

當時的國聯每年開會期間，邀請各國在歐洲的留學生、教授、學者以及具有社會地位的人士，以「臨時合作員」的名義，到日內瓦有兩星期的參觀遊覽，其目的是利用這些人來作宣傳，並希望他們能在會議中發言捧場，阿諛奉承，但是向來未邀請過中國人，這是很不公平也是很不合情理的事。

第二節 仗義執言為國爭光

我國自民國十七年開始，因為完成北伐統一。民國十八年以後，中國在國民政府主席蔣中正先生領導之下，國家轉弱為強，卽引起國際人士的重視，國際地位也逐漸提高。民國十九年，國聯就聘請鄭彥棻先生以「臨時合作員」的名義，到日內瓦去參觀，這是中國留歐學生被邀請的第一次，先生是被邀請的第一人。當時國聯宣傳部長是法國人，在一次歡宴席上，請大家發表意見，發言人數衆多，其內容多為感謝其盛情的招待以及讚美國聯的成就與貢獻。輪到先生發言時，先生卻是慷慨激昂的就事論事，不畏權勢、仗義執言，說明中國人對國聯不表重視也不感興趣，並說明不重視的原因。先生說：「第一、我國留美學生是最多的，而美國不是國聯的會員國。第二、我國伍代表朝樞先生❶在國聯大會上所提的建議，都未被採納，因此認為國聯是不講正義的。伍朝樞先生當時的演說，是提議國聯應根據盟約十九條致力於修改各國間不適時而足以

---

❶ 參考第二章註❹。

引發戰爭危險的條約，使世界和平獲得有效的維持。然而當時法國對德有凡爾賽條約，德國正要求取消，法國極不願意討論這一問題，故多方要求伍先生不要提這類提案，但伍先生具有革命外交家的風度，說明並不是單爲中國人說話，也非爲德國人說話，是爲全世界和平而發的，故不肯接受法國人的意見。」❷先生之發表意見，完全是爲維護國際正義而發，爲自己祖國地位尊嚴而發。先生做事從不隨波逐流，人云亦云，頭可斷，血可流，而志不可屈，當仁不讓，據理力爭，先生之驚人之論，全座爲之震懾，認爲先生何以有此膽量或見識，而且不畏強權，引起歐洲各國與會人員的驚訝與敬佩。

先生發表了這一震撼國聯議場言論之後，以爲必會引起許多麻煩或不良後果。誰知第二天，那位法籍部長，單獨再宴請先生，禮貌益週到，招待很親切，態度更溫和，企圖說服先生，並希望取得先生的合作，先生爲了自己國家的權益，自然不可能被說服或被收買。就因此延長了先生一個月的參觀時間，後不久國聯秘書廳出缺，那位法國部長更熱心的幫助，堅邀先生擔任國聯秘書廳的秘書，先生反而因禍得福。這件事過後，先生常回憶說，凡事爲公不爲私，爲團體不爲個人，爲國家不爲自己，別人反而對你更尊重，就是惹來殺身之禍，也是值得的。

先生時年二十八歲，並不是職業外交官，就有如此的膽量與識見，初次踏上外交征途，卽有

❷《往事憶述》第四十八頁。

這樣輝煌的成就。先生曠懷天下，福澤人類，實在令人敬佩。先生所考慮者，絕非一國一地之安危，乃是全天下全人類之安危，先生只求做事不求報償之胸襟，更為現代青年以及所有的外交官員留下了最好的模式。先生雖然不是職業外交官，但所表現卻具有職業外交官之實，更具有革命外交家的見解與風範，我們讚佩先生是職業外交家也是恰如其分的。

第三節　放棄高薪回國任教

先生在國際聯盟秘書廳做了一段時間之後，後來又調到禁烟部，從事禁烟和限制痲醉品公約的研議和有關國際會議的準備工作。這可能與先生的畢業論文〈限制痲醉藥品製造的統計諸問題〉有關係。其工作性質看似不相干，但卻須應用到統計學，因為統計學可以瞭解世界各國在醫學上或其他正當使用上對這一類物品的需要，因為先生在這方面下過不少工夫，工作績效相當良好，每年都有加薪的機會，由於先生辦事能力很強，先後參加過國際機構中好幾個部門的工作，也都能圓滿而順利的達成任務，得到各國人士的激賞。

民國二十二年，先生利用國際聯盟休假的機會，返國渡假就與倫蘊珊女士締結為百年好合，婚後數日，就去晉謁中山大學校長鄒海濱先生，鄒校長當面邀請先生回母校擔任法學院院長一職，當時因先生在國聯尚有很多未了的事務，未便即刻應允，但願隨時回母校效勞。

到了民國二十四年，也就是先生回到日內瓦的第二年，鄒校長果眞去電報催先生回國，斯時，廣東省的政局動盪不安，戰火瀰漫，而鄒校長的政治地位又是岌岌可危，朝不保夕，誰也不願意捨棄前者而屈就後者，很多朋友勸先生不必回國冒生命之危險。同時國際聯盟秘書廳秘書職位，是很多人所垂涎羨慕，求之而不可得的。不僅是待遇優厚，而且也是終身職。單就待遇來說，一個法學院院長的待遇，尙不及國聯秘書廳秘書待遇的五分之一，可是先生從不考慮自己生命的危險及待遇的高低，先生所考慮的是師生情深，道義至上，當初留法是鄒校長的保送，是中山大學培植出來的，讀聖賢書，所學何事，只有「仁與義」而已。易經上說：「立人之道曰仁曰義。」現在母校需要我，就應該義不容辭，同時先生認爲民國二十二年回國時，曾對鄒校長有過承諾，對愛護自己的校長絕不可以失信。因此先生便決定放棄高薪，回國任教，接受國立中山大學法學院院長的職務。

斯時正可以利用國際聯盟發給的旅費，環遊世界後再取道英、美返國，但是又因爲中山大學開學在即，先生因爲受了無私無我及責任心太重的驅使，只好放棄這一大好的觀光機會，先生此時年齡只有三十三歲，就擔當了這樣一個繁重的教育工作，可知鄒校長獨具慧眼發掘人才的高見，先生從此，便奠定了以後數十年青雲直上的政治生涯。

第四節　領袖召見至感光榮

民國二十四年八月，先生由歐洲返國，供職中山大學一段時期之後，到民國二十七年三月，國際反侵略會中國分會開始成立，由宋子文先生擔任會長，先生奉聘擔任中國分會執行部主任以及三民主義青年團幹事會幹事的職務時，也是我國全面抗戰最重要最緊急的時刻，滇緬公路已被日寇封鎖，我國對外的國際交通，僅剩下了越南。我國在河內設有總領事館，政府為了加強及拓展越南的外交事務，有一天　蔣委員長忽然召見先生談話，徵召先生前往河內擔任公使銜的總領事。當時先生特別感到興奮，自己又是留法的，對外交事務又特別感到興趣，去越南必可一展長才，先生一直希望能早日成行，為外交工作犧牲奉獻，再一次為國家爭取最高的榮譽。

第五節　重視道義停止使越

先生經過　委員長召見後，一方面感到很高興，認為這是效忠　領袖的大好時機，另一方面又覺得剛接任反侵略會執行部主任沒有多久，而又是宋子文先生的親邀，宋先生當時正在香港公幹，先生特別重視朋友道義及個人情感，先生在進退維谷十分為難的情形下，只好向　委員長實話實說，表示了個人的處境與苦衷。層峯瞭解實情後，立刻派人送來飛機票，要先生立卽親往香港，向宋先生說明原委。先生到了香港，見到宋先生說明之後，宋先生便直截了當的說，蔣先生要找一位河內總領事很容易，我要找一位負責任、有熱誠、工作能力很強的反侵略會執行部主任卻很困難，你不必去了，我負責向　委員長報告就好了。因此，先生回到武漢，恭向　委員長面陳赴港經過以後，只好繼續留在反侵略會工作。

先生本來想在外交上，有所貢獻，爲黨國效力，爲　領袖效命，由於宋先生的堅定挽留，先生只好打消使越意念，中止越南之行。先生一向重視朋友道義，從不計較個人出處，先生雖然未能出使越南，足證先生在外交上的才華，已爲最高當局所器重、所賞識，其學問與能力已很惹人注目了。

第四章 獻身教育

第一節 前言

先生一生獻身教育，作育英才，栽培後進，不遺餘力，不論何時何地，一提起辦教育，總是與高采烈，精神振奮，這可能與先生之幼年失怙，艱苦的求學歲月有著最密切的關係。先生親自體驗到沒有父母的孩子是多麼可憐，沒有受過教育的孩子是多麼不幸，沒有知識更是沒有一切。因此自幼即熱心教育，數十年來不論是從政或是辦黨，也都是以「機關學校化，工作教育化」作爲入手之門徑，均能獲得意外的成功。

第二節 獻身師範及小學教育階段

先生最早獻身教育是在民國七年，正在廣東高等師範讀書時，利用課餘時間，在學生貿易部服務，先後擔任過幹事、總經理、董事長等職務。先生斯時年齡只有十八歲，就有與辦教育之大志，爲社會服務，爲同胞謀幸福之雄心，更深深體會到貧苦兒童無力讀書的痛苦，決心要爲沒有機會讀書的窮困兒童服務。

壹、嘉惠貧苦兒童創辦平民義學：先生主持廣東高等師範學生服務部時，利用公餘之暇，創設廣州第一所平民義學，先生親自擔任義學部主任，義學的全部教職員，都由廣東高師的學生擔任，義學的上課時間都是在晚上、星期天和假日，同時還要訪問義學學生家長，說服一些失學的人自動到義學來上課，每天下課後還要護送義學的學生回家，使廣州市貧困失學的兒童受惠不淺，義學辦得十分成功，這是先生在高師還未曾畢業，對教育就有了如此的重大貢獻，獲得空前的成就。

再就「義學」來說，筆者是第一次聽到這個新鮮的名詞，在中國教育史上來說，恐怕也是空前的，而且也是絕後的，迄今日爲止，尙未聽說有過第二所平民義學的興辦。就創設人來說，先生可能是中國歷史上僅有的一位吧！

貳、奉命赴日考察師範教育：先生就讀廣東高等師範時期，特別受到鄒海濱校長的敎誨與愛護，其渥愛程度，可以說是無微不至，可是先生自幼卽養成獨立自主的意念，一切事情，非萬不得已，絕不去央求別人或依賴別人，但是鄒校長對先生的學業和前途，一直很關心。民國十三年六月，先生在廣東高師剛剛考完畢業考試，鄒校長便指派先生到日本去考察師範教育，這是因爲廣州是國民革命的發源地，廣東大學是反對日本的根據地，天天喊出打倒日本軍閥的口號，日本政府爲了討好廣東省政要，藉以化解痛恨日本的敵愾心情，特別表示出一種親善行爲，歡迎廣東省大專應屆畢業生到日本去訪問考察，全部費用由日本負擔，這也是先生第一次穿西裝、第一次乘坐豪華輪船、第一次出國考察、第一次使用照相機，同去考察的有三十餘人。當時正值日本大地震以後，但是先生親自看到他們很有秩序，正在做各種的復原工作，先生並詳細而認眞的參觀了東京、大阪、西京、名古屋、神戶以及日光等地的小學及師範教育，並包括教育行政機關、社會教育、職業教育、工廠教育等。先生曾得到不少的參考資料與印象：㈠日本在大地震之後，不久卽恢復社會秩序和國家元氣。㈡警察都很負責與盡職，守法有禮。訪日團員中有外出迷路或者乘火車訪問途中忘記下車而掉隊的，都受到他們的協助，很迅速的送回寓所或歸隊，顯示他們工作效率很高。㈢日本政府機關、學校以及民間團體，不論男女、老少、團體或個人，談話時都強調中日要親善，招待又很熱烈，可見他們對外的意見，是能溝通各界，上下一致的。㈣日本在各級教育設施中，除了科學教育之外，特重學生的自治訓練。先生曾參觀一所私立女中，這所學校是採行學生自治制度的，她們對我們的歡迎及接待，自始至終，都由學生主持。招待我們的是自助餐，也是由學生親自下厨做的。㈤日本各級學校很注重特種教室的設置，先生曾參觀一所學校的習字教室，裏面陳列了許多字帖，桌椅也是特製的，專供習字時使用，有如習畫室，另配以舒適的畫桌一張。可見日本人對中國書法的重視。㈥日本國民一向很重視身體的鍛鍊，學校體育在課程中也佔有很重要的地位。先生曾參觀一個研究所，對學生營養以及如何增進國民的身高，都有長期的觀察及試驗，並有不斷的改進方案。㈦日本的風俗習慣，自然有很多不同於本國的地方，其中尤其是男女同浴一點，令人觸目驚心。」❶

先生訪日兩個月，所見所聞，不勝枚舉，就當時的日本的教育事業，研究與發展卻是日新又新，有很多地方值得觀摩和借鏡。後來先生在廣東師範附小領導學生組織學校市，推行學生自治工作，來臺後擔任德明商專董事長，再三叮嚀設置書法特別專用教室，就是受到考察日本特別重視中國書法的影響，我們更應加倍提倡與發揚才對。

叁、飲水思源膺命附小訓育主任：民國十三年七月先生由日本考察教育回國不久，鄒海濱校長即派先生擔任廣東師範附屬小學的訓育主任，當時的附小師資較一般學校爲高，絕大多數是高等師範畢業的。像曾任立法委員的劉蘅靜女士，國大代表李粹芳女士都是當時附小的專任老師。就在這一個時間的同時，廣東省有一位縣長堅邀先生去擔任教育局長，先生小同鄉順德縣的縣長也邀請先生去做校長，訓育主任與教育局長、校長三個職務相互比較之下，後兩者的地位，遠超過前者甚多，又是政府中的正式官員，但是先生自幼就富有正義感，又特別重視尊師重道及師生

❶《鄭彥棻先生文集》第一八二頁。

情誼，先生也常說一個人要有道義感與骨氣，飲水思源，不可忘本。所以便毫不猶疑的謝絕了教育局長及校長職務，而膺命廣東師範附屬小學的訓育主任職務，追隨鄒校長爲附屬小學服務。

肆、初登講壇欣喜雀躍：民國十年，先生二十歲時，仍在廣東高等師範唸書，即應廣州市立第二女子高中楊敢平校長的聘請，擔任了廣州市立第二女高一年級的兼任老師。由於先生教學認眞，服務熱心，年輕有爲，待人彬彬有禮，贏得楊校長及全校師生的好評與歡迎，先生教了一段時期之後，因爲本身工作忙碌無暇兼顧，即向楊校長提出辭聘，但楊校長仍希望先生繼續在該校任教。此時先生卻成爲廣東教育首長紛相羅致的對象。先生因分身乏術也只好辭謝了楊校長的美意，仍專心訓育主任職務。

伍、創設學生輔導制度：先生就任廣東師範附小訓育主任時，年齡才二十二歲，但對於訓育工作卻有最新的構想，與今日之「中國青年反共救國團」所設立的「張老師」制度，可以相提並論，不分軒輊。先生的訓育主任只做了一年，成績斐然，卓然有成。先生之訓育輔導方法可作爲今日從事訓導工作者的一面鏡子：㈠和學生食宿在一起，作息在一起，玩樂在一起，歡笑在一起，與學生生活打成一片，星期天和假日必定親自帶學生到郊外作實地旅行和參觀。㈡接近學生、瞭解學生、認識學生、幫助學生、關心學生、愛護學生，以「亦師亦友」的方法來輔導學生，當時的附小學生共有十八班，人數約一千人左右，先生均能喊出每一位學生的名字來，甚至於在晚上就寢後，學生打從先生的窗前過，聽其腳步聲，便立刻叫出名字來，便知先生對訓育工作的專心、細心、用心的程度以及驚人的記憶力。

陸、創設學校市推行學生自治制度：先生在廣東師範附小擔任訓育主任期間，還在附小創辦了一個學校市，推行學生自治制度。內設市長、市議會，市長之下設六局，即教育、公安、公用、工務、衛生、財政局等，局設局長一人，市長由學生公開競選，自由投票，局長則由市長任命之。議會開會一切遵照《民權初步》的規定。先生曾記得有一屆市長競選，係由四年級一位女性李尙賢同學當選，名作曲家黃友棣教授，當時是六年級，是學校市的教育局長，曾任招商局總經理的張恩駿先生是學校市販賣部的主持人。先生做得熱烈而認眞，成績可觀。

關於學校市的創辦，筆者在此以前也未曾聽說過，今日臺灣有公私立大、中、小學四千八百六十九所之多，也從未見到有那一所學校設有學校市，先生之構想總是新鮮而不落他人俗套，創意超乎常人而有建設性，眞令人由衷的敬佩也。蔣總統經國先生曾說，我們要做天下第一等人，要做天下第一等事，用這話來形容先生，是最爲恰當而貼切。

第三節 獻身國立中山大學教育階段

壹、精誠所至金石爲開：民國十九年先生正在國際聯盟秘書廳擔任秘書的時候，忽然接到鄒海濱校長的電報，禮邀先生返國出任國立中山大學法學院教授兼院長之職，先生讀完電報後，便立即向秘書廳提出辭呈，束裝回國，於民國二十四年八月返抵國門，這是先生獻身教育的第二階段。

先生就任法學院院長後不久，卻發現該項職務困難重重，原來中山大學法學院歷任院長和教授，也都是留日的，是留東派的大本營，教務長蕭菊魂先生也是留日派，公開反對先生的到職。前任院長薛祀光先生，更是態度傲慢，氣勢凌人。先生主持院務會議時，薛先生竟然在會議室中，行動隨便，不予理會，先生在教務長的反對及許多資深教授不合作的情形下，要想展開院務工作，自然是困難多多。可是先生對教育特別熱愛而有興趣，絕不因此而灰心或氣餒，更以最誠懇的態度和勇氣，專心貫注，絞盡腦汁，改進院務，以更眞摯的面貌去待人處事，果然經過半年之後，一切有了很大的改變。第一、全校師生都知道先生就任法學院院長職務，並不是投機取巧、旁門左道拍馬鑽營而來。第二、先生將所有精力和時間，全部犧牲在學校裏，以校爲家。認眞努力，熱心負責，公而忘私，終於贏得全校師生的瞭解、信任和崇敬。由這一件事看來，知先生忍讓處事、寬宏大量的風度，以及駕乎常人的辦事能力，更應驗了「精誠所至金石爲開」的眞諦。

先生主持中山大學法學院從民國二十四年九月到二十六年八月，僅有兩年的時間，就做了許多改革院務的措施和貢獻。

貳、建立嚴格校風：中山大學，雖然是廣東省最高學府，但學生讀書風氣並不理想。例如學校九月一日開學，學生註册卻很懶散，有時候要拖延一個月以上，還是有許多學生尙未報到。先生履新後，下定決心改革此一不良習慣，端正校風，立刻訂出辦法，原本規定九月一日開學，再延至九月十五日開學，學生必須準時到校上課，無故不到者，以曠課論，曠課逾時者，卽予勒令退學。這一辦法公布後，迅卽收到立竿見影的效果。萬事在於人爲，只要有原則、有計畫，沒有辦不通的事。一個學校校風之良窳，完全在於領導者的決心與魄力，所謂主管決定一切，此言不虛也。

叁、培養良好讀書風氣：中山大學雖爲國立，但平時讀書風氣不佳，先生以爲要想提高師生讀書風氣，就必須充實圖書館設備，購置各類圖書報刊，改良讀書環境，改善燈光和座椅，使每人都樂意到圖書館去讀書。先生以身作則，不但經常到圖書館讀書、看報還要借書，以收風行草偃之效。

肆、提高學生自動研究精神：先生主張首先設立課外研究組織，邀請專家演講，設置模擬法庭、義務律師、義務辯護人、義務書記官、模擬議會等，使學生自動研究風氣日益提高。辦法都是人想出來的，先生就是研究發展最擅長的能手。

伍、倡導法治及節儉運動：先生在法學院任職期間，不論處理那一種事務，必須嚴格遵守規章，實行法治，任何人均不例外，一律公事公辦。先生自己卻以身作則，食、衣、住、行力求節儉，作爲學生表率。當時先生所乘坐之汽車，別人戲之曰：「袖珍汽車」❷俾以節省汽油。衣著方面，先生從不穿西裝，只穿布質的中山裝及棉袍，當時中山大學的留東派，卻在背後批評議論，以爲先生故意矯俗干名，有公孫布被❸之譏。但先生一切本乎大公至誠，問心無愧，良心至上，自認爲自己是三民主義的信徒，從不理會他人的無理攻訐，時間一久，習已成尙，先生對於倡導節儉運動，確實發生了很大的影響。

陸、組織鄉村服務隊：先生到中山大學法學院不久，即組織鄉村服務隊，親自領導全院師生，積極深入市區附近鄉村展開爲民服務工作，舉凡民衆的婚姻、醫療、法律、兵役、家庭疑難、夫婦感情、心理困擾等問題，全院師生在先生的領導下，都非常熱心親切，服務週到，解決許多疑難問題，民衆無不額手感謝，收效甚大，博得廣州市民的一致稱道。

柒、提高學生入學素質：先生爲了提高法學院學生的素質，規定新生入學時，法律系新生，國文成績一定要在七十分以上。經濟系新生，英文成績一定要在六十分以上。政治系新生，歷史成績一定要在六十分以上。並且嚴格執行，毫不徇情，並規定經濟系的學生考試，由其他系的英文老師命題或口試，藉以提高學生的英文程度。先生的這一措施實行後，學生均不敢掉以輕心，

---

❷《往事憶述》第六十頁。

❸公孫布被：《史記・平津侯傳》，漢公孫弘武帝時位居丞相封平津侯俸祿特厚，守儉約，著布衣食不重肉，止脫粟飯。汲黯曰，弘位在三公俸祿多，然爲布被，此詐也。

無不埋首苦讀，更根絕了學生遲到早退及缺課的惡習，對提高學生英文程度，確實收到了相當豐碩的效果。

捌、創辦鄉村服務實驗區：先生在中山大學花費的心血最大，用的時間最多的，就是創辦鄉村服務實驗區，這一措施，完全是為當地民衆服務的性質，服務實驗區的創辦，是基於下列需要：㈠由於中山大學校址在鄉間，青年學生課外活動的範圍太小。㈡中山大學徵用了不少民有土地，引起了當地民衆的反感，甚至於發生過民衆毆打教職員的情事，所以希望用服務的方式去改善當地居民與學校之間的誤會。㈢先生認為學術不能與現實脫節，法學院、農學院、醫學院內容學科都應該與民衆生活結為一體，打成一片，邊學邊用，才能收到教學相長，得到實際經驗。因此先生建議，以學校所在地附近的十鄉鎮為範圍，設立鄉村服務實驗區，發動全校師生參加服務行列，每鄉為一區，每區設青年學校一所，凡年滿十六歲至二十六歲的青年均可參加，予以自給、自衛、自治、自學的訓練。這個鄉村服務實驗區的計畫，就是先生親自草擬的。該服務區於民國二十五年四月成立。馮節先生擔任第一任主任，先生擔任輔導員兼顧問，不久先生奉命接任主任，當時參加的師生非常踴躍，最初參加的有一百七十幾人，後來又陸續加入的很多。實驗區分為十鄉，每鄉以夜校為中心，學生中有學農的、學醫的、學工的、學教育的、學法的、學語文的。另外還成立了識字班、閱報處、讀書室、歌唱會、話劇社、國術班、出版壁報、指導寫作以及各項康樂活動，疑難解答等。中山大學的學生和民衆打成一片，民衆對學校的鴻溝，也因此而逐漸消除。先生這一舉措的推動，不但對地方父老及中山大學是一大收穫，同時也代表了政府收攬了民心，對國家是一種無形的巨大貢獻。更提升了政府的威信與形象。

正如曾任鄉村服務實驗區輔導委員的任國榮先生回憶說：「鄉村服務實驗區是以石牌附近十鄉爲範圍。記憶所及，有上元崗，下元崗，車陂，石牌諸鄉，發動全校各學院學生自由報名參加。每鄉爲一分區，在區內，設青年夜校、婦女識字班、協助畜牧、稻作、改善環境衞生，又爲排難解紛，同時舉辦種種康樂活動，如演劇、歌詠、壁報、國術等等，這些都是服務的主要項目，予而不取的，不久便獲得鄉民的信賴和響應。起初進行卻是相當困難，因爲民風畢竟保守，一旦外人進入，總不能適應，需經過一段期間的觀察考驗，於心釋焉，始能消除隔閡。參加鄉驗區工作的同學，不只是法學院、文學院的學生，同時理、工、農各學院的學生亦甚踴躍，不下二百人。參加者一律每週下鄉兩晚，下課晚飯後出發，從六時起至九時許，自願參加若干項服務工作。他們每人每次發給往返公共汽車的車資，和一頓客飯的飯費，實微不足道。此時是抗戰前夕，全民奮起，學生當然也不甘心終日關閉在課室了。」❹

玖、親自領導抗日遊行示威運動：民國二十五年，抗日戰爭雖然尚未爆發，日本帝國主義，侵華陰謀及野心，已經是昭然若揭，虎視眈眈，暴露無遺，在華北、山東以及沿海地區，日本無

---

❹《鄭彥棻八十年》第二九八頁。

故挑釁，流血事件時有發生，中日大戰，如箭在弦上，一觸卽發，而當時的中山大學是廣東抗日運動的大本營。有一天先生一大早來到法學院時，校園內貼滿了抗日標語，全體學生集合在大操場，準備出發示威遊行。先生便立刻向學生講話，希望大家遊行要有始有終，不可離開隊伍，不作越規活動，不可損傷校譽。先生講話完畢，便親自領導學生隊伍，前往廣州市區作抗日示威遊行，引起整個廣州市民的共鳴與感動，更可以激發全體民衆的抗日愛國情操，收效甚大。由於先生親自領導主持，粉碎了共黨暴徒藉機搗亂的陰謀，先生之愛鄉愛國以及做事細密謹愼的態度，考慮的面面俱到。

先生離開中山大學之後，看似離開了教育工作崗位，開始從政，實際上先生是以寓政於教，都是以辦教育的方法來處理政事，也都能獲得最大的成功。

第五章　服務全國經濟委員會及國際反侵略會中國分會

第一節　前　言

民國二十六年七月七日蘆溝橋事變，抗日戰爭爆發，先生應全國經濟委員會會長宋子文先生的邀請，離粵赴滬參加抗戰工作。

先生之所以得到宋先生的賞識，還是由國際聯盟衞生部部長法國籍的拉西曼先生的介紹。當先生還在日內瓦國際聯盟秘書廳服務時，拉西曼先生奉派到中國接洽技術合作事宜，先生於民國二十二年由日內瓦返國渡假，拉氏特請先生在國內延長休假時間，俾便協助拉氏的協調工作，因爲這一段時間工作的關係，先生便認識了宋子文先生。當時宋先生對年輕有爲瀟灑儒雅的鄭彥棻先生特別賞識，七七事變以後，宋氏認爲必須注意國際情勢的發展及宣傳工作。這時候先生剛剛辭去國立中山大學法學院院長的職務，所以就堅邀先生到上海協助他的國際宣傳工作。

第二節　冒著熾烈砲火前往上海參加抗戰工作

民國二十六年七月杪，先生在廣州接到宋子文先生的邀請電報之後，極爲興奮，因爲中日大戰已經發生，全國軍民奮起抗日，先生愛國心切，民族意識堅強，常想能參加莊嚴神聖的抗戰工作，是平生最大光榮事。所以先生便立刻收拾行裝由廣州到香港，搭乘一艘意大利籍的輪船到上海，當先生船到吳淞口時，正值上海保衞戰爆發，國軍浴血抗日，黃浦灘頭火光通天，礮聲隆隆，先生無法登岸，只好原船返回香港，由陸路從廣州、武漢、南京到上海。當時粵漢鐵路及京滬鐵路被日軍飛機炸毀，先生設法在黑夜中改搭友人的便車到達上海。

先生到達上海之後，便奉派爲全國經濟委員會專門委員的職務，辦公地點暫設在中國銀行，負責國際宣傳的任務，當時上海的戰況和國際局勢非常緊張。先生工作之餘，找機會閱讀各國報刊，研判國際輿論，撰寫有關國際問題及日本侵華的文章，在上海大公報及香港工商日報發表，直到上海淪陷前夕，先生才奉命離滬，回到香港。單就先生之奉公守法，愛國負責以及冒險犯難之精神，已經是很了不起了。因爲當時的上海大部分的人們，都已逃到武漢和重慶去了，誰願意再到最前線的戰火邊緣去冒生命之危險呢？先生具有道德正義大仁、大智、大勇的精神。《論語》有：「無求生以害仁」，用這話來讚美先生絕不爲過。

第三節　前往武漢接收國際反侵略會中國分會

民國二十六年十二月南京淪陷，政府遷都重慶，領袖坐鎮武漢指揮，先生又奉宋子文先生之電召，前往武漢接收國際反侵略會中國分會，「國際反侵略會原名爲 International-Peace Campaign（簡稱爲 IPC），法文爲 Rassemblement universel-pourlapaix（簡稱爲 RUP），這是一個國際性的組織，其宗旨爲當時針對德、意、日等國納粹、法西斯、軍國主義者，企圖發動侵略戰爭，以暴力推翻世界秩序之國際民衆反戰運動，故其原名稱冠有「和平」字樣，以爲號召。」❶第二次世界大戰爆發後，德、意、日三國聯合組成軸心國，是發動世界大戰的罪魁禍首，中美英法是爲民主國，同爲被害的國家，中國首當其衝，損失最大，受害最重，傷亡最多，但是民主國家之當權者，仍各自爲政，毫無團結，袖手旁觀，不理不問，要靠民間團體的鼓吹和國民外交的活動，而當時最有力量的國際民間團體，就是國際反侵略會。總會設在巴黎，中國設有分會，會長是邵力子，理監事包括各黨各派和社會人士，共黨分子的董必武、吳玉章、鄧穎超、郭沫若等人都是理事和監事，相當活躍，企圖奪取該會的領導權。政府認爲要加強國際宣傳

❶《鄭彥棻八十年》第一〇四頁。

和爭取友邦的同情與支持，必須加強這一國際組織的運作，絕不能讓共黨分子所壟斷，故決定予以改組，推選宋子文先生爲會長，邵力子爲副會長，先生奉命擔任該會執行部主任，負實際會務推動的責任。

先生到了武漢以後，經過一番與共黨分子的激烈鬪爭，才漸漸克服了一切困難，才把國際反侵略會中國分會接收過來。先生擔任此一職務，看似民間團體，卻必須日夜與共黨恐怖分子及日本特務分子作殊死戰，工作實在不輕鬆，但又是義務職，沒有薪水，先生的生活費用是靠政治部的兩百元津貼以及訓練委員會一百元交通費來維持的。如不是先生具有重道義、重感情，犧牲奉獻、國家第一的觀念，有誰肯做這種隨時都有生命危險毫無地位和代價的工作呢？

民國二十七年三月，中國國民黨在武漢召開臨時全國代表大會，推選　蔣委員長擔任總裁，並決議成立三民主義青年團，由　蔣總裁兼任團長，並選派三十一人爲中央臨時幹事會幹事，先生奉派成爲幹事的一員，當時先生表面上是在國際反侵略會中國分會工作，但卻也兼任了政治部、訓練委員會、三民主義青年團、國民精神總動員會議的設計委員及國民外交協會常務理事等六項職務，反而變成最忙碌的人了。

民國二十七年冬天，反侵略會由武漢經長沙、衡陽、桂林遷往重慶，在棗子嵐埡找到一間克難房子繼續辦公，反侵略會工作絲毫沒有鬆懈或停頓。反侵略會不論就其人力物力均在極度困難情形之下進行，但卻做得有聲有色，其工作內容有左列各項：

壹、從事文化宣傳及國際宣傳：抗日發生前夕，國人教育水準不普及，大後方或高野山區及偏遠鄉村，尚有不知中國軍隊爲何打仗者，敵人是誰，何謂共產主義，何謂軸心國？國際間更缺乏正義，認爲日本人攻擊中國不是侵略行爲，是日本人大東亞共榮圈主義的實現，姑息氣氛籠罩在世界上每一個角落。反侵略會出版宣傳書刊、壁報、標語、編演話劇、電影等，運用各種方式，深入敵前敵後以及國際間作不停的宣傳，以激發國人反日，反共的愛國意識及情緒。

貳、爭取國際同情和援助：中國反侵略會經常與國際反侵略總會和各國分會以及世界各國民間反侵略團體，保持聯繫，並供給我國抗日資料，俾便爭取國際間對我國的同情和援助。

叁、供應各地報刊新聞和宣傳資料：將國際反侵略的新聞資料，供給國內各大報紙和有關機關，以便展開各種宣傳活動。激發國人認識日本帝國主義三月亡華的野心，進一步參加抗日行動的行列。

肆、出版各類書報以及反侵略定期刊物：當時的反侵略會雖然經費困難，但卻能盡一切能力，運用各種不同方式，出版各種不同反侵略書籍及報章，喚起國人及國際正義人士的注意，進而起來共同制裁侵略者。

伍、分區分地張貼壁報及抗日標語並天天更新：因爲撰寫文章，出版書籍，費時費事，且經費又極端困難，對鄉間農村來說，收效不彰，不如直接了當的每天分區分地張貼標語壁報漫畫，效果奇佳，甚至於化裝遊行喊口號，踩高蹺，都能得到廣大民間的熱烈反應。

陸、激發國人恨敵、仇敵、抗敵的決心和行動：反侵略會經常邀請社會各界人士、學者專家、愛國志士，不定期的大規模的集會演說，並分赴全國各大中小學及三軍部隊作學術演講，隨時宣傳反侵略計畫與行動，並揭發敵人的陰謀與野心，以便激發國人的恨敵、仇敵、抗敵的行動與決心。民國三十二年五月先生出任三民主義青年團中央團部宣傳處長時，襄助 蔣委員長號召全國「十萬青年十萬軍」熱烈從軍報國運動，做的可圈可點，即先生在反侵略會所奠定的磐石之基。

柒、聯合盟國共同制裁德意日的殘暴行爲：建議政府聯合世界各國，反對德、意、日濫肆轟炸不設防城市，並特別譴責日本帝國主義濫肆轟炸，火燒農村田野的暴行，曾獲得國際上的熱烈響應，形成國際與民間結合的一種強大力量。

由於先生的大聲疾呼，不停的宣傳，英、美、法終於惡夢初醒，不再坐觀成敗，認爲這不是中國與日本的邊界糾紛，終於軍經援華，組成中美聯軍，遠征印緬，截斷日本與德國會師中東的迷夢，此乃先生辛勤耕耘之成果。

第四節 任勞任怨通宵達旦

斯時先生所負責的反侵略會，雖然是無薪給的工作，但仍然做的積極賣力，著有成效。先生曾說：「反侵略會工作人員很少，同仁的待遇很薄，但是工作情緒卻很高昂，做起事來大家都不分彼此，一齊動手，當時要出版壁報，大家一起在地上，你寫我畫，興趣盎然，有時候工作到深夜，甚至於通宵達旦，從沒有人想到這是『加班』，從沒有人想到要『加班費』。」❷曾任中央黨部政策委員會副秘書長的陸京士先生也說：「國際反侵略會中國分會財力與人力均感不足，全賴少數工作同仁的不懈努力，工作表現有聲有色，那時候鄭先生與會內同仁都住在會內，生活在一起，工作在一起，他和同仁蹲地繪製壁報，有時工作通宵達旦，而樂此不疲。我因職務的關係與鄭先生相晤，對他的工作精神感到無限的欽佩。」❸

反侵略會遷到重慶後，先生除了在反侵略會工作之外，兼任的職務，也漸漸的增多和加重，當時政治部設計委員會主任委員就是先生留法同學何聯奎先生，再三邀請先生出任該會的設計委員。另外還有三民主義青年團中央團部於民國二十八年九月改組，成立籌備時期中央幹事會和監察會，先生奉派擔任幹事，並被指派為常務幹事，曾擔任過內政部長的洪蘭友先生奉命接任重慶市黨部主任委員，也堅邀先生擔任該黨部的文化運動委員會的主任委員，同時又要兼任中央訓練團訓育幹事，還要負責學員的輔導工作。先生時間之寶貴，工作之忙碌，對國、對黨、對領袖、對社會貢獻心力之多，非筆墨所能描繪也。先生認為凡事任勞任怨，多做多對，即是通宵達旦，不眠不休，也是應該的。先生就在這最忙碌的時刻，有一天　領袖召見先生，擬派先生出任越南

❷《往事憶述》第六十七、六十八頁。

❸《鄭彥棻八十年》第十九頁。

公使銜的總領事，後因反侵略會會長宋子文先生堅持不允而作罷。

先生在反侵略會工作了兩年有半，直到民國二十九年八月，奉派回粵擔任廣東省政府秘書長，才把執行部主任的職務，交給了尹葆宇博士。❹

❹ 尹葆宇先生曾任南京時代國立中央大學教授，抗日時期軍事委員會特別訓練班教授。

第六章　服務桑梓

第一節　前　言

鄭彥棻先生在政壇上嶄露頭角，是從畢業於法國國立巴黎大學後，加入國際聯盟，工作成績優異，被國立中山大學校長鄒海濱先生禮聘之後，先生即名聲大噪，引起中樞及廣東省政要的矚目，紛紛邀請禮聘。

民國二十九年粵籍名將李漢魂將軍（字伯豪）接任廣東省政府主席，李將軍平時治軍嚴謹，允文允武，能寫文章，精明幹練，經驗豐富，做事講求效率，初接省政，急欲敦聘精明強幹、才識雄偉的鄭彥棻先生回粵襄助政務。其實先生被李將軍之邀請已經不是一次了。早在民國二十六年衡山❶會議時，李將軍曾當面向　委員長借調先生回粵出任教育廳長之職。當時中央需才孔急，未

❶衡山位於湖南省衡山縣，爲五嶽中的南嶽，上有七十二峯，南岳廟、望日臺、祝融峯等名勝古蹟。因風景奇佳，遊人如織。

獲 領袖應允。直到民國二十九年六月，李將軍再一次懇請 領袖借調彥棻先生回粵服務，最初委員長仍不肯答允，當時先生年齡才三十歲上下，已成爲 委員長智囊團中的靈魂人物，後來因李氏再三堅邀，非請先生回粵不可， 領袖不得已才表示同意。先生接任新職後非常謙虛的說：「我十六歲時，雖然擔任過廣東省南海縣游擊隊部的錄事，但還只是一個臨時雇員，而不是正式的公務員，因此我這一次回到粵省府任職，可說是我眞正從政的開始。初任公務員便擔任了地方最高行政機關的幕僚長，內心實在萬分惶恐。而且我知道李主席雖然是軍人出身，但行政經驗非常豐富，能文能武，許多文電都能親自執筆，處事又非常精明能幹，以一個毫無地方行政經驗的人去做他的幕僚長，其困難可知。但既然奉命，便只好決心從頭學起，以臨深履薄的心情，一面工作，一面學習。我的確是以這樣的心情回到我的家鄉來服務的。」❷

第二節　服務桑梓政績輝煌

先生從民國二十九年八月至三十二年五月，在家鄉服務共兩年零九個月。先生在這一段期間也同時兼任廣東省政府統計長、青年團廣東支團幹事、廣東省動員會議書記長等職。先生每接任

❷《往事憶述》第七十頁。

一項新職，絕不墨守成法，被動等待，必須突破現況，締造新猷。先生在廣東省政府秘書長任內，作了幾項重大貢獻及措施：

壹、發起籌募救國公債運動：廣東省政府百廢待舉，又正值抗日戰爭進行的如火如荼，地方建設需要大量經費，又不能全靠中央政府補助，必須由地方自行籌募，因此先生發起籌募救國公債，俾資取信於省民。先生親自主持籌募救國公債委員會，日夜奔走，不眠不休，熱情感人，登高一呼，全省響應，輸將熱烈，獲得意外的成功。

貳、倡導守時守信運動：戰時的廣東省政府每天清晨六時，省府各單位集合在廣場舉行升旗典禮，各單位首長有事作重點宣布之後，即開始體操運動，然後回到辦公室辦公，此一措施，確實可以表現出戰時生活的工作精神。自先生擔任秘書長後，以身作則，每天清晨升旗，先生必定是第一位先到會場者，對於全體員工的參與有了很大的鼓勵和示範。

先生有一天夜晚，因鄰居家中失火，先生所住之茅屋被焚燒，衣物全燬，一夜未眠，疲倦至極。第二天早上先生仍照常參加升旗典禮，先生批閱公文常到午夜零時才下班，睡眠不足，次日必定準時參加升旗典禮。先生做事，劍及履及，說到做到。直到民國三十二年五月卸任時，從無遲到或間斷，先生做事腳踏實地以及負責任事的精神，爲省府全體員工立下守時守信的最佳矜式。

叁、推行「機關學校化」運動：也就是推行讀書運動，人人養成蓬勃朝氣，造成復興氣象，蔚為良好風氣，利用升旗朝會，請專家學者講演及座談會、或音樂體操、或自由交談聯誼，除充實各廳處圖書館外，並在省政府秘書處，創設一座大型圖書館，藏書相當豐富，省府各單位參加踴躍，情況熱烈，推行「機關學校化」運動，提高了員工素質，變化員工氣度，樹立了公務人員的新形象。

肆、提倡寫文章運動：先生為改進社會及政治頹靡風氣，提高工作效率，鼓勵員工利用公餘之暇，看書閱報，研讀經典，多寫文章，同仁之間互相切磋，用以提高員工辦事水準，除了平時定期舉行論文比賽之外，先生卻率先躬行，首先在報端發表：㈠省的性質與地位。㈡省政府機構的調整。㈢省政府委員會制。㈣行政督察專員制。㈤省府合署辦公制等。這一構想，確實養成大家生活的簡樸與士氣的振奮，潛移默化，風氣為之一變。無形之中也提高了省府員工的行政效率和工作水準。

伍、推行公餘服務運動：組織公餘服務團，由先生親自率領，為全省民衆服務，舉凡醫療、法律、家庭疑難、婚姻糾紛以及士農工商等問題，該團都是義務盡力幫忙，做的有聲有色，到處受到民衆熱烈歡迎，收效宏大。梁寒操先生❸為此還特別作了一首歌詞，並請名音樂家黃友棣教授譜曲，唱起來嘹亮動聽。歌詞的大意是：「世界不容有自了漢，事業要我們一齊幹，民族何能

---

❸梁寒操先生廣東高要人，廣東高等師範畢業，歷任宣傳部長、國策顧問等職。

沙般散，革命何能自由慣，今天是羣衆的時代，我們的眼睛更要清楚看，集體的生活，羣衆的運動，克服人們私與懶。同志們！機關要如學校，飯一起的吃，事一起的辦。我們團體的精神，光明燦爛！我們團體的精神，光明燦爛！」❹唱起來嘹亮動聽，感人至深。

陸、與中山大學合作編纂歷史典籍運動：先生接任秘書長後，發現廣東省及地方上的建設經過，缺乏歷史記載，於是先生就與中山大學的教授們共同合作，經過兩年時間的努力，終於完成了《廣東省誌》和《廣東省各縣縣誌圖》及《廣東省地圖》，提供了行政與學術的結合，學術與經驗的凝聚。雖然省政府秘書處是一幕僚機構，並沒有主管專門業務，自先生到職後，仍舊完成了許多有意義而重要的工作。先生常說，只要自己主動找事做，隨時都有表現政績的機會，可知天下無難事，只怕有心人。

柒、建議成立統計處倡導人人樹立統計觀念運動：在資訊電腦事業未發達以前，政府以及各機關的資料處理工作，全靠統計學，可是先生到廣東省政府以後，省政府根本沒有統計機構，更沒有統計人才，統計學根本就沒有人重視。統計學術在當時的廣東省來說，簡直是一片沙漠，荒涼至極，先生有鑒於此，立卽展開拓荒的工作。所以建議李主席成立統計處，俾便加強統計工作，於是在民國三十一年六月成立統計處，派先生兼任第一任統計處長。接著卽成立統計人員訓

---

❹《往事憶述》第七十四頁。

練班，招考高中或高商畢業生，給予六個月的專業訓練，並由先生親自主持，先後畢業兩期，分發省政府及各縣市任用，爲廣東省政府奠定了統計學紮根的基礎，開中國統計學歷史之先河，奠定今天統計學蓬勃發展的規模，先生就是中國統計學史上的一位尖兵。先生還非常謙虛的說：「從而深信，只要肯在工作中學習下工夫，『外行』也可以變成『內行』的。」❺

曾任僑務委員會委員長的高信先生也說：「彥棻兄能靜亦能動，坐下來批閱公文，膽大心細，綜理密微，而且他提倡機關學校化，鼓勵公務人員進修，一時省府同仁，讀書研究風氣大盛。今日我們大學的夜間部及空中大學，臺灣省府與東海大學合辦員工進修班，使在職人員有進修機會，實同一意義。彥棻兄四十年前已察覺及之，可謂富有遠識。」❻

❺《鄭彥棻先生言論選集》第五十三頁。
❻《鄭彥棻八十年》第五十六頁。

第七章　服務三民主義青年團中央團部

第一節　前　言

民國三十二年元月，先生因公由粵來渝，正值中央訓練團開辦高級班，調訓黨政高級幹部，團長由　蔣委員長兼任，班主任由陳儀先生擔任，陳儀先生與鄭彥棻先生平時素不相識，聽說鄭彥棻先生來渝公幹，又獲悉彥棻先生在此以前，曾擔任過中央訓練團教育委員會主任秘書一職，所以陳儀先生曾三度前往旅邸拜訪。陳先生認爲這一職務由實幹苦幹任勞任怨的鄭彥棻先生來擔任，必能駕輕就熟勝任愉快，並可迅速展開業務，籌劃訓練事宜，因此陳先生考慮再三，堅邀先生擔任該團高級班主任秘書一職。因陳先生邀請心意至誠，先生只好應允，暫時留在重慶，協助陳先生開辦高級班。

三十二年三月二十九日，三民主義青年團在重慶復興關召開第一次全國代表大會，先生因已先後奉派爲中央臨時幹事會幹事和籌備時期的中央幹事會幹事兼常務幹事。該會召開全國代表大會時，先生自然參加，會期十五日，會中選舉第一屆中央幹事會幹事，先生繼續當選爲幹事。蔣兼團長宣布第一屆中央幹事會主要幹部名單的同時，特指派先生爲三民主義青年團中央團部宣傳處處長，先生接任了另一項新職，責任當然也就加重了。

第二節 接任新職締造佳猷

先生既已奉命擔任三民主義青年團中央團部宣傳處處長職務，自然回粵辭去廣東省政府秘書長及統計長，迅速返渝到中央團部履行新職，先生的寶眷仍留在廣東，此時的三民主義青年團經費是萬分困難，又値抗日正酣，絕沒有今日這樣的辦公大厦和住的舒適。先生一人在辦公室放一張床，辦公室就是寢室，寢室就是辦公室，一室兩用。先生的刻苦耐勞的精神，也爲時人樹立了表率。先生是喜歡用腦筋的人，是擅長研究發展的能手，雖然宣傳處長較廣東省政府秘書長悠閒的多，沒有太多的業務，但先生絕不等閒視之，先生到職後不久，就很快的倡導了幾項具有重大愛國意義的運動：

壹、提倡讀書運動：中央團部宣傳處全體同志一共只有三十幾人，在先生以身作則的領導下，每天在上班時抽出時間，由大家輪流作讀書報告或專題講演，所以大家就不得不預爲準備，以備隨時提出報告。大家生活雖然很清苦，卻做的井井有條，朝氣蓬勃，一團和氣，精神愉快。

貳、提倡守時守分運動：中央團部「每天也都舉行升旗典禮，由團部的教育長蔣經國先生及書記長張治中及副書記長胡庶華以及各處處長輪流主持。」❶先生不論如何忙碌，從不缺席或遲到，宣傳處是一獨立單位，人數很少，早晨升旗集合一望即知，其餘同志當然也不會缺席或遲到，全體都能做到守時、守法、守分和守信，大家都是年輕人，工作很熱忱，都富有吃苦和革命精神，大夥做的很起勁，完全是受了先生以身示範的精神感召。

叁、成立文化出版事業機構：斯時宣傳處的任務非常艱鉅。一方面要對付中共的挑撥離間，破壞政府威信。另一方面，還要對付日本的無理攻訐，破壞滲透。所以宣傳處就必須有自己的文化出版事業機構。在先生週密擘畫之下，先後成立了青年書店、青年劇社、中國青年月刊、青年印刷所等。專門出版反共、反日宣傳書刊、並排練抗日、反共話劇。在這一方面，先生確實費了不少心血和精神，收到了宏大的宣傳效果。

肆、襄助　蔣委員長號召「十萬青年十萬軍」從軍報國運動：這一工作，由宣傳處主辦，擬訂整套細密而完善的宣傳計畫，由青年團發動，民國三十三年十月，由團長（委員長兼任）發佈告全國知識青年書，宣傳處隨即展開各式各樣的宣傳活動，俾便鼓動風潮，造成時勢。全國知識

❶《往事憶述》第七十七、七十八、七十九頁。

青年都在 蔣委員長「十萬青年十萬軍，一寸山河一寸血」的偉大號召之下，踴躍從軍。因爲先生擬訂的口號合乎實際，作風樸實簡單，感情熱烈動人，情緒高昂積極，眞是做得廢寢忘食，有板有眼，轟轟烈烈、人人喝采，場面十分壯大感人，全國青年風起雲湧，熱烈參與，成果輝煌，成爲近幾十年來，人人歌誦，最偉大的抗戰愛國事蹟，足可傳萬世而不朽，永垂青史。

更特別値得一提的，先生也是該團指導委員之一，奉命返回原籍廣東宣傳，先生雖然十分勞累疲憊，仍然日以繼夜奔波不停，先生「印象最深刻的便是到達梅縣的那一天，因爲戰事緊張，入夜已聞砲聲。」❷先生爲了救國愛國，不顧個人安危，誓死效忠 領袖，就是赴湯蹈火，也在所不辭，冒死達成任務。先生之膽識與風範，是一位革命家兼軍事家。

伍、推行三民主義文化教育運動：彼時先生除了擔任三民主義青年團宣傳處長之外，還兼任文化建設運動委員會主任委員的職務，這個委員會的工作同志更少，只有十多人，可是在先生蓬勃朝氣率領之下，做了許多有意義的愛國事蹟。例如：經常舉辦三民主義學術演講、青年座談會、文化晚會等。對於推行三民主義運動，不遺餘力，著有績效。

民國三十三年的某一天，毛澤東由延安飛到重慶，在某一日的文化晚會上，還親自講話，並高呼 蔣委員長萬歲，三民主義萬歲，中華民國萬歲等口號，乃先生親眼所看到的。這一次的晚

---

❷《往事憶述》第七十九頁。

會規模特別大，參加的人數也特別多，文化晚會通常是由先生主持，而這一次是由書記長張治中主持。張治中於民國三十八年四月一日與邵力子、黃紹竑、章士釗、李蒸、劉斐❸等六大和平老人，代表政府前往北平和談，其談判內容，迄今仍不得而知。文化晚會結束後的第二天，毛澤東回到延安。自此以後，內亂擴大。先生回憶說，怎不令人感慨系之也。

陸、發動徵印三民主義一百萬册運動：文化建設運動委員會的工作，就是要推行三民主義的文化運動，可是當時正値抗戰，紙張奇缺，印刷困難，經費拮据，《三民主義》一書在各書局又不多見。所以決定發動徵印《三民主義》一百萬册運動，俾便廣爲宣傳，結果這一運動得到各界的熱烈響應和支持，迅速而圓滿達成徵印的目的。

柒、著述闡發及考證民生定義的眞諦：這是先生徵印《三民主義》一百萬册運動之後而得到的另一收穫。（詳本書第一章，第七節先生之著述。陸、《民生定義的眞諦》。因限於篇幅，此處不再贅述。）先生不論所處環境如何惡劣，經濟如何艱困，戰爭如何緊急，總是忘不了讀書寫文章。尤長於傳記文學、歷史學及考據學，這可見無論做甚麼事，只要專心致志，認眞用心去做，都會有貢獻，都會有收穫，都會有成績，於公於私都有益處，這是先生做事熱心、細心，有恒爲成功之本的又一證明。

---

❸《風雨中的寧靜》第一七二頁。

捌、編寫愛國歌曲鼓舞民心士氣：民國三十二年元月，先生接長三民主義青年團團部宣傳處，該處正是成立伊始，也是抗戰到了最艱苦的階段。先生到職後，除了推行三民主義文化教育、三民主義學術巡迴講演、青年座談會、編寫反共反日話劇不停的宣傳外，就是編寫愛國歌曲，印發全國各大、中、小學、軍事院校、三軍部隊以及社會上各公私立機關及團體演唱，確實收效宏大，鼓舞了民心士氣。玆將當時大中小學生都會唱的「三民主義青年團團歌」全部歌詞抄錄於後，俾作參考：

三民主義青年團團歌

烽火漫天，
血腥遍野，
中華民族遭受著空前的浩刼，
我們在苦難中長成，
我們在大時代的洪爐裏，
鍛鍊成一個革命的青年，
黨的新生、民族的復興，
兩種任務已緊緊的壓在我們的雙肩：
我們誓為革命而奮鬭，

我們誓為主義而犧牲，
為了抗戰，只有向前，
我們的身體，好比鋼鐵，
我們的意志，更比鋼鐵堅決，
我們有力要戰勝一切，
我們有熱要鎔化一切，
拿我們的鮮血，
去把新仇舊恨，洗刷個盡絕，
我們是三民主義的青年，民族的中堅，
看準敵人，握緊鐵拳，
踏著先烈的血跡，
完成抗戰大業，
光明就在眼前，
勝利就是明天。❹

❹ 民國七十三年四月十一日《中央日報》十二版。

在抗戰時期的三民主義青年團以組織號召全國青年學生，參加救國行列為宗旨，與今日的「中國青年反共救國團」的宗旨，可說是先後輝映，不分軒輊。

第八章 獻身黨務

第一節 前 言

先生由民國三十四年八月奉調為中國國民黨中央執行委員會副秘書長起，到民國三十九年八月奉調為中國國民黨中央改造委員會第三組主任止，這五年期間，先生的主要工作，都是在中央黨部服務。

在這五年當中，先生的主要職務，可分為三個時期。第一時期，由民國三十四年八月至民國三十五年九月，任中央黨部副秘書長。第二時期，民國三十五年九月至三十六年九月，任三民主義青年團中央團部副書記長。第三時期，民國三十六年九月黨團統一，又回任中央黨部副秘書長職務。

第二節　膺任中央黨部副秘書長

民國三十四年八月，抗日勝利，全國同胞欣喜若狂，政府正擬還都之際，先生膺任中央黨部副秘書長之職。先生在副秘書長任內，由於　領袖的指導及愛護，完成許多具有歷史性、莊嚴性而神聖的任務。玆擇其犖犖大者說明如下：

壹、陪同　領袖飛臨北平上海等地巡視：先生奉命接任新職後的數日，與俞濟時、黃仁霖、孫連仲等數位將軍，陪同　領袖先後飛臨南京、上海、洛陽等重要城市，宣慰同胞，所到之處，萬人空巷，熱烈歡呼，場面感人。民國三十四年十二月十一日　領袖再由先生陪同，搭乘專機飛抵北平。十二月十六日的上午，在北平太和殿前的廣場上，向數十萬青年學生訓話，當　領袖到達會場時，一陣熱烈歡呼，鼓掌聲長達十分鐘之久，可知淪陷達八年之久的後方同胞，渴望瞻仰領袖風采之殷切，眞如大旱之望雲霓也。先生隨侍　領袖左右，不覺熱淚盈眶，乃先生之仁慈及惻隱之心所流露使然者也。

貳、完成　領袖交付任務：先生隨侍　領袖飛往南京、上海、北平等地途中，就在飛機上領袖臨時交付先生一項非常重要的任務，命先生迅速在全國各地設置委屈陳訴箱，凡是淪陷區的同胞，受過敵僞人員或漢奸的苛擾或壓迫者，都可以投函陳訴或檢舉，並在一定的限期內予以圓滿的答覆或處理。先生接受了這項複雜而艱鉅的任務後，立刻在中央黨部成立專案處理小組，這個小組由數十位精明幹練的年輕同志所組成，由先生親自領導指揮，日夜不停的工作，研究處理辦法，確能在一個星期內對全部陳訴案件，均能給予圓滿的答覆。這是先生一生當中最值得回憶、也是最富有眞實意義、最感快慰的爲同胞服務的工作。

叁、代表 領袖慰問北平上海：先生爲了更確實瞭解淪陷區同胞的困難，曾代表 領袖偕同熱心同志再乘專機飛臨北平、南京一帶，會同當地同志，進行實地調查，先生並親自訪問不少貧困人家，發放大批救濟金及救濟物質。當時後方同胞擁護政府及渴望看到 領袖的心情，眞是筆墨難以形容。隨後先生又親自訪問了一位貧苦的陳訴人，敲門很久，無人應聲，先生在猶豫奇怪之餘，只好推門一看，原來床上躺著一位老人，蓋著一條破爛的棉被，身上未穿衣服，天氣嚴寒，明知有人敲門，也無法起來開門，其困苦情形，令人鼻酸，先生立刻交代地方機關予以救濟及援助。先生爲服務後方同胞雖然不眠不休，日以繼夜，奔走勞碌，個人十分辛苦，但確也代表政府收攬了許多民心，爲政府樹立威信，取信於民。先生做事至誠至忠，體察入微及細心擘畫，令人敬佩之至。

第三節 奉命晉升中央黨部秘書長

壹、臨危受命出任艱鉅：民國三十七年歲杪，國內戰爭轉劇，軍事失利，東北失守，北平、天津告急。徐州、濟南、洛陽等各軍事重鎮也相繼淪陷，共軍繼續南下佔據淮陰、淮安等地。進而飲馬長江，南京、上海、杭州告急，政府宣布全國戒嚴。民國三十七年十二月二十二日，孫科先生奉命組閣，原中央黨部秘書長吳鐵成先生奉命擔任行政院副院長兼外交部長，先生遂即奉命代理中央黨部秘書長。

所謂「疾風知勁草，板蕩識忠臣」❶、「然而松柏後凋於歲寒，鷄鳴不已於風雨，彼衆昏之日，固未嘗無獨醒之人也。」❷先生奉命代理秘書長之際，全國情勢已經是萬分緊張。共軍的統戰伎倆，滲透分化，更是無所不用其極。但最可痛心的，便是一部分人士，不能明辨是非，如副總統李宗仁、程潛等，竟於此時倡議與中共和談，並公開要求　蔣總統下野，　領袖以國事爲重，不計個人榮辱。並在民國三十八年元旦，發表文告：「和平果能實現，則個人進退，絕不縈懷。」❸用以表示　蔣公胸襟之寬大，坦蕩磊落之人格。　領袖爲顧全大局，於民國三十八年元月二十一日宣布引退，於元月二十二日下午四時，乘專機返回奉化溪口。

當　領袖宣布引退消息傳到全國各地之後，全國軍民頓失領導靈魂，原本惡化的軍事，更是

---

❶ 唐太宗詩。
❷ 顧炎武《日知錄》卷十三。
❸ 《往事憶述》第一〇〇頁。

急轉直下，一日千里，所謂「兵敗如山倒」，人心惶惶，全國陷入一片混亂。用「山雨欲來風滿樓」❹及基督教勸世格言「世界末日之來臨」❺也不足以形容當時南京的緊張與混亂。元月二十四日，中常會在南京召開緊急會議，迅速通過先生眞除中央黨部秘書長之職。

先生接任秘書長正是在狂風暴雨驚濤駭浪猛烈衝擊的最緊急時刻，軍事節節敗退，情勢瞬息萬變，最高 領袖又宣布引退，先生受任於敗軍之際，奉命於危難之間，先生以身許國，早置個人生死於度外，爲國盡忠，爲黨犧牲，效忠 領袖，耿耿赤心。先生最大優點，就是能在安定中研究發展，突破現勢；在危難中穩健自強，謀求應變。

貳、奉 領袖召飛往溪口度歲：先生接任秘書長之後數日，奉 領袖召與總統府秘書長張岳軍先生，同機飛往溪口。此時正值三十七年農曆除夕。先生奉陪 領袖一同返回溪口故鄉度歲。蔣經國先生在所著《風雨中的寧靜》一書中，曾記述民國三十八年一月二十八日的一段日記說：「今爲農曆除夕，全家在報本堂(豐鎬房)團聚度歲，飲屠蘇酒，吃辭年飯，猶有古風。自民國二年以來，三十六年間，父親在家度歲，此爲第一次。父親爲國事奔走，國爾忘家，我們能於此良辰佳節，得慶團圓之樂，殊爲難得。同來溪口度歲者，有張岳軍、陳立夫、鄭彥棻三位先生。」❻

---

❹ 唐人許渾詩。
❺ 古斯堪的納維亞神話。
❻ 蔣經國先生《風雨中的寧靜》，民國五十六年版，第一四三頁。

先生以爲這雖是一個小小的聚會，其意義絕非尋常，更足以證明 總裁對先生的器重與關懷。春節過後，先生再晤 總裁命飛回南京，因爲軍隊節節後退，情勢更形惡化，這時候的首都，已接近戰區，隆隆砲聲，清晰可聞，僅有一水之隔而已。局勢雖然緊張萬分，先生仍鎮靜沉著，斯時中樞留在南京的，先生是職務最高的高級長官了，孫科院長因公早已到了上海，副總統李宗仁已於數週前因病飛往香港就醫，南京城內秩序大亂，人心浮動。先生在四面砲火聲中，克服萬難，完成最爲艱巨的撤退任務，實在難能可貴。先生事後很謙虛的說：「迄今捫心思之，尚覺安慰。」❼

叁、遷移中央黨部至廣州：先生由溪口度歲返回南京後，便積極準備遷移事宜，連夜將公文檔案及珍貴文件，先行裝箱運往臺灣，妥爲保管，命令各部會首長先後離京赴穗。三十八年二月一日起，在廣州開始辦公。彼時的南京，各軍政高級長官均奉命離京，只留下先生「一柱擎天」坐鎮指揮。先生於中央各部會以及中央黨部秘書處全體員工離京後，先生是離開南京的最後一個人。先生穩健、沉著、鎮靜、忠貞、務實、敬業看似平凡，卻表現出智勇雙全極爲不平凡的風範。

肆、安頓中央黨部來粵員工眷屬改善伙食：中央黨部遷移廣州後，員工眷屬一百餘人食宿都

---

❼《往事憶述》第一〇七頁。

發生了嚴重的困難，臨時又找不到房子，只好臨時在廣州市文德路搭建一批克難房子來應急，加之貨幣貶值，物價飛漲，現在又是逃難、避難時期，困難自然在預料之中，先生認爲凡事盡力而爲，能做多少就做多少，絕不虛僞，絕不敷衍，大家受到先生的奉獻無保留、關懷無止境的眞情流露，不但不予埋怨，更贏得全體員工的敬佩與感激。

伍、救濟各省流亡來粵幹部：三十八年四月二十日，因中共軍隊攻破江陰要塞戴戎光防線，陳毅軍渡江南下，大江南北各省黨部及縣級幹部流亡來粵者甚衆，必須設法予以安頓，否則不但失去政府威信，更會嚴重擾亂治安。先生盡最大努力予以安頓救濟，暫時解決了燃眉之急。

陸、再度遷移中央黨部至重慶成都：當時的整個戰局，眞是瞬目千里，到了三十八年七月上旬，離南京撤退僅有五個多月的時間，共軍已逼近廣東。廣州已奉命作緊急疏散，中央黨部是全黨同志精神之所繫，中樞的神經大腦，全國同胞的精神堡壘，所以必須隨軍行動，不得已再西遷重慶，再遷成都，後經海南島的海口遷來臺北。這一漫長的顚沛流離。如非先生身體健壯，精神充沛，意志堅強，經驗豐富，是很難達成任務的。道先生乃國家之中流砥柱，絕非虛美也。

先生離開廣州時，是在中央各部會全體同志離開後，才和朱家驊先生搭乘最後一班飛機離開廣州，在離穗前，先生再度去看看中央黨部的辦公地址，然後向留穗的軍政負責人余漢謀將軍辭行之後，才登機飛渝。先生遇事機警寧靜，眞所謂「駱駝不懼風沙，砥柱不怕狂瀾」，細心沉著，顧慮週到，非常人所能及也。

柒、敦請 領袖飛渝主持軍政大計：先生率領中央黨部職員三十六人，工友十三人，隨行眷屬五十八人，合計一〇七人，人數雖然不算太多，但到重慶之後，要想妥爲安排，確實煞費苦心，中央黨部遷渝不久，緊張的戰局，便接踵而至，李宗仁因病赴港就醫，先生曾於十月二十二日奉命偕同居正、朱家驊、洪蘭友等三位黨國元老，專機飛港，敦請李宗仁返渝主持國家大局，李氏稱必須在港養病，一時不能返渝，於是國家失去領導中心，人心徬徨渙散。先生不得已又偕同吳忠信先生專機由重慶飛來臺北。敦請 總裁返渝主持軍政大計。 總裁爲了革命大業，爲了數億萬軍民同胞之安危，爲了中國歷史的延續，以在野之身，不顧個人生命之艱險，於三十八年十一月十四日飛來重慶，但戰局如土崩瓦解，急轉直下，十一月十五日，貴陽淪陷，重慶告急，中央各單位再度緊急疏散至成都。先生立刻向國防部交涉車輛，同時向中央銀行提取現洋，這些雖然說都是小事，在當時極端混亂的情形之下，要想順利成行，眞是大費周章。重慶外圍已發生槍戰，先生一直等到中央黨部全體員工離開重慶後，才登機飛往成都。 領袖於十一月三十日，重慶淪陷當天的上午，才離開重慶。 領袖與行政院長閻錫山先生登機時，機場四週已被共軍包圍。 領袖座機機尾及兩翼已被共軍機槍擊傷多處，情勢之緊張可以想見。

捌、繼續遷移中央黨部經海口到臺北：中央黨部全體員工分乘兩架飛機，先飛到海南島的海口市，然後再改乘華聯輪撤來臺北。先生則奉命由海口飛往香港，敦請留在香港的黨國元老來臺，本來先生還要奉命飛往昆明，因爲昆明戰況不明而作罷，先生只好由香港直飛臺北。單就這一段風沙萬里，長途跋涉，危險遷徙的歷程來說，先生就夠辛苦的了。

玖、迅速安置中央黨部來臺員工及眷屬生活：廣州撤退時，中央黨部已有一部分員工先行疏散來臺，當時臺灣房舍奇缺，先生將單身員工安置在新北投新都飯店，眷屬暫時安置在板橋林家花園以及基隆市黨部大禮堂和新竹縣黨部職員宿舍，當時的落魄及狼狽景象，可以說是筆難罄書。最後由海南島撤退來臺的員工，就更難安置了。中央黨部則在臺北市中山北路一段青年服務社辦公，後來再三央託陳誠先生幫忙，才遷到現在臺北市中山南路中央黨部的現址，才算有了正式的辦公地點。以上這種種的經過，是先生古道熱腸，愛人如己，不停的奔走向各界拜託，員工及眷屬的食衣住行才有了著落，如果不是親臨其境的人，是無法體會其艱苦的。

從民國三十八年元月二十一日 領袖引退，元月二十四日中常會通過任命先生爲中央黨部秘書長起，到十一月三十日重慶淪陷，由成都、海口而臺北止，在時間計算上，只不過短暫的十一個月而已，可是度日如年，先生卻歷盡了折磨與危險，不知耗費了多少心血，用了多少思考，談不上睡眠與休息。先生爲黨國的犧牲及奉獻，這實在是應該大書特書的一樁大事。

曾任立法委員的吳延環先生曾回憶說：「彥棻兄自入黨後，五十八年以來，雖然無日不盡心竭力，爲黨奮鬪，而其中最令人難忘的一段往事，還是民國三十八年一月到三十九年八月作中央黨部秘書長時代。他接任那天，正是先總統 蔣公爲了表示謀國忠誠，不計個人名位，而宣告引退之日。由此時起，到三十九年三月先總統 蔣公復職之日止，十四個月中，總裁既遠離中樞，主政者又是當時因病出國的李宗仁。先之以北平被中共佔領，嗣之以南京撤退，再以太原五百完人成仁，隨秉之以武漢相繼失守；此後迭失名城，終於大陸撤退。當此時也，全黨同志，無不栖栖皇皇，不知所措，眞可謂敗機四伏，危疑震撼之秋，小有差池，便會萬劫不復。他則始終忠貞堅定，秉承 總裁意旨，應付一切變局。並隨軍事轉進，由南京而廣州，由廣州而重慶，由重慶而成都，由成都而海南島，由海南島而臺北，雖於數月之間，顚波萬里，但卻井井有條，連一本黨員名冊都沒丢，眞是難能可貴，理應大書特書。」❾由吳委員這一段話，足可印證彥棻先生之勇於任事的了。

拾、敦請 **領袖復行視事繼續領導革命大業**：此時李宗仁前往美國醫病未歸，中樞無人主持。在此不久以前的三十八年十月二十五日凌晨，中共調派大軍，瘋狂進攻金馬及沿海列島，幸我英勇將士，在戰地司令官指揮之下，誓死效忠 領袖，保衛國土，人人下定「人在島在，島亡人亡」之決心，終於將來犯三十倍於我之共軍，全部殲滅，現代史上之金門大捷（或稱古寧頭大捷）即其由來也。雖然暫時遏止共軍之進犯，但共軍仍天天叫囂血洗臺灣，全國上下均認爲重振革命大業，必須先鞏固領導中心，所以中央常會於民國三十九年二月二十三日召開會議，先生在會中首先提議，必須敦請 領袖復職，繼續領導革命大業，全國各界及海外華僑懇請 蔣公復職

---

❾《鄭彥棻八十年》第一頁。

之函電，如雪片飛來。領袖俯允輿情，遂於民國三十九年三月一日，復職視事。這才奠定了臺灣四十餘年來之進步與繁榮，家家豐衣足食，人人自由安樂，國軍經武精練，枕戈待旦，反共磐石，固若金湯，共軍再未敢越過雷池一步，臺灣已成為太平洋上自由之燈塔，不沉之母艦。

拾壹、制訂中國國民黨改造方案：先生來臺後，一方面忙於安頓遷臺後之員工及辦公處所。另一方面則奉命積極籌備黨的改造工作。民國三十八年十二月三十日，先生奉召前往日月潭涵碧樓晉見領袖，研商有關黨的改造工作。蔣經國先生在《風雨中的寧靜》記載說：「今日下午，父親在涵碧樓召集陳立夫、黃少谷、陶希聖、谷正綱、鄭彥棻等先生，討論本黨的改造問題。父親準備重新改造本黨，決定改造方針。認為若不如此，則現在中央委員四百餘人之多，不僅見解紛歧，無法統一意志，集中力量，以對共產國際進行革命。三十一日上午，父親仍在涵碧樓與本黨同志繼續討論黨的改造問題。父親認為：改造要旨，在湔雪全黨過去之錯誤，徹底改正作風與領導方式，以改造革命風氣；凡不能在行動生活與思想精神方面，徹底與共黨鬥爭者，皆應自動退黨，而讓有為之志士革命建國也。父親抱著破斧沉舟的決心，來改造本黨，無非欲重整旗鼓，自力更生，以達成反共復國之使命。」⑩這是鑒於一部分黨員同志，反共意識薄弱。因此中央黨部遷來臺灣後，總裁下令決心改造，反共聖戰從頭做起。遂於民國三十九年七月二十二

---

⑩ 蔣經國先生著《風雨中的寧靜》（民國五十六年版）二七八頁—二七九頁。

日，中常會正式通過「中國國民黨改造方案」。此一改造方案，乃先生親手制訂也。「同月二十六日，總裁遴選陳誠、張其昀、張道藩、谷正綱、鄭彥棻、陳雪屏、胡建中、袁守謙、崔書琴、谷鳳翔、曾虛白、蔣經國、蕭自誠、沈昌煥、郭澄、連震東等十六人為中央改造委員。」⑪同年八月五日，中央改造委員會成立後，中央黨部秘書長一職便交給張曉峯先生，先生便改任中央黨部第三組主任，專事主持海外黨務工作，先生便開始研究號召海外華僑回歸祖國的紮根工作，職位看似降低了，任務確實更形加重了。

⑪《往事憶述》第一〇七頁。

第九章　獻身議壇

第一節　前言

先生之獻身議壇，早在民國二十八年，廣東省成立臨時參議會，先生即奉派爲廣東省議會參議員，當時先生工作職務遠在重慶，只有開會期間，回來開會，會畢即離穗返渝，因爲工作忙碌，分身乏術，建言無多。

到了民國三十五年五月五日，國民政府正式還都南京，在舉國歡騰聲中，著手籌劃施行憲政，以期早日還政於民。實施憲政，原爲中國國民黨的一貫主張，戰前已制定憲法草案，辦理選舉，召開國民大會，只因抗戰影響，一再展延。民國三十二年五中全會便決議，應在戰爭結束後一年內召開，三十四年五月，六全大會便決定於是年十一月十二日召開國民大會，以後再延到三十五年十一月十五日才正式開會。因此先生從民國三十五年五月到民國三十八年二月，在這兩年多的時間裏，先生為行憲工作，開啓新頁，肩負了幾項重要職務，完成了幾樁具有歷史意義的任務。

第二節　奉任制憲國民大會代表

制憲國民大會代表，原本在抗戰勝利之前，政府按地區、人口、職業、黨派等方式已經選出，抗戰勝利後，政府為了容納各黨派人士，便又增加了一部分代表，先生就是增加部分當中的一位。因此先生才有機會參加制憲的百年大計而又神聖的工作。

民國三十五年十一月十五日開始，先生便正式奉命參與制憲工作，「並擔任第六審查委員會及綜合委員會的召集人。」❶負責審查憲法草案中關於地方制度的規定。當時政府提交國民大會的政協憲草關於地方制度的規定，和國民政府二十五年五月五日所公布的五五憲草有很大的出入。五五憲草確認縣為地方自治單位，而否定了省自治，並偏重於中央集權。政協憲草則省縣均實行自治，而置重點於省，並偏重於地方分權，似乎很像聯邦制。先生認為聯邦制不合國情，國父曾經表示反對，以為省自治與聯邦制不同。先生研究有關　國父地方自治的遺教，深信省自

❶《國民大會實錄》第四一九至四二三頁。

治是符合遺教的。先生曾經於民國二十九年在所著《省政五論》一書中，詳加闡述。但這並不是先生完全贊同政協憲草關於省自治的規定。先生雖然贊成省自治，但反對聯邦制。所以經先生詳細審查之後，根據 國父地方自治的遺教提出卓見，主張將省縣制度的章名，改爲「地方制度」，除此之外，先生又提出兩個提案。「第一個提案主張將全部條文重加整理。」❷「第二個提案將有關規定分別修正。」❸這兩個提案均能贏得大多數代表的贊同，部分代表認爲應衡量當時政治情勢，以爲政協憲草不宜更動太大，修改越少越好。所以除了章目修正外，只接受將若干條文的修正。爭執最激烈的是縣可否爲自治單位，可是先生堅持一定原則，應明定縣爲自治單位，並列舉自治事項，爭執的結果，只在中央與地方權限一章中增加了縣專有事權的規定。最後經先生審查和大會通過，憲法條文關於地方制度的規定，總算能採取五五憲草和政協憲法兩者之長而捨其短，不失爲憲法中較爲完善的一部分，也就是今日全國國民所施行的中華民國憲法，成爲國人共同遵守的根本大法。

中華民國憲法經國民大會制定後，於民國三十六年元旦由國民政府公布，並明令自民國三十六年十二月二十五日施行。接著政府又積極籌劃行憲事宜，一面研擬和制定行憲的有關法規，一面籌劃辦理中央民意代表的選舉和提名。

❷《國民大會實錄》第一二五五至一二五六頁。

❸《國民大會實錄》第一二九二至一二九三頁。

第三節 當選行憲後第一屆民選立法委員

民國三十六年四月，先生由中央黨部副秘書長又調任為三民主義青年團中央團部副書記長，中央成立政治委員會，先生同被任命為委員，並於三十六年七月奉派為政治委員會副秘書長，是年八月先生奉政府任命為立法院立法委員。九月黨團合併後，又回任中央黨部副秘書長，先生在這一段期間，職務調動特別頻繁，格外顯得忙碌，也就是因為黨裏需要先生來推動，團裏需要先生來襄助，立法院需要先生來制定議事規則以及國民大會更需要如先生這樣精明幹練的人物來研擬憲法條文，推行憲政，所以才有以上這樣頻繁的調動。

在這同一時間先生又被中央提名為廣東省第一區立法委員候選人。先生於民國三十七年一月返回廣東競選立法委員，曾得到南海、番禺、順德、中山、臺山、新會、東莞、寶安等八個縣的父老熱烈支持，高票當選為第一屆民選立法委員。這是因為先生早在民國二十四年擔任中山大學法學院院長時及民國二十九年擔任廣東省政府秘書長時，創辦鄉村服務實驗區及公餘服務團，曾為廣東地方上的鄉親父老奉獻過心力，流過相當多的血汗，付出過許多代價。因此才能得到廣東父老的熱心支持，順利當選第一屆立法委員，先生常說：「為人就是為己，服務就是最好的領導，奮鬥是生存的要件，好人並不難做。」❹先生還說凡做任何一件事，不問其成功與否，只要腳踏實地去做，總會有收穫的一天。先生又說：「其實有很多事情，一時的吃虧，也會在不知不覺中反爲自己奠立了有利的基礎。」❺只要勤耕耘，終於有收穫。

第四節　制定立法院議事規則

先生於民國三十七年二月當選立法委員後，於三十七年五月，參加第一屆立法委員集會，當時的立法院剛剛成立，是屬於草創時期，一切都無成例可循，雜亂無章。立法院開議後的第一件事，便是起草制定議事規則，先生被推選爲委員，負責起草事宜。接著討論修正立法院組織法，先生是被推選爲三位整理委員之一。現任立法委員吳延環先生特別印證說：「行憲後立法院初期，彥棻先生他任中央黨部副秘書長，雖然雜務繁瑣，但卻未怠於立法委員職守，記得現行立法院組織法及議事規則，就是他以訓政時期立法院所行爲藍本，修正而成的草案。現雖多所更易，但飲水思源，卻不能忘了當時的鄭委員彥棻也。」❻先生對立法院的建制，確實盡了最大的力

❹《鄭彥棻先生言論選集》第十三、十五、十九頁。
❺《鄭彥棻先生言論選集》第七十九頁。
❻《鄭彥棻八十年》第二頁。

量，奉獻過許多精神，又正因為先生本職是擔任中央黨部副秘書長，對溝通中央與立法院的意見，做了一道很好的橋樑，貢獻卓越，做了不少協調工作，先生的立法委員職務，直到民國四十一年，出任僑務委員會委員長之後，才正式辭去。

第五節　籌劃黨團統一組織實施辦法

民國三十五年九月，三民主義青年團在廬山❼召開第二次全國代表大會，先生以該團中央幹事的身分，前往參加，會後數日，先生奉調中央團部副書記長。層峯再一次調先生擔任中央團部副書記長，其目的在於借重先生之協調長才，負責黨團合作之溝通工作。

先生早就胸有成竹，洞察其事務之未來發展，建議撤銷三民主義青年團，並由先生親自起草籌議黨團統一組織的實施辦法，民國三十六年成立黨團統一組織委員會，先生奉派為委員。同年九月九日，在南京召開中國國民黨第六屆執行委員會全體委員會議及黨團聯席會議之後，黨團正式合併，同時先生被選為中央常務委員，旋卽啣命赴北平、天津一帶視察和督導各地黨團的業務合作狀況。

❼ 廬山位於江西省九江縣，高一千五百公尺，周朝匡俗結廬於此，又名匡山。群山林立，烟霧彌漫，風景秀麗，變化萬千，有不識廬山眞面目之語，因夏季涼爽，又有夏都之稱。

第六節 親率代表團訪問印度

民國三十六年三月，先生在擔任中央團部副書記長任內，曾率領一個七人代表團前往印度，由印度總理尼赫魯發起召集的亞洲關係會議。團員包括溫源寧、杭立武、王星拱、陳逸雲、毛以亨等五人。由先生擔任團長，葉公超先生擔任視察員。在訪問印度的前夕，先生正奉命由天津、北平，轉往香港、澳門、廣東等地視察團務及黨務。先生工作之忙碌，時間之珍貴，可以想見。

先生率團抵達印度的同時，印度所邀的西藏代表，也同時到達新德里。先生基於民族意識濃厚，愛國思想堅強，立即向印度總理尼赫魯提出嚴重抗議，表明立場，對中華民國領土的完整，絕不容許有任何的歪曲，由於先生義正辭嚴，立場堅定，浩氣凜然，堅守原則，印度終於未將西藏代表列爲獨立國，僅以地方代表名義參加開會。在大會即將揭幕的前夕，先生又發現會場中所掛的世界大地圖，竟把西藏劃分在中國國界之外，先生又立即向尼赫魯提出更爲強烈的抗議，如果不把地圖改正過來，中國代表團絕不參加大會開幕式，甚至於憤然退席，率團返國，一切不良後果，均由印度負完全責任。由於先生態度強硬，立場一貫，尼赫魯才請葉公超先生親自將地圖改正過來。這件事看起來是一件小事，差之毫厘，謬之千里，對國家尊嚴及歷史背景以及國際視聽之影響，就很難估計了。先生之折衝尊俎不屈不撓，有原則、有立場、有分寸、有見地。先生

常說：「愛國是大家的責任，要想愛國不論在國內或是在國外，隨時都有機會。」❽
民國三十六年九月，黨團統一後，先生又回到中央黨部擔任副秘書長，直到民國三十七年三月二十九日，在這一段時期，一方面是協助吳鐵成先生處理黨務，另一方面準備實施憲政工作，籌備選舉總統副總統。民國三十七年四月十九日舉行總統副總統大選，選舉結果，蔣中正先生以最高票當選行憲後的中華民國第一任大總統。李宗仁當選為副總統。五月八日立法院舉行行憲後的第一次院會，先生曾代表廣東省同胞前往與會，監察院也於五月八日舉行行憲後的第一次院會，完成了實施憲政的工作，中華民國從此由訓政時期正式邁進憲政時期的光明坦途。

---

❽《鄭彥棻先生言論選集》第四十七頁。

第十章　獻身僑務

第一節　前言

民國三十九年八月，中國國民黨實施改造，中央黨部各「部」改爲「組」，海外部改爲第三組，先生奉派爲中央改造委員會委員兼第三組主任（現已改爲海外工作會），專事主持海外黨務事宜，海外黨務就是辦理華僑及留學生事務。先生擔任此一職務是從民國三十九年八月一日起，到民國五十一年十二月三十日止，任職長達十二年又四個月之久，是歷任主任當中最久的一位。中央黨部第三組與行政院僑務委員會的工作對象是同一的，是一家人，同是辦理海外華僑事務爲其主要工作。先生又於民國四十一年三月，奉命擔任僑務委員會委員長之職，至民國四十七年七月交卸，任職也長達六年零六個月之久，自中國國民黨建黨以來，以中央黨部第三組主任同時兼任僑務委員會委員長職務的，先生是黨史上的第一人。以任職時間來說，也是黨史上的第一人。

先生於民國四十九年六月奉命接任司法行政部長後，仍繼續兼任中央黨部第三組主任，直到五十一年十二月才交卸。可見當時　蔣總裁對海外黨務、僑務工作的重視，更器重先生的才華、愛國忠黨及實踐苦幹的奮鬥熱誠。當時先生能在衆多人選當中，脫穎而出　領袖認爲先生擔任此一要職最爲適當。

這時候海外一千二百萬華僑，因大陸突然失守，中共政權又於民國三十八年十月一日，在北平宣布成立，對臺灣瘋狂備戰，並不時叫囂血洗臺灣的狂言，恫嚇世界友邦，對海外愛國僑胞展開軟硬兼施的統戰攻勢，誘惑海外僑胞回歸祖國。海外僑胞在中共威脅與利誘交互運用之下，徬徨無措，徘徊失望，正在悲觀苦悶之際，政府及時任命先生爲中央黨部第三組主任，消息傳到海外，僑胞社會特感振奮，精神尤爲鼓舞，立刻就等於爲海外一千二百萬僑胞注射一針強心劑，爲僑胞帶來了新希望，先生就是帶領僑胞重回自由祖國懷抱的一盞明燈。並且特別也體會出偉大的領袖　蔣公，隨時在惦念他們，時時在幫助他們，因此僑胞的態度，不再憂鬱，公開宣布支持自由祖國的愛國行動，參加復國革命行列。特別具有重大意義的，就是先生不惜說破嘴跑斷腿，人行千里路，馬翻萬重山，席不暇暖，食不甘味，發揮了高度的傳教士精神，橫渡三大洋，走遍了七大洲，訪問了所有居住有僑胞的地方，爲僑胞帶來了溫暖及誠摯的慰問。

先生接任中央黨部第三組主任之後，的確不負　領袖及全國同胞的厚望，雖然先生過去未曾辦過僑務，可是先生肯虛心、肯用心、肯研究、肯下功夫、肯細心考察，不數日，卽擬訂了一連串的重要發展計畫及工作方針。以下就是先生在中央第三組及僑委會任職期間，所作出的重大貢獻。

第二節　發展僑務的五項工作執行原則

先生接任新職後數日，便訂出五項重要工作執行原則，作為今後發展僑務與全體工作同志共同努力的目標。

壹、「非以役僑乃役於僑」的工作精神：先生認為僑胞的地位，在反共復國時代來說，非常重要。僑胞為祖國貢獻最多，今天僑胞有了困難，我們必須竭盡力量，為僑胞服務。先生說：「㈠過去革命建國，抗戰戡亂，僑胞盡過最大的努力，功績彪炳史册。㈡在反共抗俄的現階段，自由中國一千八百萬軍民，卻有著海外一千二百萬僑胞為後盾，而這一千二百萬僑胞，分隸各種族、各省區、各階層，代表著大陸上十一億五千萬人民的共同意志，象徵著全體中華兒女在反共大纛之下，而團結一致。㈢僑胞在各僑居地，在工商業界佔著最重要的地位，在政治上、社會上蘊藏著深厚的力量，在東南亞地區尤為顯著。」❶

---

❶《僑務問題的新認識》第七十頁。

由於僑胞地位的重要，僑務工作已被認為今日政府的要政，政府重視僑務，是因為僑胞正遭遇著空前的危機，種種的壓迫，政府要設法為僑胞解決痛苦。換句話說，當前僑務，是在服務，不是在利用。先生提出「非以役僑乃役於僑」就是純粹為僑胞服務的意思。我們必須做到一切為僑胞，事事為僑胞，人人都抱著為僑胞服務是一種至高無上的光榮。並且要徹底，絕無鄉愿、絕無官味、絕不敷衍、絕不虛偽。一切本乎至誠、謙虛、禮貌、實在的工作態度，使每一位僑胞都很滿意、很愉快、很有溫暖的感覺。先生說：「我們要多瞭解僑胞、同情僑胞、接近僑胞、幫助僑胞，以最高的智慧，大公無私的懷抱，切切實實的去解決僑胞問題，只問耕耘，不問收穫，這樣才副僑胞的殷望於萬一。」❷

貳、「用僑胞的力量解決僑胞的困難」的工作方針：海外僑胞除受中共的迫害之外，還要受當地狹隘民族意識的排擠，有些地方還加上殖民地當局的壓榨，確實痛苦萬分！在移民、商業、勞工、教育、社會等各方面，處處遭受歧視和侮辱，危機重重，困難多多。政府護僑保僑責無旁貸，自當盡其最大的努力，以最積極的態度，最完善的方法，為僑胞解決痛苦，但政府人力財力有限。故當今僑胞急務，莫如協助僑胞團結一切力量，用僑胞自己的力量，來解決僑胞自己的問題。僑胞如能團結一致，集思廣益，機動應付，長期奮鬥，必能漸著績效。先生說：「我們努力

❷《僑務問題的新認識》第七十六頁。

的途徑，約有下列數項：㈠在自由民主國策的領導下，海外僑胞僑團，無分幫派，無分地域，無分姓氏，無分職業，無分性別，形成堅強團結的聯合組織。唯有團結才有力量，有了力量乃能同舟共濟，應付危難。㈡各地僑團僑領，在當地具有崇高地位，正可運用各種適當時機，展開國民外交工作，影響當地的社會輿論，博取廣大的同情，協助當地政府採取更積極更明朗的反共決策。㈢土生華僑已取得當地公民資格的僑胞，不乏精明幹練的人才，而且他們都是心向祖國，我們儘可運用各種機會，增強僑胞與居留地人士的合作，藉以發展僑胞的福利，保障僑胞的權益。㈣僑社必須加強互助組織，推廣公共事業，使有無互通，富貧共濟，老弱有歸宿，患難相扶持，必使人人休戚與共，才能收攬僑心，鞏固團結，爲共同利益而努力。」❸

叁、**「擴大組織基礎提高政治警覺」的工作基點**：先生擔任中央黨部第三組主任一年後，再接任僑委會委員長之職，自然對海外僑胞已有了許多工作經驗及認識。先生指出：「深信要推進僑運，必須把握下列四個基本認識：㈠組織是團結的基礎。㈡團結是反共抗俄鬥爭勝利最有利的保證。㈢正確的政治認識是維繫團結的要素。㈣鬥爭技術是實現共同理想的有效工具。『組織』、『團結』、『政治認識』、『鬥爭技術』，是互相關聯的。切實做到這四點要求，便是做到僑運成功的保證。」❹

---

❸《僑務問題的新認識》第七十一頁。
❹《僑務問題的新認識》第七十二頁。

僑胞的組織是很發達的，幾乎人人都納入社團之中，組織雖不是很嚴密，力量卻很雄厚，過去在革命救國的過程中，曾發揮過很大的功能。今天在反共復國鬪爭中，仍然可以發揮最大作用。共黨狡猾狠毒，眼看僑胞力量日益壯大，組織也日益穩固，便從中挑撥中傷，分化離間，不擇手段，多方脅迫利誘。我們必須使僑胞洞燭其奸謀，隨時提高政治警覺，不能爲共黨所愚惑，使共黨得逞。我們不但要加強華僑的社會組織、經濟組織，更進一步使僑胞有共同的認識，並且還要有現代化的政治鬪爭技術，才能保證政治理想的實現。海外僑胞大都忠誠勤樸，如能加強三民主義教育，中國歷史文化教育，愛國思想教育，強化其組織，精誠團結，自然可以達成自救救國的目的。

肆、「無僑敎卽無僑務」的工作重心：無僑教卽無僑務，已爲有識之士所肯定，僑胞問題雖然復雜繁多，卻沒有比僑教問題更爲重要，也不像僑教問題牽涉的如此廣泛。教育是百年大計，民族精神之培養，國家觀念之陶冶，愛國意識之啓發，忠貞思想之鎔鑄，無不仰賴教育以促其成。因此教育如果失敗，不僅關係於當時，更影響及後世，所以整個僑務之成敗，可以僑教之發展作爲衡量標準。先生很深入的分析說：「目前僑教危機重重，摘其要者有下列數端：㈠當地政府的同化教育及殖民地奴化教育。㈡當地政府對僑教的苛刻限制。㈢文僑文特的把持與滋擾和毒素教材的散佈。㈣合格師資的極度缺乏。㈤教科書和一般讀物的貧乏。㈥僑生升學問題的困

難。」❺

由以上分析可知僑教的危機，如果不迅速及時加以挽救，整個僑胞青年和兒童，十年或若干年後，即會變成毫無祖國思想的遊子；同時也會一變而成爲馬克斯主義的信徒了。因此解救垂危的僑教，已是今日政府迫在眉睫之急務。上述一、二兩項，必須循外交途徑去解決，第三項由政府協助再由僑胞的堅決反對抵制，最後三項必須由政府負起責任了。最後先生又特別指出：「僑校師資之供應，問題雖不簡單，但也不外從治本治標兩方面著手。治本方面，應即在國內大學附設僑校師資訓練班，在海外各地區分別招收有出入境自由的合格華僑青年回來深造，畢業後派回原地服務。或者鼓勵僑胞在辦理已有成績的中學增設師範科，就地訓練師資。在治標方面，㈠利用寒暑假期間，就地設立僑教講習會，由國內遴派專才前往主持，以宏造就。㈡設立僑教函授學校，經常灌輸新知識，促進教學方法的改善。㈢由政府運用各種機會，多派遣教師出國任教，或組織巡廻訓練團，使僑師有就地受教的機會。」❻

僑教是整個僑務的中心，而師資又是僑教的重心。有關僑教其他方面的問題，政府應該特別重視與注意，應迅速設法解決及加強。先生重視僑教的程度即不言而喻了。

伍、「適應僑情因地制宜」的工作方法：總統　蔣公曾指示我們做事，要注意人、時、地的

---

❺《僑務問題的新認識》第七十四頁。

❻《僑務問題的新認識》第七十五頁。

條件，必須密切配合才能收事半功倍之效。對於錯綜複雜的僑務工作更爲重要。因爲各地僑區，各有各的特殊情況。在政治、經濟、法律、社會、文化、教育各方面，均有其不同之處，但卻有其共同之點，但也有其相通的地方。我們的工作，除了一般工作之外，必須體察個別情形，作個別的、單獨的予以適當的處理。

先生特別指出：「在過去若干年中，國內對海外僑情，多很陌生而有隔閡，而海外僑胞，對祖國現況，亦間有傳聞失實之處。近數年來，情形大有改觀，這是由於中央不斷派人出國訪問僑胞，考察僑情。」❼鑒於以上原因，先生接掌中央第三組後，更加強了對僑胞的親自慰問與關懷。接掌僑委會後，每年都有一次大規模的會議，號召僑胞回國觀光、考察、經商，使國情得以宣揚於海外，而海外僑情賴以報導於祖國，國情僑情，心心相印，絲絲相連，對於僑務的處理，對於僑胞救國工作之推進，裨益很大。

先生所訂之發展僑務的五項工作執行原則，都是政府當前僑務問題的重要關鍵，當然，一切僑務的推進，必須由政府和僑胞協力策進，方能收效。先生更以最虛心、最誠懇的態度，接受僑胞的意見，以最積極的精神，隨時改進，俾達其最理想、最完美的境地。

「非以役僑乃役於僑」的工作精神，實在就是種下了今日僑胞心歸祖國最重要最珍貴的一粒

❼《僑務問題的新認識》第七十六頁。

種子，今日新北投僑園的小禮堂上，仍懸掛著先生親手所提「非以役僑乃役於僑」八個大字，可作爲先生對海外僑胞奉獻的紀念以及對僑胞所堅持的服務精神。

第三節　出國宣慰僑胞

先生於民國十五年留學法國時，也曾經參與過海外黨務的活動，但只是義務性質，對海外工作的體驗並不深刻，現在接任中央黨部第三組及僑委會才是正式負責海外黨務及僑務的工作，此時卻又是海外華僑處於最艱困時期。以政治言，大陸淪陷，政府遷臺不久，僑胞多如驚弓之鳥，反共復國的信心正待加強。以處境言，第二次世界大戰結束不久，新興國家的狹隘意識如暗潮伏礁，排華事件如波濤急湍。欲爲海外僑胞服務，解決僑胞困難，必須親自出國訪問，實地瞭解僑情之後，才能研擬出一套長遠而有效的措施及策略，並可達成對僑胞的直接慰問與關懷。

壹、第一次出國訪問僑胞：先生於民國三十九年八月，接掌中央黨部第三組主任，九月八日即奉命以聯合國代表團顧問的身分，隨團赴美。聯合國會議結束之後，先生即兼程轉赴美洲各地開始訪問僑胞的拓荒工作。所謂拓荒，在此以前，北伐到抗戰再到戡亂，中國一直處在內亂外患之中，對內自顧不暇，鮮有政府派出大員專程出國訪問僑胞。從神州撤離到 蔣公在臺復職，在這前後的兩三年中，海外僑胞已成爲流落海外的孤鴻，再加上亞洲許多新興國家，狹隘的民族意識，不論就其經濟、政治、教育等因素，所掀起的排華運動，時有所聞，其中以印尼、菲律賓、越南、泰國、南美各國最爲嚴重。加之中共的統戰誘騙，盡其最大之能事，僑胞們幾乎無人知道抗戰時期的蔣委員長在臺灣仍繼續領導爲反共復國而努力。先生接事之後，即開始赴南北美洲作爲期五個月的長途訪問考察，我們讚美先生是僑政史上的拓荒者一點也不過分，或者說先生是僑園中的園丁也是名副其實。先生前後訪問了美國的華盛頓、費城、羅省、米市卡利、砵崙、檀香山、三藩市、紐約、波士頓、芝加哥、山旦寸，墨西哥京城和覃必古、瓜地馬拉、薩而瓦多、宏都拉斯、厄瓜多爾、哥斯達黎加、巴拿馬、秘魯的利馬、介休、華冷架、華造華拉、米勅科羅、阿根廷、烏拉圭、巴西、古巴的夏灣拿、仙爹姑、甘馬限、汕打加拉，委內瑞拉、加拿大的多倫多、鄂大瓦、滿地可、溫哥華、維多利亞、日本的東京、橫濱、大阪、奈良、神戶、京都、長崎、福崗、關西、九州等二十餘國，五十多個城市。先生足跡踏遍了南北美洲每一個角落，包括許多重要城市和最細小的鄉鎮，凡是居有僑胞的地方，先生無遠弗至，那怕這裏只有一位僑胞居住，或者是最偏遠而沒有交通的地方，先生也不惜步行數十里，長途跋涉，翻山越嶺，摩頂放踵，必須親自寒暄慰問。先生自己說：「我每次出國訪問，都有幾個重點，我訪問當地的僑領，也訪問了當地的僑衆，尤其是貧苦的僑衆。例如我訪問古巴時，曾深入馬丹沙埠的鄉村，與破衣赤足，耕種菜園，終日操勞的僑農，把臂談心，細話家常。」❽中央社駐古巴記者關浪帆先生報

❽《往事憶述》第一一八頁。

導：「鄭彥棻先生不只是逗留於首都夏灣拿便了，他還抽空和沈公使、蔣理事長賜福，聯袂飛到各埠，儘可能的慰問僑胞，並出席汕爹姑、甘馬限、汕打加拉各埠的僑胞歡迎大會；又深入馬丹沙埠的鄉村，與破衣赤足，耕種菜園，終日操勞的僑農把臂談心，細話家常。還在一個早晨，親到灣城的唯一街市，逐一訪問賣魚、賣肉、賣鷄鴨、賣蔬菓的僑胞，和他們親熱的握手。看歷來官吏，誰會出此？無怪鄭先生的坦誠態度，和民主作風為全僑所讚美了。」⑨關浪帆先生又說：「鄭先生為了要切切實實地貫徹訪問僑胞的使命，不願犯偏聽之弊，也不願受寡聞之評，他在百忙中假中華會館，公開定期個別地接見一般僑胞，勤求『僑隱』。他這大膽而新穎的作風，誠懇的談話，使一般僑胞都能盡情地發揮久已蘊藏在心坎裏發洩無由的衷心話。他要把臺灣的改造精神帶到古巴來，這種顧及一般僑胞，大公無私而具有極大意義的作法，求之一般『僑官』和『巡察』及『宣慰』的大員，是史無前例的，敢信旅古絕大多數的僑胞，都跟我有同樣的感覺。」⑩先生第一次出國訪問，雖然日以繼夜，馬不停蹄，辛勞備至，曾經召回了旅居南美僑胞的靈魂，訪問工作確實圓滿而成功。

貳、第二次出國訪問僑胞：是在民國四十年前後，旅居亞洲地區的僑胞，也同樣急待政府的照顧與安撫。先生遂於四十一年二月啓程，又經過四個半月的漫長旅行，前後訪問了泰國、越

⑨《僑胞的動向與路向》第一五八頁。
⑩《僑胞的動向與路向》第一五八頁。

南、高棉、寮國及菲律賓等地，直到是年五月才返國。根據當時正在馬尼拉大中華日報服務的柯叔寶先生報導說：「民國三十九年，正是我政府播遷臺灣之後，從頭改造的肇始。這時，整個大陸已沉溺於腥風血雨中，中共聲勢煊赫，左仔張牙舞爪，海內外人心惶惑不安。幸而先總統　蔣公是年復職視事，這才從漫天雲霧中，照射出一線強烈的陽光。而鄭委員長就在此時，奉派來菲宣慰僑胞，帶來祖國政府關懷僑胞的無限溫情，在僑社中激起一波又一波的熱烈的響應。彥棻先生此次訪菲，爲期長達四週，行程北起當年林阿鳳率軍登陸的仁雅島、拉牛坂，南至明代鄭和部屬本頭公孤塚所在地的蘇洛、三寶彥，歷經四十一個城鎮，接觸僑數達十萬人。在驕陽酷熱的季候裏，在椰雨蕉風的平原上，鄭先生不辭勞瘁，展開地毯式轟炸似的逐社訪問，處處受到廣大僑胞隆重的歡迎。菲華僑社，每處都有僑校，每校都有銅樂隊，每當歡迎大會唱起國歌到『矢勤矢勇，必信必忠，一心一德，貫徹始終。』時，與會僑胞無不熱淚盈眶。彥棻先生到處訪問，到處演講，到處闡釋三民主義才眞正是救國、建國的經典，到處說明政府發奮革新的實況。他的演講，說理明晰，聲調鏗鏘，很能引人入勝，獲得共鳴。」⑪因爲先生訪問僑胞的態度誠懇，才會收到熱烈的反響。先生於三十九年以及四十一年這兩次出國訪問，都携帶了　蔣公的親筆慰問信，分發各地僑胞，先生對生活艱苦奮鬥的愛國僑領，都親自特別致其慰問之熱忱，並向一些對國

⑪《鄭彥棻八十年》第一二九頁。

家、對僑社有偉大貢獻的已故僑胞，必親臨其墓前獻花行禮，致其哀悼。先生每到一個地方，不分空間時間，儘量爭取機會和僑胞接觸，爲了參加僑胞集會，詳細報導　領袖對僑胞關心之外，便是放映祖國的進步及僑胞愛國活動的電影。先生並親自加以說明，並舉辦祖國各項進步的圖片展覽，以加強僑胞對祖國的認識及反共的決心。先生特別關心窮困僑胞，先生在曼谷的湄公河南岸，曾與當地僑胞携手共遊，共享那夕陽映照的餘暉，故能與僑胞相處的如兄如弟，親如手足，建立起濃厚情感，先生的這種訪問方式，縮短了也拉近了僑胞對祖國的隔閡與距離。以後的日子裏，僑胞回國日衆，形成了反共的洪流，均爲先生不辭辛勞奔走宣導之功。這種成果是空前的，也是從來沒有過的。先生於四十年三月，正在訪問泰國的途中，再膺任行政院僑務委員會委員長之新職，欣慰之餘，先生的肩頭又加重了責任。

叁、第三次出國訪問僑胞：先生接掌中央黨部第三組主任後，本來是以海外黨務爲主，可是先生總以爲海外黨務就是海外僑務，因爲民國四十年三月，就任僑委會委員長之後，眞是所謂「千斤重擔壓肩頭，一片赤心報黨國」，因此就以僑務列爲重心工作。先生以爲前兩次的出國訪問，僅訪問了東南亞、南北美洲，而遠在西歐的僑胞，盼先生之來訪，猶如大旱之望雲霓。因此先生決定於民國四十六年五月動身，訪問北美洲的美國及加拿大，歐洲的英國、比利時、法國、西德，於返國途中，又訪問了泰國，歷時四個月之久。在訪問期間，所有偏遠或貧窮的華僑，均一一拜訪慰問，僑胞們看到了先生不惜千里迢迢，風塵僕僕的到來，無不感動的潸然淚下。全球僑胞，熱愛祖國，擁戴領袖，更積極的支持祖國的經濟政策及反共國策，這絕不是不勞而獲的事。而是先生訪問全球，號召一千二百萬僑胞回歸自由祖國，加入反共復國的行列，其力量之大，更是難以估計的了。先生席不暇暖，墨突不黔⑫，對僑胞熱心服務，幫助僑胞解決困難，對自己祖國的忠貞奉獻，實在無法描述於萬一。

肆、第四次出國訪問僑胞：民國四十七年四月間，菲律賓政府下令，凡當地僑民居住時間達三年以上者，其財產一律歸菲律賓政府所有，所謂實施國有化政策，就是當時國內報紙競相刊載的菲化案（包括勞工菲化、零售商菲化、菜販菲化等），旅菲僑胞生命及財產，頓失保障，立刻陷入痛苦不安的境地，旅菲僑胞正在呻吟待救的時候。先生及時趕往慰問，經過先生歷時兩個月的舌戰唇槍，據理力爭，立場堅定，態度一貫，菲律賓政府終被先生說服了。僑胞無不感激萬分，今日全世界僑胞尊稱先生爲華僑之父，絕不是空穴來風的。

其次是香港，當時中共已佔領大陸十年，人民受盡了壓迫及痛苦，紛紛逃出鐵幕，香港調景嶺約有十萬難胞，三餐不繼，嗷嗷待哺。正在走投無路的時候，先生及時前來慰問，雖不能解決全部問題，但有一部分難胞，經過先生的援助與設法，順利回到自由祖國，重獲自由，度其民主安定的生活，無不是先生熱心援助之功勞。先生每一次出國訪問，都有重大的收穫與成功。

⑫ 席不暇暖墨突不黔：均形容工作忙碌，無暇略事休息之意。漢、桓譚《新論》，墨翟遑遑，席不及煖。韓愈文，孔席不暇煖，墨突不得黔。墨，墨翟也。黔，黑色也。突，烟囪也。

第四節 設立海外僑胞招待站

先生認爲要想爭取僑胞心向祖國，就必須處處爲僑胞著想，時時爲僑胞打算，事事爲僑胞解決困難，讓僑胞心有寄託，有安全感，所以必須在海外某些國家或重要地區設立華僑招待站，僑胞回國開會也好，參加十月慶典也好，探親訪友也好，觀光考察也好，處處給予僑胞方便。所以僑委會於民國四十二年七月，派專人赴海外籌設華僑招待站。後不久適逢印尼、菲律賓發生排華事件。越南、寮國、泰國戰火瀰漫，中共抗美援朝，韓戰爆發，華僑流離失所者甚多，華僑招待站便發生了最大的服務作用，接受招待的華僑數以百萬計，無不感激涕零。正如鄭汝燊先生說：「記得民國四十二年秋，奉命在海外某地籌設華僑招待站，當時在某地，想找一個寫字間，甚至於裝一部電話，都非常困難，租地方需要一筆巨額的頂手費……招待站於是年十二月成立，限於當地環境與法令規定，能替當地僑胞服務的，沒有許多。但不久，印尼瘋狂排華，越南烽火漫天，逃亡僑胞與各地升學僑生，都絡繹過境，返回祖國，招待站的作用，便越來越大……二十多年來，人事雖有更替，但彼此均向同一目標進行。目前，全世界僑胞，誰都知道海外有這一個站頭，而服務當時僑胞，代辦旅行等手續，每年已達二十餘萬人次。這個站就是鄭彥棻先生擔任僑務委員會委員長一年後，倡議成立的，二十年後的今天，更見鄭先生的高瞻遠矚了。」

❸先生做事從不墨守等待，常有驚人的創意與革新，這就是先生最突出超過常人的地方。

第五節 召開世界僑務會議

自民國三十八年十一月，政府遷來臺灣之後，海外一千二百萬僑胞，整個陷入動盪迷惘不安之中，海外華僑，人心惶惶，無所適從。雖然先生曾於三十九年十月及四十一年二月，先後兩次出國訪問，慰問過許多僑團、僑社、僑校、僑報、僑商、僑農，因爲時間緊迫，還是無法普及到世界上的每一個地區。例如歐洲、非洲、大洋洲地區，一時還無法前往訪問。先生認爲只有召開全球性的僑務會議，才能達成動員、積極、普遍、團結、慰問、親切、信賴、聯絡、觀光、訪問、研究、鼓勵等多項重大意義與目的。

壹、召開全球僑務會議：當先生計畫籌備會議之初，從中央黨部的第三組到僑委會，所有同事及好友都同聲勸阻先生，希能謹愼將事，三思而行，此一重大僑務會議，恐難召開成功。的確，此時海外僑胞，反共情緒正陷入最低潮時期，均持觀望態度，加之政府經費確實也相當困難，中共的猛烈叫囂中傷，也是其中最大原因。還有人故意向先生開玩笑的說，即是會議開成了，恐怕

---

❸《鄭彥棻八十年》第二八四頁。

該來的不來，不該來的來了。這對先生來說，的確是一個很大的困擾，嚴重的考驗。

可是先生做事一向是有計畫、有思考、有魄力、有遠見、有信心，意志堅定，勇往直前，下定決心，邁向成功。先生認爲前後兩次出國訪問，已經瞭解了僑胞的心意與動向，對僑胞心向祖國很有信心，召開世界性的僑務會議，必可收到預期的效果與收穫。先生的信心，基於下面兩點理由：㈠充分瞭解海外僑胞忠貞愛國，政府如有號召，必能熱烈支持。㈡凡事要有週密的計畫，妥善的安排，在精神重於物質的決心下，不必支出太多的經費，會議也能開的成功。先生安慰自己說：「僑務會議是家庭團敍，不是一般的社交應酬，只有後者才會有該來的不來，不該來的來了的顧慮，而家庭團敍必能做到親愛誠懇，互信互助，同心協力，共振家聲。」⑭於是僑務會議便於民國四十一年十月二十一日至三十日，一連十天如期在臺北市舉行，出席代表三〇八人，來自亞、美、歐、非及大洋洲，一共三十五個國家和地區。海外出席代表，都是當地重要僑團、僑校、僑社、僑報的負責人或領導人。全部提案一〇四件，不論就其出席人數以及出席人發言之熱烈，均能獲得空前的成功，並通過「當前僑務綱領」以及成立了「華僑救國聯合總會」，成爲團結全球僑胞反共救國組織及僑務工作的方針。發布全球僑務會議宣言，請政府明定每年十月二十一日爲華僑節。先生認爲這次會議最大的成功，還是因此而加強了世界僑胞相互的聯繫與照顧，

⑭《往事憶述》第一二三頁。

和僑胞對自由祖國的向心力以及國內同胞對僑胞的認識與尊敬，均奠定了以後海外僑務、黨務的工作順利推動的基礎。

先生在首次召開世界僑務會議期間，除日間忙於開會親切招待僑胞外，夜間還要親自到旅館一一去慰問。先生辦事之細密，顧慮之週詳，在政府高級長官當中是少見的。就如廖志禮先生[15]說：「鄭先生對於求實的要求，是很嚴格的。無論公事或私事，他問到辦理的情形或進度時，如果答以『差不多』或『大約』時，他便毫不容情予以訓誡，一是一，二是二，是就是，非就非，不得模稜兩可或含糊其辭。另有一事值得一提，鄭先生平時工作忙碌，無暇探訪親友，但對海外歸國的華僑，不管是否僑領，他都儘可能利用晚飯後的時間，親到旅館去拜會，尤其是在十月慶典與中央全會或大會期間，他每每晚上分別到旅館按房一一訪問歸僑和同志，直到翌日凌晨才返家休息，是常有的事。我想，今日四海歸心，華僑向心力日見增強，反共愛國的表現，爲世界所共覩，每年歸國參加十月慶典的一年比一年多。我敢說如非鄭先生當年辛苦的耕耘，奠下了大好的基礎，是不會有今天這樣輝煌的成果。」[16]

貳、召開全球華僑文教會議：因爲民國四十一年十月召開的全球僑務會議，各地代表出席踴躍，會中發言熱烈，一致擁護政府反共復國的決策，會議十分成功。先生對僑務工作信心倍增，

---

[15] 廖志禮先生廣東順德人，曾做過廣東順德參議員。

[16] 《鄭彥棻八十年》第三九三、三九四頁。

士氣更爲振奮。遂於民國四十四年九月一日在臺北市再度召開華僑文教會議，這一次參加的代表共三百二十八人，除九十人爲國內文教界學者專家外，其餘二百三十八人，均爲海外專程回國參加會議的代表。計有香港九十一人，越南四十九人，日本十八人，高棉十五人，菲律賓十四人，韓國十三人，印尼八人，美洲八人，星馬七人，澳洲六人，泰國六人，歐洲三人，緬甸一人。這次會議更獲得意外的成功。通過各類決議案共一百四十四件，其中最重要者，就是通過當前華僑文教工作綱領及實施要點，發展華僑學校教育、發展華僑社會教育、發展華僑報刊業務以及鼓勵僑生回國升學等四大方案。華僑文教會議在先生精心細密籌劃主持之下，會議開的井井有條，有聲有色。出席人數一次比一次多，一次比一次更爲成功。

叁、**召開全球華僑經濟檢討會議**：先生以爲要加強僑胞的經濟建設，就必須召開全球性的華僑經濟檢討會議，因爲前兩次的會議都能獲得預期的成功。先生對經濟檢討會議的召開更具信心，於是經過數月週詳而細密的籌備之後，於民國四十五年十月二十八日在臺北市舉行，出席開會人員及代表共計二百八十三人。計有菲律賓二十六人，日本二十六人，越南十六人，港澳十四人，印尼十三人，新加坡十二人，馬來西亞十一人，韓國九人，法國五人，泰國四人，緬甸四人，美國四人，高棉四人，紐西蘭三人，秘魯二人，古巴、荷蘭、意大利、印度、帝汶、北婆羅洲、寮國、琉球各一人。其餘一百二十二人，則爲國內主管機關與華僑經濟業務有關機關團體的主管人員以及對華僑經濟素有研究的專家。這一次會議也討論了四項中心議題：㈠關於國內經濟建設與僑資運用之配合問題。㈡關於輔導華僑改進其經濟事業並加強與僑居地政府之經濟合作問題。㈢關於展開臺灣對東南亞及其他地區貿易，擴大僑商貿易機會問題。㈣關於揭發中共經濟策略，加強華僑對中共經濟作戰問題。

先生對於華僑的各種會議特別重視，會議之前必作充分而詳盡的準備，會議內容十分充實，與會人員情緒高昂，發言熱烈，均能作成具體決議，會議開的十分圓滿而成功。

這三次華僑會議的召開，是政府遷臺後的破天荒，也是僑政史上的創舉，是發展僑務新的里程碑，是僑務工作由動盪趨於安定，由安定中再求進步的轉捩點，這三次會議出席人數之多，代表地區之廣，會議規模之大，計畫之週詳，都是史無前例的。同時非具有最大的勇氣與魄力，仍然無法達到目的。先生向以料事如神，遇事必能洞燭機先，在會議召開之先，各地區代表的邀請，會議程序的審查，議案內容的擬訂，接待人員的選派，會場內外的佈置，席次先後的安排，旅館房間之訂定，交通車輛之調度，均由先生親自負責監督與指導。先生回憶當時曾有好幾次回國出席的僑領因旅舍分配和席次的編排不稱心意而大發雷霆，先生以最高度的涵養與忍耐，親向僑領致歉，並立刻設法予以順利解決，直到每一位開會的人員都能滿意而後止。所以在每一次的開會期間，先生常是親自東奔西跑，辛苦備至，常爲一點小事親自張羅操心。在這三次的重要僑務會議上，並恭請 領袖蒞臨大會致詞，這都是因爲先生謹愼而細密的準備，所以每一次的會議，都能獲得很滿意的成功。

第六節　完成海外黨務改造工作

完成海外黨務的改造，也是先生工作重點之一，先生主持海外黨務十二年，是以三個方案作爲發展和努力的三個階段。

在第一階段中，先生曾在民國四十年四月，擬訂「中國國民黨海外黨務改造實施綱要」一種，並提請中央改造委員會第一一七次會議通過。斯時海外組織正動盪不安，因此改造工作，最重要的是先行求其安定，然後再加以整頓重建。而海外黨務的改造和國內黨務的改造是不相同的，不可強求一致的，必須運用各種不同的方式，達成海外黨務的改造。

在第二階段中，先生並曾親自擬訂加強海外工作方案，提請中央常會通過，於民國四十二年十一月提出第七屆三中全會研討。這一方案，是針對海外黨務的優點和缺點，加以說明並作誠摯的檢討，曾獲得出席同志的讚譽，並經全會照案通過。先生擬訂此一方案曾獲得前中央黨部秘書長（時任行政院副院長兼外交部長）吳鐵城先生多次誇獎或嘉許，認爲在本黨會議中，從未看到像這樣作法具體、內容切實、扼要清楚可行的方案，吳先生在審查會中再三發言表示熱烈支持。

在第三階段中，先生因適應海外情勢的急遽變化，華僑處境日益艱困，華僑社會也在急速變化之中，所以先生於民國五十年十一月第八屆四中全會，又提出了「當前華僑處境與海外黨務方針」的詳細報告，博得與會人員的一致贊成，因爲報告的內容能充分反映出海外黨務當前的需要。

先生主持海外黨務長達十二年之久，即本著以三個工作階段的三項文件，作爲積極推行工作的依據，中國國民黨不論在國內國外，都具有對國際共黨的鬪爭而負有特殊的任務和意義，如何適應當地的政治情勢去開展海外黨務，先生認爲必須具有高度的政治性和技術性。

海外黨務在幹部選舉方面，也曾發生過小的糾紛，先生堅持一貫主張，必須遵循民主原則，各級黨團幹部均由選舉產生，處理糾紛全是本著公正、公平、公開的三大原則，所以才能贏得各地同志的信服，每一次的全國黨員代表大會的召開，先生堅持海外代表必須由海外同志充任，對於中央委員的選舉，先生也極力爲海外同志爭取名額，中央召開第七次全國代表大會結束時，就有三位海外同志當選爲中央委員，另外還有三位同志當選爲候補委員。

第七節　完成北越、印尼、韓國等地之撤僑工作

先生在僑務委員長任內，全部精力與心血無時無刻不是用在僑胞的身上。先生認爲海外工作最主要的目標，就是能夠動員僑胞力量，服膺三民主義的領導，支持祖國的反共國策。先生堅信管子「予之爲取，爲政之寶」之道理，對華僑要有所「取」，就必先有所「與」，政府應盡一切

力量，維護華僑生命與財產，並能在當地生存和發展，僑胞才能有力量貢獻祖國。所以，每遇海外某一地區僑胞遭遇迫害或災難時，政府不計任何代價，動員一切力量去解決僑胞的困難，同時也要動員當地或附近地區的僑胞去互相支援。

先生在中央第三組及僑委會任內，最大規模的一次，就是北越的撤僑工作，確實動員了國內國外的全部力量，這是緣於第二次世界大戰結束，越南劃分爲南越和北越，南越的政治制度，是屬於民主集團方式，而北越的政治制度，則屬於共產集團方式，所以原居住在北越的僑胞都急於遷往南越，請求援助的函件及電報紛至沓來。先生獲悉之後，便立刻採取行動，請求政府派遣飛機和軍艦，幫助北越僑胞撤往南越的願望。這一撤退工作，共分爲兩期，第一期從民國四十三年七月十八日到是年十二月底爲止，共撤運僑胞一萬二千人，同時還搶運僑生一三七人來臺升學。第二期四十四年二月開始，共撤運僑胞一萬七千八百四十人。兩次共計撤退二萬九千九百七十七人；連同善後救濟者，合計共達三萬九千八百四十餘人。另外還輔導印尼臺籍僑胞戰後復員，前後八批，計二百四十人，前四批係四十年以前辦理者。還有幫助韓戰發生後撤退來臺之旅韓僑胞一百四十人，並輔導其就業。救助旅歐歸僑陳卓興等及隨緬甸游擊隊撤退來臺之難僑共八十一人，並介紹其工作，輔導其就業。像這樣大規模而有計畫的到海外去作撤僑的行動，派遣許多飛機和軍艦，在僑政史上是創舉，也是從來不曾有過的事，這可以證明先生對於保僑護僑的決心。而先生親自向各方奔走請託，也不知費了多少心血和精神，終能贏得僑胞對祖國的信心與向心，這全是先生熱心愛僑奉獻之功。

第八節　興建華僑新村安置回國僑胞定居

北越撤僑工作告一段落之後，跟著就是安置僑胞回國定居問題，當時北越撤往南越的僑胞，其中一部分打算來臺灣定居，以及其他各地僑胞因爲在當地生活困難，有的是因爲年老思鄉想回國定居的，人數越來越多。先生以爲僑胞祖籍不是兩廣就是福建或山東或沿海各省，而臺灣並不是僑胞土生土長的故鄉，僑胞回來後，最好能團聚在一起，大家可以互相照顧。因此先生便親自向臺北市政府接洽，選擇士林中山北路四段東側，中正路北側的一大塊平原以及臺北市新生南路三段七十六巷與溫州街底等處，興建平房別墅式及四層公寓式的華僑新村，於民國四十一年十月完工，以及新建的僑安里房屋四十四幢，廉價配售回國僑胞居住，這項措施，很受僑胞重視及歡迎。先生特別嚴格規定，廉價配售只限於華僑，轉讓也以華僑身分爲限，先生爲僑胞爭取福利，眞是盡其所能不遺餘力。因此華僑第一、第二新村，不旋踵間卽配售完畢，回國的僑胞，大家居住在一起，生活安定，精神愉快。先生這一巧思，頗能受到僑胞的歡迎與接受，這件事看起來極爲平常簡單，但事非經過不知難，要想做到成功卻不容易。諸如建地勘察、土地徵購、申請建照、產權過戶、銀行貸款、建材選購、招標議價、建商信用、公平配售、調查審核等許多細節問題，化費了許多心血和精力，這一新穎構想，是僑政史上另一項新的創舉，當時國內同胞所住的房屋，完全是克難式平房，中央機關的高級長官才能配住日本式的建築木造平房，從未見到新式別墅及四層鋼筋樓房公寓。當我們偶而經過臺北市新生南路及士林中正路華僑新村時，立刻回想到鄭彥棻先生為僑胞所作的服務與貢獻。

第九節 出版華僑讀物

先生一向主張「機關學校化，工作教育化，辦事科學化」。僑胞雖然散居世界各地，但也可以運用這一原則作為服務僑胞的目標。所以先生就倡導行政與學術相結合；國內同胞的學術與海外僑胞學術相結合；中國學術文化與西洋學術文化相結合，僑胞政策的推行，必須以學術的研究作基礎。尤其僑胞問題是千變萬化的問題，而海外黨務更是中國國民黨的特別問題，因此先生便大聲疾呼國內學術界對僑胞問題應作深入的研究和探討。先生曾和黨國元老李石曾先生共同提倡「僑學」的研究，並努力促進「僑政學會」的組成。

緊接著就是出版各類華僑讀物，因政府剛剛遷臺不久，還根本談不上學術研究。先生接長後，除了親赴各地宣慰僑胞及召開各類會議之外，要想進一步使海外僑胞與國內同胞能夠手拉手心連心，大家一條心，永遠在一起，就要靠文化相互交流，促進互相瞭解，在先生大力積極推動之下，即成立華僑出版社、華僑通訊社。曾先後出版了《華僑志總志》和各地《華僑僑志》，並出版各種《華僑教育叢書》、《華僑經濟叢書》、《海外文庫》、《僑務月報》、《華僑問題論文集》以及各種書刊。在中央黨部第三組也成立了海外出版社及海外通訊社。曾出版《海外黨務通訊》、《海外月刊》及各種書報，並創辦《中外畫報》等。除此之外，先生認為國內出版的各類華僑讀物，免費贈送各地僑胞閱讀還是不夠，必須由僑胞所在地再出版各種報章和書刊，因此先生曾大量購置銅模、鉛字、印刷機等，分送海外各地報社使用，並介派工作人員予以協助，並由華僑通訊社、海外通訊社分別供應各地僑胞所需要的資料和稿件，並按時派人分赴各地區輔導僑報書刊的出版，成績優良者，特別予以獎勵，成績欠佳者，再設法予以充實或輔導，以達到預期的目標為止。

除以上各類讀物叢書之外，尚供應僑校教科用書。據先生統計：「㈠協助正中書局編印僑民小學教科書及教學指引各四十八種，另輔導世界書局編印僑校中學教科書，按期供應各校。歷年正中書局供銷各地僑校教科書總數為六百四十七萬一千五百四十六册。㈡免費寄發日、韓、泰、緬、高棉、印度等地經費困難僑校教科書，至四十五年底共達七十三萬一千三百五十九册，購贈參考書刊共二十萬零四百一十四册。㈢編印海外文庫，供應僑校補充教材，已出版者七十六種，共印行二十三萬册。」⑯至於輔導僑胞創辦報刊方面，據先生說：「㈠現時海外各地僑辦報刊共

⑯《當前僑務》第十七頁。

三百一十八家，其中報紙一百六十五家，刊物一百五十三家。㈡經常頒發宣傳指示，歷年已編發三百四十五次。㈢經常供應通訊稿件，由海外、華僑兩通訊社每星期各編發一次，全年各編發五二期。㈣對經費困難之僑報，每年均酌予補助其經費，並贈發鉛字及器材。供應宣傳書刊方面：㈠經常編印有關海外僑務黨務，各種宣傳及訓練專册，已先後出版者八十二種；經常編印定期刊物，月刊、半月刊及週刊，共六種。㈡歷年編印、訂購和各方贈送的書刊畫報，寄發海外者，自民國三十九年起至民國四十五年止，共寄出二百五十五萬六千零八十一册。」⑰此外還有影片、唱片、照片等一類的社教資料。據先生統計：「㈠歷年供應各種新聞、紀錄、故事影片，共計二百二十五部，分在海外各地巡迴放映。㈡歷年供應海外各種新聞照片，共一萬二千零四十五幀，分在各僑報刊登，及在各地巡廻展覽。㈢歷年供給各僑校音樂唱片四千六百三十五套，每套六張。」⑱其次還有對海外廣播，除由中央廣播電臺及正聲廣播電臺經常辦理外，其中『祖國與華僑』節目，係由中央第三組與僑委會逐日編發稿件，歷年共計播發三千八百三十二次。

正如曾任僑務委員會主任秘書祝秀俠先生也印證說：「彥棻先生提出的口號是：『無僑教即無僑務』，在他積極展開的僑務工作中，華僑教育和華僑社會文化認爲是工作的中心。編纂《海外文庫》和各地僑校課本，舉辦函授學校。更於民國四十二年冬著手編纂《華僑志》，由副委員

---

⑰《當前僑務》第二十、二十一頁。

⑱《當前僑務》第二十二頁。

長李樸生為主任委員，囑我擔任總編纂一職，該志分總志和分志兩部分，歷時一年而成，出版之日，適逢先總統　蔣公七秩嶽壽之辰，四海歡騰，僑委會奉此以祝。鄭委員長在總志序文中說：『各地華僑歷史文獻，日久散佚愈多，搜羅將更不易，亟應集纂成篇，俾存史實，而彰我僑胞之功業，此其一。國人敬愛僑胞，關切僑情，藉此亦增認識，尤宜全盤明瞭華僑之往蹟與現狀，庶可鑑往知來，為僑政措施之考鏡，此其二。目前反共復國階段，僑胞為救國復國重要支柱，吾人珍視華僑歷史，發揚華僑精神，以此激勵僑心，則信念益堅，力量益宏，茲編一出，既可作溝通瞭解之助，俾收團結合力之功，此其三。吾人寄望於華僑青年者至切，吾華僑子弟從而知先輩締造之艱難，惕厲奮起而發揚光大，則此志具有教育作用，此其四。』《華僑志》於四十五年出版，迄今僑委會已三次增訂發行，彥棻先生首創之功為不可多得。」⑲

先生在這一方面確實用了不少功夫，其辛苦及代價也是有目共睹的了。

第十節　號召僑胞回國觀光及考察

先生主持中央黨部第三組及僑委會之後，其工作重點就是本著効忠領袖、奉獻黨國、服務

⑲《鄭彥棻八十年》第一二八頁。

僑胞。所以不論擬訂任何一個計畫，推動任何一項工作，都是以這三項範圍爲中心，因此先生認爲要想使僑胞支持祖國，首先就要使僑胞認識祖國，瞭解祖國，心向祖國，旅居海外僑胞百分之九十九以上是出生在大陸各省，臺灣原本不是僑胞故鄉，對臺灣毫無認識，政府遷臺後，由於全國上下在英明領袖 蔣公正確領導之下，通力合作，奮發努力，臺灣的各項建設進步神速，可是海外僑胞並不十分瞭解，因此必須加強海外宣傳，使每一位僑胞對祖國都有認識，更要使僑胞回過頭來支持祖國，幫助祖國，心繫祖國，回到祖國的懷抱，認爲自己祖國最偉大，自己祖國最有希望，自己祖國最有溫暖，故而對海外宣傳是刻不容緩。進一步就是爭取僑胞回國觀光及考察。但最初海外僑胞，因受中共統戰宣傳的影響，對臺灣地位缺乏信心，多數僑胞均持觀望態度，確實很少有人回來，經過先生不斷的奔走、鼓勵、宣傳、說明、邀請等方式，態度誠懇而認眞，僑胞的觀念，終於有了轉變。到了民國三十九年八月，由吳金聘先生率領的菲律賓華僑回國考察團，這是政府遷臺後第一個回國觀光考察的華僑團體，當時國內同胞展開熱烈的歡迎，招待最親切，服務最誠懇，給予華僑民心士氣鼓舞甚大。相對的，由於華僑組團回國觀光考察，也給予國內同胞帶來了精神鼓勵。民國三十九年十月，由蘇源昌先生率領的印尼蘇門答臘華僑回國觀光團，這是第二個回國觀光的華僑團體。經過四十一年十月二十一日華僑節的全球性僑務會議之後，各地僑胞回國觀光的，才逐漸增加，以後每逢十月慶典，海外僑胞都紛紛組團回國祝壽、考察、慶賀、探親、觀光、經商、講學、研究等不絕於途，截至民國七十三年的光輝十月，回國的華僑團體，已有一百多個，人數將近四萬人。正如逢甲大學校長廖英鳴先生印證說：「在僑務方面，當時因大陸淪陷，一切都得從頭做起，重新建立華僑與祖國的關係，加強聯繫，使海外和國內團結一條心，到了今天海外華僑回國參加國慶大典者，多達三萬五千人，心向祖國。此項成就，彥師之功，不可沒也。」⑳又據先生詳細統計：「策動僑胞組團回國觀光──各地僑胞先後組團回國觀光、致敬、祝壽、勞軍、服務、考察的，自民國三十九年起至民國四十五年十二月止，計有四百一十二個單位，共計九千二百七十六人。尤以四十五年十月回國參加國慶及祝壽的僑胞，多達八十三個團體，計二千一百五十二人，創下以往空前紀錄。民國四十五年十二月，在臺北舉行洪門昆仲懇親大會各地出席代表一百餘人。」㉑

由以上記載這一輝煌可觀的成績，就是先生早年辛勤耕耘而奠定下良好而紮實的基礎，先生對於僑政的開展，貢獻最多、成就最大、收穫最豐、影響也最久遠。是海外拓荒者的大功臣，稱先生為華僑問題專家，絕非虛譽。

第十一節　興建華僑之家專事接待歸僑

⑳《鄭彥棻八十年》第一三六頁。
㉑《當前僑務》第二十頁。

先生號召僑胞回國祝壽、觀光、致敬、勞軍的工作，已經非常成功，僑胞回國的人數越來越多，由於這一措施十分正確，引起僑胞的熱烈響應，僑委會工作人員又太少，卻有應接不暇之感覺，當時社會上也有人批評僑委會的接待不週，所以先生自始至終特別重視華僑接待問題。先生認爲僑胞都是以遊子還鄉的心情而回國的，像是回娘家探親一般，最希望得到的就是家庭式的溫暖，要有賓至如歸的感受。最好的接待就是像家人般的接待。先生請求行政院指撥一個地方興建華僑之家，作爲永久性的華僑回國旅行的住所，行政院經過考慮之後，認爲先生這一請求，確實有其必要，便將新北投的行政院招待所撥給僑委會作爲「僑園」之用，自此以後，除了十月慶典大規模的僑團人數衆多，必須借住旅館外，平時回國的華僑團體或個人，都可以住在僑園，如同回到自己的家裏一樣，大家都很高興，感覺舒適親切。很多僑胞因而紛紛捐款擴大僑園的規模，並充實其設備，僑園建築範圍後來日漸擴大，現在已具相當規模，這都是靠回國僑胞慷慨解囊而一點一滴建設起來的。

由於先生很能瞭解回國僑胞的心理，先生除了在辦公室親切接待僑胞外，其餘不是在自己家中，便是在新北投僑園來接待僑胞，均是六菜一湯和僑胞閒話家常，特別感到親切，從來不在豪華餐廳或觀光大飯店設盛筵招待。先生認爲接待僑胞在於態度的誠懇和坦率。就如家人相聚一樣，要很有耐心的聽取僑胞的談話，更要虛心接受他們對政府應興應革的意見，僑胞的要求，能做到的馬上答應，務求有其結果，眞有困難實在做不到，也要當面解釋明白，千萬不可支支吾吾敷衍應付，更不可給僑胞留下有作官的味道。先生對於回國僑胞的接待工作，既認眞又細心，既誠懇又謙虛，既禮貌又和藹，隨時關照僑委會同事，每人要把接待僑胞的事，看成最好的服務機會，最神聖的助人工作。先生常說，爲人就是爲己，服務就是最好的領導，因此，僑委會及中央黨部第三組的全體同志，因爲接待僑胞親切誠懇，禮貌週到，給每一位回國的僑胞都留下深刻的印象。先生自己說，歸僑有了家，接待親切順利，現在回憶起來，眞覺得高興和安慰。

第十二節　鼓勵僑生回國升學培養僑生愛國思想

自先生接任僑委會委員長第一天起，先生就提出了「無僑教即無僑務」的主張。先生主持海外工作及僑委會時間相當長，確實獲得了很豐富的僑務工作經驗，最能體會出海外華僑社會新陳代謝的嚴重問題。原來各種僑校、僑團、僑社、僑報等各種文化或教育團體的負責人日漸年老衰頹，必須由年輕的一代繼起接棒，可是年輕的一代大部分是出生在國外，又在國外長大，當然亦在國外接受西化教育，對自己祖國歷史文化和愛國思想，毫無認識，對於中國國民黨更是淡漠無知，要他們心向祖國，信仰三民主義，是相當困難的事。先生認爲海外黨務工作最重要的就是吸收新黨員，培植新血輪，訓練新幹部。在僑務方面最重要的就是要加強華僑教育，培養華僑青年。可是當時海外情勢時好時壞，華僑教育難以擴充和發展。所以先生針對這一重要問題，研究出可行的途徑，積極進行，首先就發展華僑社會教育，同時恢復了僑委會主辦的華僑函授學校，向海外華僑招生，大量印發講義，免費供應書刊。先生以爲只靠函授還是不夠，如何輔導僑生回國升學，以就讀大專院校才是重點，這不但可以增進華僑青年對祖國文化的認識，更可使華僑青年對祖國復國建國的國策有所瞭解，而且還可以培養華僑社會及團體的領導人才。

這一項華僑教育的推行工作，看起來似乎很簡單，經過先生親自拜訪有關部門查詢之後，發覺困難重重，因爲各大專院校新生入學名額有限，因此才引發國內學生聯考的激烈競爭，根本沒有辦法再來安揷僑生的入學。先生認爲這一工作的確具有深遠的重大意義，非常有價值，必須衝破難關，斬除斷巷悶角，力求實施。所以先生一方面向教育部建議增加大專院校新生入學名額，另一方面向美國爭取美援。最初有許多人都認爲美國是不可能提供援助的，但先生卻早具卓見，慧眼銳利，看的很準，認爲這項工作對美國有利，僑生回國升學，貫輸反共思想，可以加強亞洲的反共力量，遏止中共的滲透陰謀。當時美國也是站在反共陣容的這一邊，美國必會樂意幫忙。斯時正好美國副總統尼克森訪華，先生便立刻向政府提供有關資料，經由外交途徑向尼克森說明爭取僑生來臺升學的重要性，但終於得到尼克森的首肯。從民國四十四年開始，美援撥款支持臺灣各大專院校增加招生名額，來安置各地僑生回國升學。同時創辦國立華僑中學及僑大先修班，專供僑生就讀，以後逐年增加，到了民國五十一年，美援中止，但爭取僑生回國升學的良好基礎業已穩定，以後回國升學的僑生仍繼續增加，到民國五十二年時，回國升學的僑生，在各大專院校已經畢業者，共達一萬五千五百四十三人，除了百分之十四繼續赴美、加、法、澳、英等國深造外，百分之七十四返回僑居地從事教育、黨務、商業、新聞及社會工作，這一項僑教的發展與推動，無論對祖國建設、對世界文化、對華僑社會、對國際反共，都有無法估計的貢獻和成就。後來先生又曾積極請求政府專案設置華僑大學，專門招收僑生就讀，因為這一提案牽涉太廣，政府經費無法籌措，一時無法實現。再其次就是創辦華僑新聞專修科，已於民國四十五年十月開學，由海外各僑報保送新聞人員回國深造，效果亦十分良好。

先生推動華僑教育是雙管齊下的，一方面爭取僑生回國升學，另一方面還選派了優秀教授分赴僑居地講學。先生親自說：「朱永鎭教授是我服務僑委會及中央第三組時，派赴泰國華僑社會講學的一位傑出音樂家，當時與朱教授同行的還有歷史學家黎東方教授，同時派在泰國督導黨務的梁子衡同志……我當時選派學者專家出國講學，便是我加強海外華僑教育每項措施中的一種計畫，我選派的對象是以三民主義理論家、敵情專家、歷史學者、教育家和音樂家為主。希望以主義，以歷史在海外華僑、華裔青年的腦海中植下愛國家、愛民族的思想，以音樂啓發他們朝向正義，朝向光明的心靈。朱永鎭教授於民國四十年八月偕同彭震球、陳致平、蔣廉儒三位先生赴越。四十五年五月偕同黎東方教授赴泰，他就是擔任音樂傳播與教育的工作。」㉒朱永鎭教授於

㉒《師友風義》第一七五、一七六頁

民國四十五年五月八日在泰國中華會館被中共派人縱火遇難，先生後來特在《師友風義》一書中，撰文追念愛國音樂家朱永鎭教授，極爲哀傷悼念，先生迄今思之，仍懷念不已。

先生對於發展華僑教育，眞是盡瘁心力，人云，一分耕耘一分收穫，播種之後自然就有成果。據先生統計：「當時全球各地僑辦學校與我們發生關係的，計有三千八百零三所，經完成立案手續的，已遞增至一千九百六十三所。並成立文化教育團體二百三十七個單位。培養僑校師資方面：㈠調集僑校教師回國參加短期訓練者，已達一百二十二人。㈡開辦師資專修科，第一期五十人已經畢業，第二期三十七人，現在肄業中。㈢介派優良師資出國任教，先後已有一百三十二名。爭取僑生回國升學方面：㈠海外來臺升學僑生，逐年遞增。從民國四十年至民國四十五年，共達五千零二十五人，除已畢業者外，現在臺就讀者，計四千三百一十九人。其概況如下：甲、歷年回國升學人數：四十年，六十人。四十一年，二百一十八人。四十二年，六百三十二人。四十三年，一千二百三十六人。四十四年，一千四百一十一人。四十五年，一千四百六十八人。乙、現在各校就讀人數：大專院校：二千八百四十八人。中等學校：一千二百四十七人。軍事學校：四十三人。盲啞學校：一人。回國升學僑生在各校學業成績，每學期遞有進步。其進步人數，正逐年在增加之中。對於家境清寒的僑生，特別補助其旅費、醫藥費、清寒補助金、並給予優惠滙率。自民國四十三年至民國四十五年，在這三年的時間裏，受補助的人數，高達四千六百七十三人，補助款項也高達四千七百七十二萬三千三百一十一元二角之多。專爲僑生開設國立華僑實驗中學及僑生大學先修班，並建築僑生宿舍。也用去相當多的經費。開辦僑民教育函授學校，於四十五年九月開學，正在學者計三千五百四十六人，包括海外二十一個地區。」㉓

教育雖然是十年樹木、百年樹人的大計，如能勤於耕耘，三年可觀其成效。先生於民國四十一年三月接任僑委會委員長後，便運用各種不同的管道與方法，展開華僑教育，到民國四十三年五月，尚未滿三年，海外僑胞便展開如火如荼的反共救國運動，此乃先生全力積極、熱心推行僑教之功。

第十三節　號召僑胞加入反共救國運動

先生對於發展華僑教育，眞是全神貫注，熱心積極，經過數年的苦心擘畫，辛勤督導之後，已奠下良好基礎，而成績可觀。但教育的目的，就是培養愛國思想及民族意識。先生認為不論國內外同胞，要想愛國就必須堅決反共，反共就是愛國。斯時中共對海外僑胞正在施行滲透、離間、中傷、分化、引誘、恐嚇、暗殺等。僑胞處境，十分危急。先生認為如何組織忠貞僑胞，聯合愛國僑胞，爭取中立僑胞，說服觀望僑胞，使僑胞一致均能加入反共救國運動之行列，是當前

㉓《當前僑務》第十六、十七、十八頁。

僑政刻不容緩的急務。

兵法云：「知己知彼，百戰百勝。」先生首先就中共所採行之禍僑陰謀曾多方面的蒐集情報資料，深入的加以分析。先生說：「國際共黨自民國四十三年於日內瓦會議以後，共黨對海外工作，一改過去正面的暴力手段，採用迂迴的懷柔策略，對歸僑僑眷、海外僑胞及亞非國家，發動一種新的陰謀攻勢，企圖掩蓋共黨的猙獰面孔，以挽回過去海外工作的失敗。」㉔共黨的基本手段大致可分爲四：㈠以「和平攻勢」，進行滲透活動。㈡以「中立運動」，鼓吹「不問政治」的思想。㈢以「離間策略」，分化反共團結。㈣以「嚇騙手段」，誘迫僑胞就範。中共在組織方面是採行：㈠用秘密組織控制公開組織，中共的組織完全隱蔽，只從幕後來控制附共的公開組織，再以公開組織來掩護秘密組織，更透過公開組織，執行共黨的決策。㈡以青年團體推動一般僑團，從滲透青年團體入手，利用青年，向各僑團作輻射性的滲透。㈢變非法組織爲合法組織，盡力取得居留地政府的許可，以合法的地位，從事非法的活動。中共在宣傳方面是採行：㈠以生產成果誇張大陸地區建設的成就，如在印尼、星馬、印度、日本、歐洲等地，參加國際性的博覽會和各種工商展覽會。㈡以懷柔欺騙掩飾醜惡罪行。如中共駐印尼、印度等地大使館，曾指示其附共份子，不應攻擊自由中國之僑胞，並對正義僑胞積極拉攏，備極謙恭。

㉔《當前僑務》第二十六頁。

㈢變客觀要求爲主觀運用，如利用僑胞希望反攻大陸之心理，而加以積極的鼓動。在中華民國政府大規模軍事反攻行動未正式展開之前，再以冷嘲熱諷的宣傳，來動搖僑胞對政府的向心力和反攻復國的信念。㈣變正面宣傳爲反面攻擊，如在港澳等地收買各種經濟情況不穩的報刊，其條件可以不用公元紀年，也可以酌量攻擊中共，但最主要的要求，必須同時攻擊自由中國政府。中共對僑教方面則採行：㈠僑教地區化：以地區爲單元，因地制宜，如在菲律賓，中共人員則躲在僑胞的背後；在星馬，共黨則站在僑胞的正面；在泰國共黨則又採取化整爲零的戰術。㈡僑教特務化：以特務爲主體，控制僑校，如在星馬、印尼、緬甸等地區，派遣特務份子滲入僑校，劫持教職員，恐嚇校長，控制校董，拿僑校作爲進行顚覆活動的大本營。㈢僑教社會化：以社教爲中心，展開青運，如組織戲劇歌詠團，及舉辦平民夜校，放映電影，表演話劇，來吸引青年學生，展開青運工作。

中共對海外僑胞統戰的新陰謀，又可分析爲下列幾項：㈠煽動華僑青年，又分：（甲）、以滲入僑校作爲進行活動的據點，先派共幹充任教師，或派職業學生作酵母，成立「讀書會」、「出版社」、「互助會」，種種外圍組織，把持校政，進而興風作浪，造成一種赤色恐怖力量，用以擴張共黨聲勢。（乙）、運用「旣免費又貸金」各種香餌，大量勾引華僑青年回大陸升學，經施以特務訓練後，派回東南亞各地從事滲透分化活動。㈡施展銀彈攻勢：又可分：（甲）、向海外大量走私販毒，以其所得，供給各地龐大特務組織的工作經費和撥補親共僑團的活動費用。（乙）、從人性最易陷溺的地方下手，不惜鉅金，收買影劇界和文化人士，供其驅策利用。(丙)、由中共在海外的金融機構，大量對僑胞貸款，或對貧僑或受難災僑發放慰問金、救濟金，故施恩惠，收買僑心。㈢進行文化宣傳：又可分：(甲)、編印精美的宣傳書刊畫報，並譯成多種外文版本，利用「外交郵袋」及中共之大使領館，或地下組織，向僑胞及僑居地人士，廣為散發，並委託當地書店、書攤，廉價銷售。用以傳播共產黨思想。(乙)、翻印《三國誌》、《水滸傳》、《西遊記》、《紅樓夢》、《白蛇傳》等通俗小說，大量輸送海外推銷。並拍製各種新聞和民間故事影片。如「白毛女」、「孫悟空」、「梁山伯與祝英台」、「陳世美不認妻」等紛紛寄運海外各地免費放映。企圖喚起僑胞的「鄉土感應」。(丙)、派遣各式各樣的所謂「文化」、「藝術」代表團，在海外各地表演民間歌舞，地方戲劇和古典國樂。如「西廂記」、「雁蕩山」、「三岔口」、「水漫金山」、「荷花舞」、「獅子舞」等藉以吸引僑衆。並將大陸土產和工業製品，如縫衣機、鋼筆等，向東南亞各地廉價傾銷，復把各種樣品公開展覽，成品贈僑胞，中共的宣傳手法，已由「文字宣傳」而進入「實物宣傳」的地步。

　先生針對中共的奸詐詭計，便親自制訂一套策略與方案，用來打擊中共的欺騙伎倆。分別說明如下：「㈠基本方針：必須加強海外統一領導，外交、僑務、黨務、情報等工作必須統一領導，配合推進。其原則可分為：(甲)、以黨為核心，使僑務政策與外交政策在黨的決策指揮之下相結合。(乙)、海外各地以使領館人員為核心，與僑務黨務情報人員相聯繫。(丙)、以外交鞏固僑務，以僑務發展黨務，以黨務為僑務的核心，以僑務作外交的後盾。㈡實施方案：加強海外工作方案，其要點可分為：㈠、首先加強海外組織，在中央決定建立海外工作指導小組，在各地成立海外工作會報或指導小組（當時已成立者有泰、日、韓、菲、越）：中央為加強統一領導，並決定成立海外工作統一指導委員會，在海外各地設立工作小組或特派員，督導員。㈡、配合方面，在指導小組之下，必須建立下列四個領導中心，分工配合，並以各僑團為工作單位，在四個領導中心指揮之下，推進各項工作，以駐外使領館為對外關係領導中心，除正常辦理外交事務之外，並領導僑團進行國民外交工作。以各級黨部為僑運領導中心，透過黨團和黨員推進僑團工作。以各地僑校僑報為宣傳領導中心，推進宣傳工作。以中央所派之情報人員或當地同志為情報工作的領導中心，展開全面的調查情報工作。在加強團結方面：又可分為：㈠、改進海外黨的活動方式，逐步轉變為秘密組織，使成為連絡僑團推進僑運的中心，在工作中促進僑團的團結。㈡、以青年運動為中心，推進僑民運動，使青年的活力與老年的忠貞相結合，促進僑民的團結。㈢、以華僑反共救國組織為中心。推進僑胞反共救國聯合戰線。㈣、合理的調整各僑團組織成分和工作分配，逐步培養與促進統一性或全體性僑團的形成與發展。㈢對共黨戰鬥技術：先生又親自擬定當前海外戰鬥工作要領。有下列幾項：㈠、以反極權、反奴役、反賣國的口號，團結僑團，結合僑胞，聯合友邦反共人士，集中力量，四面八方向共黨發動宣傳攻勢。㈡、組織忠貞僑領，聯合愛國僑領，爭取中立僑領，說服觀望僑領，使全僑一致，從事反共運動。㈢、普遍結合華僑社會的力量，不論農、工、商、學，都爲構成聯合戰線的細胞，以反共華僑爲核心，廣泛在華僑社會發揮組織效能，透過各種僑團，建立聯合作戰的基本單位。(丁)、深入華僑羣衆，深入華僑居留地，切實展開聯合作戰的基本行動，使每一個華僑，都能夠響應號召，造成反共高潮，壯大我們聯合作戰的陣容。(戊)、尊重愛國僑領的意見，接納愛國僑胞的建議，化除親共華僑的成見，以消除工作的阻力。(己)、隨客觀的情勢，機動改變我們的戰術，但要堅持我們的戰略，以期化敵爲友，使各黨派願意加入反共運動的聯合戰線。(四)對共黨戰鬥方法：先生擬訂當前海外對共黨戰鬥工作要領。有下列幾項：(甲)、製造共黨組織內在的矛盾，挑動中共黨徒內心存在著人類天性與服從「鐵的紀律」的心理矛盾。(乙)、加深共黨內部存在著派系的矛盾。(丙)、揭露中共黨徒各級控制關係間存在著互相猜忌與互相監視的矛盾。(丁)、助長中共黨徒間存在著爭功與爭享受的矛盾，透過調查，瞭解各地共黨組織的存在矛盾的實情，應即「施間」以擴大其矛盾，使之自趨分化瓦解。同時也要加深共黨的外在矛盾。(戊)、強調共產主義在本質上與僑胞自由和利益的基本矛盾。(己)、揭發共黨陰謀利用僑胞爲侵略工具與僑胞求生存求幸福之要求的基本矛盾。(庚)、從理論上說明，從事實上調查證據，證明共黨顚覆赤化的陰謀，以提高當地政府和一般人民對共黨的警覺性與反共的積極性。(辛)、暴露共黨政治、經濟與社會黑暗的事實，並說明共黨向亞、非侵略的陰謀。(五)粉碎共黨的統戰陰謀：又可分爲下列幾項：(甲)、蒐集證據，擴大宣傳，揭露共黨出賣國家民族的本質。(乙)、根據共產主義思想上殘酷的本質以及中共殘殺刼掠的事實，廣泛展開對僑胞及當地人士的宣傳工作，以提高羣衆的警覺性和敵愾。(丙)、共黨的階級專政與經濟獨佔，其必然結果為奴役全民供少數專政者縱情肆慾，闡揚其事理，印證其事實。(丁)、共黨所崇奉的唯物辯證法觀點，就是反覆無常，背信棄義，應廣泛的引證事實加以說明，使廣大僑胞與當地人士瞭解共黨之不可信賴，不可合作，不可妥協。以上四點均為共黨先天上的弱點，無法自我挽救，必須長期的耐心的作深入而廣大的宣傳工作，乃能徹底消滅共黨在海外欺騙羣衆的可能性。(六)直接摧毀共黨在海外的組織，又可分為：(甲)、精密研究敵情，把握矛盾，利用弱點，作有計畫之反滲透，並預作長期之潛伏，伺機在共黨內部製造分裂。(乙)、蒐集確實情報，透過當地政權力量，給予共黨組織以致命之打擊。(丙)、運用各種手段，策反共幹，暴露其秘密組織與陰謀之所在，使共黨不能在當地立足。」㉕

海外僑胞經過先生之有計畫的訓練與策劃之後，原本為親共附共、或中立、或觀望態度之僑胞，轉過頭來支持自由祖國，加入反共救國之行列。

先生又說：「近年海外僑胞反共救國運動顯著事例略舉如下：(一)每年港澳等地僑胞慶祝雙十節的熱烈場面，及「十一」偽國慶的冷落情況，形成強烈的對比。充分反映出海外僑心的向背。(二)四十三年九月，全美華僑舉行反共救國會議，反抗中共企圖進入聯合國，並結隊在成功湖大厦前示威。(三)四十四年二月，東南亞公約國家在曼谷集會，我旅泰僑胞發動萬人反共大遊行。(四)四

㉕《當前僑務》第三十五至三十八頁。

十四年三月，全球二十三個地區，三百七十二個重要僑團展開確保金馬運動，紛紛通電支援政府及金馬將士，並堅決反對「兩個中國」的謬論。㈤四十四年十二月，全球各地僑團報刊強烈反對外蒙古混入聯合國，堅決擁護政府行使否決權，使蘇俄、中共陰謀終被粉碎。㈥四十四年十二月底，越南僑胞各界聯合舉行擴大『反共週』，萬餘僑胞參加大遊行。㈦四十五年二月，聯合國秘書長哈瑪紹抵緬訪問，我旅緬七十一個僑團聯合致送備忘錄，重申反對中共混入聯合國之堅決立場。㈧四十五年三月，美國務卿杜勒斯訪問東南亞，我旅印尼、越、菲、韓等地六十八個大僑團，分別提送備忘錄，要求支持中華民國政府反攻大陸。㈨四十五年四月，各地僑胞熱烈展開支援大陸同胞反共抗暴運動，並配合農曆清明節，分別舉行追悼大陸死難同胞大會。㈩四十五年五月，各地僑團響應國際反集中營委員會，審判共黨奴役人民罪行，紛紛提供資料，通電控訴。(十一)四十五年十月，各地僑胞普遍而熱烈的展開祝壽運動，並推舉代表組團回國祝壽，盛況空前，予共黨統戰陰謀以重大打擊。(十二)四十五年十一月，各地熱烈紀念國父誕辰，並紛紛駁斥中共假借國父名義誘騙僑胞的無恥行徑。(十三)四十五年十二月，韓、菲、港、澳、西德等地僑胞，舉行示威遊行大會，並紛紛捐贈衣物，響應支援匈牙利人民抗暴革命運動。(十四)四十五年十二月，國際政治掮客尼赫魯訪美，我全美各地僑團聯合發表聲明，予以嚴厲警告。」㉖這一連串的輝煌成績，

㉖《當前僑務》第十四頁。

絕非偶然。均為先生平時苦口婆心、耳提面命熱心保僑護僑及推動僑教之功。

先生又繼續列舉事實說：「近年來海外僑胞，展開普遍而強烈的反共救國運動，因而各地與敵人戰鬥的事蹟，猶如風起雲湧，愈戰愈奮。除一般性的反共救國運動，已如前述外，茲再將各地直接與共黨發生戰鬥行動的事例，列舉如下：㈠四十三年四月，周恩來參加「日內瓦會議」，海外僑團羣起通電反對，造成國際輿論的重大壓力。會後周恩來歸途訪問印度、緬甸，我旅緬僑胞特舉行遊行示威運動。㈡四十三年七月，菲律賓僑胞協助當地政府破獲共黨ABC政工小組，使共黨在非之地下組織遭受嚴重打擊。㈢四十三年八月間，旅韓僑胞協助當地政府先後破獲丁永生、王儀猷、姜學恩、宋和亭等中共間諜案多起，逮捕二十餘人。㈣四十三年十月，李德全和廖承志等赴日活動，我東京僑胞使用氫氣球高懸反共標語，並租用飛機凌空散發傳單，並遊行示威。㈤四十四年二月間，中共先後派遣「貿易代表團」、「商品展覽代表團」、「學術代表團」等赴日活動，我旅東京、大阪、橫濱、神戶等地忠貞僑胞，除集會遊行，空投傳單外，並以突襲會場的行動，與共黨展開激烈搏鬥。㈥四十五年一月，中共「青年代表團」赴法，五月中共派冀朝鼎率代表團參加巴黎國際博覽會，我旅法僑胞先後舉行全僑大會及示威遊行，並在會場散發傳單數萬份，與中共黨徒發生兩度的激烈搏鬥。㈦四十五年三月，港澳僑胞反擊共黨「還鄉運動」，除運用「還鄉」人士儘量揭發大陸地區黑暗情況外，並號召彼等來臺觀光比較。㈧四十五年五月，我旅澳八大僑團，聯合通電反對中共參加墨爾鉢舉行世界運動會。復設法防制中共人員之活動，並熱烈歡迎我代表團出席，造成強大聲勢，迫使中共宣告退出。㈨四十五年六月，各地組織聯合各友好國家青年學生團體，打擊共黨操縱下的「亞非學生會議」，使其內部，暗潮迭起，會議一再延期，結果不歡而散。㈩四十五年六月，中共派梅蘭芳率京劇團訪日演出，我東京、大阪、富岡等地僑胞；大量散發反共傳單小册三十餘萬份，因而引起中共設在「東京華僑總會」副會長吳普文等被捕。(十一)四十五年間，中共派「民間藝術團」擬轉入墨西哥訪問演出，經我旅墨僑胞向墨政府多方交涉，拒絕該團入境，使中共狼狽不堪。(十二)四十五年間，中共派「民間藝術團」赴智利表演，我忠貞僑胞特發行《針報》一種，在文字上予以打擊。並聯絡當地電影院一致拒絕中共的「梁祝」影片放映。(十三)四十五年五月及十月，經策動澳門「知行」及「中德」兩中學先後反正，掙脫中共控制，奔向民主自由。(十四)四十五年十一月，緬甸共黨份子爲響應周恩來「和談」夢囈，假借本黨黨員及福建同鄉會等名義，通電各方妄發謬論，隨經我方策動僑胞二千餘人聯名發表聲明，痛予駁斥。(十五)四十五年十二月，緬甸仰光我「中正」中學員生，爲維護校舍，與當地軍警及中共特務份子，發生流血鬥爭，羣情激憤，使中共劫奪該校舍的陰謀遭受打擊。」㉗由以上記載，卽知先生在僑胞身上所下的功夫，僑胞反共運動如此激烈，絕不會憑空而降的，足證先生對僑胞的奉獻之多之巨了。

㉗《當前僑務》第四十、四十一、四十二頁。

第十四節 協助華僑青年回國觀光及服務

在先生不斷的爭取及大力積極呼喚之下，歷年回國升學的僑生人數雖然很多，但如果與旅居海外華僑總人數作一比較，究竟還是太少，因此，就應該讓更多的華僑青年回國觀光或服務，以便增進他們對祖國文化、社會安定、工業建設、經濟繁榮、軍事進步、民生主義的成就以及自由生活的民主制度的認識，進一步還可以激發他們的反共意識以及愛國情操。所以，從民國四十三年起，由中央黨部第三組、僑委會、教育部、中國青年反共救國團等聯合主辦，利用寒暑假期，號召華僑青年回國觀光、考察研究、軍中服務、旅行參觀、暑期講習等。爲了迅速達成這項工作的實現，先生親自商請海、陸、空軍派出飛機和軍艦，到菲、泰、越、寮、日、韓、港、澳等地，接運華僑青年回國，先生這一構想的實施，也獲得華僑社會熱烈的歡迎與回響，進行順利而成功，贏得整個海外華僑社會的一致好評。許多華僑青年回國觀光、考察、服務、參觀或接受救國團一個月的寒假或暑假戰鬪研習之後，不但對祖國的反共國策有了深刻的瞭解和認識；甚至於連思想、品德、生活行爲等也都有很大的轉變。因此，有許多華僑青年的家長都想盡了辦法，要將自己的子女送回祖國參加各類的服務行列。這一活動由於僑委會的全體人員，通力合作熱心積極，做的可圈可點，非常的成功。並進一步促成東南亞青年的大結合，於民國四十三年十月在臺北召開東南亞華僑青年問題研討會，出席代表一百一十餘人，會議圓滿而成功。

跟輔導華僑青年工作有密切關係的另一活動，就是先生最樂意與華僑青年歡樂在一起，生活在一起，以家長的身分，關心華僑青年，照顧華僑青年，幫助華僑青年，與華僑青年聊天閒話家常。先生曾贏得「僑生之父」的尊號，便知先生在華僑青年教育方面所耗費的心血與精神，迄今已事隔三十多年了，海外僑胞對「僑生之父鄭彥棻先生」的口號，仍然喊的非常響亮。

先生在僑委會委員長任內，不斷的親自到各院校或僑生宿舍去探望僑生，先生特別關心僑生的生活起居，並和他們談談笑笑，格外感到親切。先生並仿照美國社會爲外籍學生徵求東道主家庭的辦法，邀請一些國內熱心人士，分配一些僑生請他們幫忙照顧，每逢年節請一些僑生到家裏便餐聊天，一般反應相當良好，卻在安排上確實煞費苦心，致使這個有意義的工作，時續時斷。但先生自己卻以身作則，每逢年過節總會邀請一些僑生到家中來過節，以六菜一湯的方式，親切招待。先生之所以如此，一方面是盡其一個家長關懷子女的責任，另一方面先生總是以一位教育家的慈善心腸，對僑生教育特別感到興趣而使然者也。

第十五節　組織華僑救國聯合總會

民國三十九年八月，政府剛剛遷來臺灣，一切都不安定，當時的中央第三組，全體工作人員僅有十多人，因環境的因素，與海外僑胞大部分失去連絡。當先生四十一年三月奉命接長僑委會的時候，僑委會是在臺北市南京西路一小間店舖式的房子裏辦公，整個僑委會的工作人員，也只有三十幾個人，對海外僑胞的服務工作，毫無成績可言，僑務工作幾乎是在停頓狀態，在整個寶島臺灣，難以發現僑胞的踪影，臺灣同胞包括大陸來臺的數百萬義胞，對「華僑」二字，也是陌生的很。今天臺灣到處可以看到僑胞以及他們回國投資的事業。座落在臺北市敦化北路的中泰賓館，南港、中壢的僑泰與麵粉工廠以及臺北市南京東路的中華體育館，就是旅泰華僑林國長先生響應先生的號召而回國投資的。中華體育館，現已捐贈給政府作為大規模的康樂活動或國際籃球比賽之用。在桃園中正國際機場、基隆、高雄兩港每天都可以看到成千上萬的僑胞進進出出，這都是先生大力的、積極的、熱心的推動愛僑、保僑、護僑運動，號召全球僑胞加強團結，組織全球僑胞，發揮的力量。因此，進一步由僑務會議組成了華僑救國聯合總會，成為全球性的華僑團體。同時由華僑救國聯合總會通過每年十月二十一日為華僑節，與雙十節、蔣公華誕成為三大節日，更增添了光輝十月的熱鬧氣氛。

自華僑救國聯合總會成立之後，先生又指派專人駐會服務，更能達成為華僑服務的目的。三十多年來，該會確實做了許多為僑胞服務的工作，有著無法估計的貢獻。今日旅居世界各地僑胞，在海外已滙成一股強大的反共巨流，成為政府在海外反共運動的巨大力量，政府在人事調派方面，也都可以運用自如，政府不論賦予僑胞何種任務，僑胞均樂意接受與支持，並能如期達成，並熱心的、義務的幫助政府派往海外的每一位工作人員。每一年的光輝十月，僑胞藉回國慶祝或觀光之便，還有大規模的捐獻活動，新聞報章時有刊載，這是人所共知之事，這一切的一切，均爲華僑救國聯合總會成立之後，所產生的作用和力量。換句話說，這全是先生的直接指導及策劃之功，先生事事有眼力，分析透徹，乃無中生有，虛中求實，又一證明。也是實踐先生所主張之「多做多對」哲理的最好說明。可見主管決定一切，一個機關工作的成敗，完全決定於主管，此言不虛也。

第十六節　創設華僑銀行發展華僑經濟

創設華僑銀行，也是先生多年的夙願，先生總認爲扶植華僑的經濟組織與華僑經濟發展；不能單靠政府的力量，必須開辦一個結集全球僑胞資力的華僑銀行，再以華僑銀行的資金，來幫助各地華僑經濟事業的發展。包括華僑回國投資貸款、設廠貸款、貿易貸款、購屋貸款、小型家庭貸款、僑生獎助學金以及海外華僑需要資金的融通等。先生爲了達到華僑銀行能夠早日在國內設立，曾親自晉見　領袖及行政院陳院長辭修先生以及有關財經部門的首長，有時候就像傳教士一樣，見人就拜託，說的口乾舌焦，不知道化費了多少時間。可是先生總認爲「人生以服務爲目的」，服務爲快樂之本，尤其是爲海外僑胞服務，更是感覺神聖光榮，常常忘記了自己的辛苦和勞累。華僑商業銀行，在先生不斷的努力奔走爭取之下，終於在民國四十八年開始籌備，民國五十年三月一日正式開業。華僑銀行的設立，這是政府遷臺以後唯一特准新設的銀行，這完全是由於先生熱心的呼籲，才獲得這樣特殊的准許。先生最初的心願，就是以華僑銀行成為世界華僑的經濟中心，再滙集全球華僑的資金，再逐漸扶植各地華僑經濟與祖國間的貿易為主要業務，迄今都已開展成為全球性的華僑經濟中心了。華僑商業銀行不但肩負起了幫助華僑資金的融通，並且還給予國人存款貸款的方便，殷實可靠，服務週到，同時也給予華僑融通上有了很大的支持。座落在臺北市襄陽路八號的華僑商業銀行，以及各縣市鄉鎮的分行，業務鼎盛，因此引起海外華僑紛紛回國投資設立銀行。如座落在臺北市館前路六十五號的世華商業銀行、新加坡國際商業銀行、菲律賓首都銀行以及華僑信託投資公司，均為華僑投資開辦的銀行。對於繁榮國內經濟，都有很大的幫助。先生不但是研究華僑問題的專家，也是發展華僑經濟學的權威。

華僑銀行在臺灣雖已設立，先生並不以此為滿足，並繼續設法輔導華僑經濟走上繁榮而合理的途徑。先生說：「民國四十五年十月，華僑經濟檢討會議，對發展華僑經濟事業的途徑，作如下的重要決議：㈠輔導華僑將商業資本移轉工業資本，應用最新科學，配合近代企業之發展。㈡力求改善華僑回國投資辦法，擴大投資優待範圍，儘量給予各種協助。並對海外華僑經濟事業，加強各種必要措施，如金融之支助，航運之配合，人才之培植等。㈢展開臺灣對東南亞及其他地區之貿易，擴大僑商貿易機會，加強與僑商聯繫。㈣揭發共黨經濟陰謀，加強華僑對敵人經濟作戰。」㉘先生對輔導華僑經濟的發展，顧慮的面面俱到。

經過先生的鼎力支持與奔走之後，終於有了相當豐碩的成效。據先生統計：「㈠鼓勵僑胞回國投資生產事業，自民國四十年起至民國四十五年十二月止，經陸續來臺投資設廠者，計有一百一十家之多，資金總額高達美金一七、一八八、二八八．七八元。㈡發展僑商對臺貿易──洽商有關方面，開闢南洋和菲島航線，並徵集外銷物產樣品分寄僑團僑商陳列參考，及協助臺糖輸緬，香蕉輸日，毛猪輸港。㈢運用金融機構貸款──商請國家駐外機構，對僑胞舉辦小本貸款，已辦理者有日、泰、古巴、越南等地。並在日、越等地建立信用合作組織。㈣編印華僑經濟叢書──現已出版者十種，共發行五萬餘册。㈤召開華僑經濟檢討會議──於四十五年十月底在臺北舉行，出席代表三百餘人，對華僑經濟事業之規劃，獲致重大成就。㈥僑胞愛國自動捐獻──海外僑胞基於愛國熱忱，自動捐款勞軍救災及軍眷住宅，自民國三十九年一月開始至民國四十五年十二月止，捐獻總額已共達美金一、七六七、七九五．五四美元。」㉙四十五年以後的捐獻尚未列入。先生對於輔導華僑經濟，採取多軌式途徑，眞是做的盡心盡力，可圈可點。先生的心願，也終於實現了。先生具有驚人的耐力和決心。

㉘《當前僑務》第七頁

㉙《當前僑務》第二十三頁。

第十七節　加強海外僑胞組織及幹部訓練

任何一個團體，要想發揮力量，必須先有組織，有了健全而完整的組織，然後才能發揮巨大力量。先生有鑒於此，首先著手整理各地僑團，鼓勵海外各地僑團辦理備案登記手續，然後再逐步改進其組織內容和工作方法，派專人從旁悉心加以輔導，力求步調統一，弘大僑團力量。「全球各地僑團經登記有案者，自民國四十年起至民國四十五年十二月底止，已遞增至五千五百五十二個。」㉚接下來就是如何建立華僑反共救國聯合組織，在中央政府所在地已成立了華僑救國聯合總會，同時在海外各個地區成立華僑反共救國組織，至民國四十五年底止，已擴展至亞、歐、美、非、澳等各個國家，計有一百六十六個單位。除此之外，先生對於海外視導也特別重視，爲策動各地組織展開工作，每年均由先生親自遴選精明幹練的人員，分赴各地視導，從民國三十九年八月一日起，至四十五年十二月底止，共派出六十四人之多，視導一百零三個大小城市。先生在這一項工作推行中，特別重視執行與考核，凡派赴海外的視導人員，必須按時返國覆命，並呈報其視導經過與績效。

㉚《當前僑務》第八頁。

其次是訓練海外幹部，先生也擬訂了一套週詳而細密的計畫，將海外僑胞幹部分批調回國內參加受訓，至四十五年底，共計調回一千一百三十五人。同時由國內派員赴海外各地舉辦巡廻訓練，至四十五年底止，共在菲、泰、越、棉、星馬、港澳、韓國等七個地區先後舉辦二十九個班次，參加受訓人數合計為三千八百六十九人。海外僑團經過先生的整頓、訓練、輔導之後，果然發揮巨大的反共力量，形成一股反共洪流，詳情可參閱本章十二節「發展華僑教育」即可知其梗概。先生對海外組織及訓練方面所投入的心血，對僑胞的犧牲奉獻，寢食俱廢，不論在那一方面，都應彪炳史册。

第十八節　加強保僑護僑工作

自先生接任中央黨部第三組及僑務委員會委員長之後，就開始特別重視保僑護僑的工作。這正是先生所主張的「非以役僑乃役於僑」工作精神的擴大與延長。在先生不斷奮鬪努力耕耘之下，終於有了極為豐碩的收穫，從四十一年到四十五年，保僑護僑的具體成效，有下列各項：㈠辦理赴美特別移民，至四十五年十二月底止，經審查合格者，全部共為六千二百八十五人。㈡四十一年十二月菲律賓政府大規模拘禁指為有間諜嫌疑之僑胞二百九十七人，經先生積極的交涉，據理力爭，陸續釋放，並恢復自由。㈢南非聯邦種族分區法案，經由派駐當地使領館，配合國民外交，再三的交涉，最後終於獲得解決。㈣泰國徵收外僑隨身證例費案，經先生努力接洽交涉，凡年在六十歲以上及十八歲以下者，獲准豁免；又泰南禁區勒令六千餘華僑遷出案，經先生派人交涉後，立卽獲得改善。㈤印尼與中共所簽訂的解決華僑雙重國籍問題條約，經先生提出嚴厲的駁斥與反對，已引起印尼政黨對此案協定的抨擊，積極督促印尼政府迅速完成簽訂手續。㈥韓國政府對外僑徵收登記費，及居住許可費案，經先生合理爭取，終獲解決。㈦四十五年春天，美國舊金山大陪審團普查我華僑身分案件，業經努力交涉，並由舊金山僑團提出控告，已獲勝訴。㈧四十五年越南發生華僑國籍問題，已循外交途徑，盡力協調，已獲得圓滿解決。㈨其他如懸案達二十餘年的委內瑞拉華僑永久居住權問題業已順利解決；紐西蘭僑眷入境尺度業已獲得放寬。

先生對維護無邦交地區的僑胞權益，更特別重視，透過各種管道，想盡一切方法，俾達成護僑保僑的目的。在四十五年以前與中共建有外交關係的計有二十四國家及四個傀儡政權。印度、巴基斯坦、緬甸、印尼、阿富汗、錫蘭、蘇俄、保加利亞、羅馬尼亞、匈牙利、捷克、波蘭、丹麥、芬蘭、瑞典、挪威、荷蘭、瑞士、以色列、阿爾巴尼亞、英國、南斯拉夫、尼泊爾、埃及。四個傀儡政權是外蒙、北韓、北越、東德。在當時與我政府保持外交友好關係的有四十三個國家。分布在上列無邦交地區的僑胞，單以亞洲地區之印尼、印度、香港、緬甸、星馬、北婆羅洲、婆羅乃、砂撈越等地而言，就有僑胞八百四十三萬一千三百五十九人之多。

以上這些國家，雖然與中共建交，先生對於護僑保僑的工作，絕不放鬆，相反的做的更爲積極。當時先生是以治標與治本分途進行的。在治標方面：㈠透過第三國或聯合國來進行交涉。㈡透過第三國與當地政府保持事實上的接觸。㈢設法派遣專人從事地下護僑工作。在治本方面：㈠加強僑胞團結，用團結的力量，維護僑胞自身的權益。㈡鼓勵僑胞取得當地公民權，參加當地政治活動，將外僑問題變爲內政問題，用政治的力量，來謀求合理的解決。先生對於護僑眞是挖空心思，絞盡腦汁，有時候還不惜任何代價，所以先生在護僑工作方面，貢獻至多，厥功宏偉，今日全球僑胞仰望政府，四海歸心，絕不是偶然的。

第十九節　倡議創設華僑大學

先生向來熱心教育，對於華僑青年的教育，尤其熱心，更是樂此而不疲。先生在民國四十四年曾專案呈請行政院准許在臺灣設立華僑大學一所，並呼籲社會各界鼎力支持，雖然經過先生努力的奔走，終因涉及問題太廣泛，一時無法實現。有些人認爲設立僑大是徒耗公帑，毫無意義；有些人則認爲僑生水準太低，堅持回國僑生必須與國內學生受相同之入學考試，入學後之學業成績計算，亦應與國內學生相同。先生則認爲回國僑生畢業後，準備在國內就業，應該與國內學生受相同之教育。如果僑生畢業後準備返回僑居地服務，就應當按實際的需要，給予適當的優待，所以回國僑生除了可以按其志願特長，進入國內各大專院校與國內學生接受相同之教育外，也可以進入專爲適應華僑社會需要而辦的華僑大學。其學制、課程標準、課本內容、語文深度等，都不必和國內學生一致。這一偉大構想而具有深長意義的華僑高等教育學府，始終未能實現。教育部在民國四十四年僅允許在國內各大專院校分發部分僑生就讀，同時又先後創辦了國立僑大先修班於臺北縣蘆洲鄉（現已遷至林口）及國立華僑中學於臺北縣板橋市，包括高中和初中。這在政府方面，就當時的經費力量來說，確實盡到最大的責任。可是在先生來說，政府未能及時創辦華僑大學，就好像是一個未曾放下的擔子，責任未了，常引爲平生憾事。後來先生雖然離開了僑委會，倡議創辦華僑大學的主張，始終沒有改變。民國六十六年，先生參加全國性的教育會議，繼續提出創辦華僑大學的建議，希望早日實現先生熱心華僑教育的願望。

總而言之，先生在中央黨部第三組及僑委會委員長任內，竭智抒忠，貢獻卓越，是海內外同胞有目共睹的事實。先生即說即做的精神，也是無人不知無人不曉的。先生對上級交辦的事，必須「馬上辦」，對會議決定的事項，必須「馬上辦」，對其他部會協調允諾的事項，也必須「馬上辦」，因而先生就贏得「馬上委員長」的雅號。可是在當時各機關都存在著推、拖、拉的政治不良風氣，但先生卻要求事事都要「馬上辦」，大家確實有些不習慣。但三十多年以後的今天，蔣總統經國先生，在行政院長任內，推行十大政治革新，加強便民措施，遇事「馬上辦」也都視爲當然的事了。另外，先生之肯做事、肯動腦筋、肯研究發展、肯深入分析、肯鍥而不捨的追踪考核，是先生事業成功的最大因素。正如朱瑞元先生㉛說：「彥棻先生多做、多創新、專醫死老虎，幹勁十足，勇敢果斷，魄力過人，說做就做，無論接手任何的冷機關，冷職位，他都能將它變成熱機關，熱職位，把冷板凳變成熱板凳，把死老虎變成活老虎……又如僑務委員會，本屬冷機關，彥棻先生接任委員長後，召開全球性的僑務會議，展開僑務工作，設置『僑園』招待所，爭取僑務經費，創意招考海外僑生，使原屬冷冷清清的僑務，變成熱烘烘的反共救國之僑務，前後判然不同，彥棻先生做事的原則爲多做，多創新。」㉜何樹祥先生㉝也說：「許多人都佩服鄭先生的通天本領，能把死的變活，從無變有。民國四十一年鄭先生兼任僑委會委員長，著手籌開僑務會議，那時候，臺灣還處低潮，僑委會也是個奄奄無生氣的冷衙門，僑務會議開過，接著文教會議，又接著經濟會議，便熱鬧起來，生氣勃勃；跟著華僑救國聯合總會成立，定每年十月二十一日爲華僑節，於是每年十月，從慶祝雙十國慶，華僑節與蔣公誕辰合爲三大慶典，海外僑胞回國參加慶祝者絡繹不絕，由千餘人而數千人，而萬餘人，而數萬人，至此亦不能不佩其遠見。」㉞先生在僑委會有如此豐碩而偉大的創見與成就，這不僅是先生在其個人奮鬥史上的一個重要環

㉛ 朱瑞元先生廣州市人，國立中山大學畢業，曾任廣東省政府參議員，廣西柳州縣縣長。
㉜ 《鄭彥棻八十年》第四十一、四十二頁。
㉝ 何樹祥先生曾任廣東省政府駐南京辦事處處長。
㉞ 《鄭彥棻八十年》第三〇七頁。

節，已是有口皆碑，人人稱道。對國家對社會來說，尤具有興發啓迪之功，古今獨步，實可照映於千秋萬世而不朽，先生確實是化腐朽爲神奇的能手。

第十一章　獻身法務

第一節　前言

民國四十九年五月二十日，行政院改組，先生奉命接任行政院政務委員兼司法行政部部長，同時仍繼續兼任中央黨部第三組主任。當先生接任司法行政部長之後，就很謙虛的對人說：「對於司法行政工作，我過去毫無實際經驗，所以，當我從前任部長谷鳳翔手中接過了司法行政部大印的時候，那雖是幾方寸的一顆銅印，對我來說，卻猶如一付千斤的重擔。」❶

曾任經濟部政務次長的李模先生說：「鄭彥棻先生發表為司法行政部長，在當年的確是一個『震撼』，以一個法律的門外漢，而負責司法建設與改革的重任，實在是不可思議的事。鄭先生

❶《往事憶述》第一四五頁。

任職七年後改調離部，迄今又已十六年，如果讓司法界朋友客觀的評斷一下他的功過與得失，說不定又會使許多人發現一個相當意外的結果，其『震撼』效力不僅很強也是非常久遠的。」❷由李模先生的這一段話，可知先生在司法行政部建立多少功勳，投注多少精力，改革了多少司法積弊，便不言而喻了。

當時的司法行政部，不論就其司法行政、司法風氣、司法人事、監獄設備、獄政管理、便民措施、辦案效率等均為社會人士所詬病，都已到了非改革不可的地步。只有先生做事有決心、有魄力、有創意、有眼光，能發掘問題，能改革舊積弊，專門醫治久年不癒的沉痾。經過　領袖召見談話之後，認為先生是擔任司法行政部長的最佳人選。從此司法行政工作，就邁入了一個新的紀元。

先生接任司法行政部的當時，年齡五十又八歲，精力之充沛，經驗之豐富，學問之淵博，處事之穩健，見解之超人，記憶力之驚人，工作之熱忱，都是正處於日正當中的巔峯時期，接掌司法行政必能克盡職守，勝任愉快。先生以前從未辦過僑務，經過先生七年的努力耕耘，把一個冷冷清清的僑委會，一變而成為轟轟烈烈最忙碌最熱鬧的僑委會，做得朝氣蓬勃，人人叫好。同時也一變而成為研究華僑問題的專家學者了。

---

❷《鄭彥棻八十年》第一六六頁。

先生敢鼓起最大的勇氣，接下非常棘手的司法行政部長，就是基於下列三個原因：第一：受到先總統 蔣公的精神感召。先生從擔任國際反侵略會中國分會執行部主任開始，一直到後來的三民主義青年團中央團部的宣傳處長、中央黨部秘書長、僑委會委員長，先生也都不是內行，也無不是從極荒涼困苦中，闢荆斬棘，完成拓荒的紮根工作，然後創造出輝煌的成績，開出美麗鮮艷的花朶，收到甜蜜豐碩的果實，得到 領袖的信任與賞識。第二：先生認爲既然以身許國，領袖和黨所交付的任務，不論如何艱鉅，如何困難，都必須努力承擔，全力以赴，達成任務。先生常對人說：「一個工作只要自己肯虛心學習，肯細心研究，肯用心分析，肯深入探討，肯熱心奉獻，肯多聽多看，那怕是一件很複雜很艱難的問題，也終會變成很容易很簡單的問題。」第三：司法行政部直接主管的是司法行政，而不是司法實務，司法行政部長是政務官，是政策的決定和推動，只要有魄力、有果斷，不畏艱難，遇事沉著，謹愼細心，也沒有衝不破的難關，沒有做不成的工作。同時先生一向本著「機關卽學校，工作卽教育」的道理❸。所以先生對於司法行政，雖然過去從未嘗試過，同樣的是充滿了幹勁和信心。

先生到司法行政部是從民國四十九年六月一日開始，到五十六年十二月六日交卸，共計七年零六個月又六天，所耕耘的成果，眞是異軍突起，表現卓越，貢獻至鉅。意想不到的成功，爲全

❸《往事憶述》第一四五頁。

國司法人員，立下了榜樣，為後世所景仰，其言行事功可永垂青史而不朽。

第二節　視察臺灣各地司法業務

司法行政長久以來，常為社會各界所詬病，先生做事向以腳踏實地愼固安重見稱，必須親自前往各地司法機關和獄政單位，詳細視察之後，才能擬訂出一套通盤而徹底改革的辦法與措施。

壹、視察臺北司法業務：先生於民國四十九年六月一日上午十時接篆視事，於當日下午二時，偕同監獄司裘朝永司長，臺灣高等法院李學燈院長，前往臺北監獄及看守所去實地察看人犯的管理和生活情況，並親自指示監獄負責人，今後必須根據三民主義教育的原理原則，善待人犯，革新監所管教措施。

從民國建國以來，司法行政部長在上任後的三小時內，就展開業務視察的，先生是司法行政史上的第一人。由此可知先生做事最負責任，最為積極，最富熱誠，最為快速，最有朝氣，最講求實效，卽說卽做，是一位主張多做多對言行合一的力行家。

貳、視察臺澎金馬司法業務：先生說：「當時，社會人士對司法風氣，頗多批評。我為瞭解實況，所以在接事後的第一年，就抽出時間，先後實地視察了所有臺灣省內及金門的每一司法單位，並且以個別談話的方式，和各地推事及檢察官同仁一一交換業務上的意見。我又以茶會的方式，會見所屬各單位的基層同仁，並以座談會方式聽取各級工作人員的業務報告。」❹先生確實以最誠懇最虛心的態度，想找出司法行政上的癥結。而先生認爲「無功就是有過」、「保守便是落伍」❺，堅信「多做多對，少做少對，不做不對，苟日新，又日新，日日新。」❻的積極態度，如先生之作風者，從未多見，是針砭社會風氣，振衰起弊挽救政治頹風的一副清涼劑。

叁、每年一次或兩次視察臺灣各地監獄及看守所：緊接著即展開視察臺灣各地的監獄和看守所。先生常回憶　領袖的訓示說：「我們革命的目的，在救國救民和救世界，如果不能先做到救濟疾病困窮最痛苦的同胞，那所謂一切政治就都是空的。」❼因此，先生在司法行政部長任內，每年總要親自到全國各地去視察一次或兩次，甚至於更多次。視察的範圍及對象，包括各級法院暨檢察處、監獄、看守所、調查局以及各地的工作站。視察的內容，包括民事、刑事的審判、執行、財務、公證、提存、訴訟輔導、檢察、監所、總務、人事、會計、統計、業務檢查等。可以作爲不斷改進缺點的依據。於此便知先生負責任事，忠黨謀國，實事求是的作法。

肆、關心人犯體察入微：先生常認爲監所中所羈押的人犯，都是犯罪或有犯罪嫌疑的人，要

❹《往事憶述》一四七頁。
❺《鄭彥棻先生言論選集》二十頁。
❻《往事憶述》一六九頁。
❼《往事憶述》一五七頁。

想使這些犯罪的人，能夠悔過向上，重新做人，就必須對人犯有同情之心，仁慈之心，惻隱之心，應該利用各種設備和措施，幫助犯罪的人改過自新。所以，先生對在押人犯的生活總是常常記在心上。因此，每隔幾個月或者半年，先生總要親赴各地監獄及看守所實地察看，一方面可以給予在押人犯精神上的同情。另一方面可以藉著不斷的察看，使監所業務有所進步，有不妥當的地方，可以隨時改正。後不久臺灣各地監所大規模的翻修、粉刷、拆遷、改建、增建、新建，也都是因為先生不斷深入的瞭解，從視察的經驗中所發現的缺點。例如：有一次先生到臺北監獄去巡視，當時人犯都到工廠習藝作業，監所房門都全部打開，先生走進其中一間房舍，發現牆壁上黑跡斑斑，問明原委，才知道這都是扼死的臭蟲血，當時監所主管人員都很誠實的報告先生說，因為是木造監房，年久失修，潛匿的臭蟲很不容易消滅。先生發覺這一問題之後，內心非常沉痛與難過，認為這是自己的疏忽，沒有盡到自己的責任，不能責怪下屬的不對。先生說：「監獄的人犯接受法律的制裁，有些人確實是明知故犯或一犯再犯，或是知法犯法，但確也有許多人是在無意中犯了法的，同樣要接受法律的制裁，要到監獄來服刑，失去了自由，和家人分離，已經是很嚴重的懲罰，不應該再在生活起居或精神上遭受到虐待。監獄內有的是人力，應該做好清潔和衛生，便立即通令全省各地監所徹底消滅老鼠、蒼蠅、跳蚤、臭蟲、蚊子、蟑螂等。從此監所牆壁上再也看不到斑斑血跡，看起來雖然是一件小事，對於監所的革新，卻發生很大的影響。」⑧

⑧《往事憶述》一五八頁。

自民國建國以來，監獄積弊特深，除監獄骯髒，蚊蠅臭蟲蟑螂侵襲之外，監所管理人員更是狐假虎威，作威作福，藉機敲詐。報章雜誌時有報導，政府在未行憲以前，監所不知黑暗到甚麼程度，從未看到任何一位司法長官或行政首長去詳細察看或改進，任人犯自生自滅。先生做事，常本著大處著眼，小處著手，察看一樁事情，從不放棄任何一個最細小的問題，先生到任後，除了將監所許多人爲惡習全部清除外，連牢房牆壁中的蒼蠅臭蟲，都能發掘出來，也一併加以清除。一位偉大政治家，能明察秋毫之末，看起來似乎極爲平凡，這正是平凡之中最偉大者。《孟子・公孫丑篇》說：「以不忍人之心，行不忍人之政，治天下可運之於掌上。」用這幾句話來形容先生正是恰如其分，先生可稱之爲是醫治社會病症的專家，是挖掘社會「死角」的能手。

伍、訪問司法人員家庭：先生做事總喜歡用盤根究底釜底抽薪的方法去瞭解事情的眞相，先生自四十九年六月到任後，爲進一步瞭解司法人員的生活狀況，並加深互相認識，以利司法業務的推展起見，先後視察臺北、新竹、臺中、嘉義、臺南、高雄、屏東、宜蘭、臺東、花蓮、澎湖及金馬等各地司法業務。先生利用視察業務之便，利用中午或晚餐後的休息時間，就去訪問司法人員家庭，當時司法界諷之爲「鄭部長突擊檢查」，也有人譏之爲「鄭旋風」，形容來去甚速的意思。先生認爲家庭是社會的基礎，家齊而後國治，如果家庭不健全，就會影響社會風氣及司法人員的工作情緒。先生從四十九年六月一日開始到離職，總計訪問了一千五百戶以上的各級司法人員家庭，先生用心之良苦，非外人所能瞭解也。這也是四十七任以前的部長從未做過的事，先生是開其司法行政部長深入基層之先例。

先生很有耐心而不辭辛勞的訪問了百分之九十九以上的司法人員家庭，其用意可歸納爲三：其一：藉此訪問可以實地而深入的瞭解每一位司法人員家庭的狀況，可以作爲今後改進司法人員待遇或生活的參考。其二：可以藉此與每一位基層司法人員接觸，發掘許多司法行政方面的優點或缺點，作爲改進司法風氣的準據。因爲日間視察各級法院和機關，所接觸的僅限於少數機關主管人員，而且大多數是在走馬看花的情形下進行，自然無法深入瞭解。其三：藉此可給予每一位基層司法人員或眷屬以直接的慰問或鼓勵，又可以振奮司法人員士氣，提高工作效率，建立起三信心，雖然先生個人減少了午休或晚上的睡眠時間，備極辛勞，對整個團體來說，收益是無窮的，影響也是久遠的。先生常認爲只要對國家有益，對社會有益，對大多數人有益，個人的辛苦和犧牲都是應該的，也是最有價值的，對個人來說，也是最快樂最安慰的事。

曾經追隨先生作過秘書的過克厚先生說：「在鄭先生擔任七年多的司法行政部長期間內，他爲了要切實求取司法業務的改進，每年都要好幾次分赴各地，巡視司法機關的業務，實際作深入的了解，而且每次出去，他心目中都是有目標和重點的；譬如說有一個司法官在工作上不幸出了紕漏，社會上就以偏概全的對司法風氣問題大肆攻訐，他就悄悄的啓程到各地，和大家談談止謗自修之道；一項新措施需要大力推行之際，他就去和實際執行的工作人員面對面的交換意見；一項新建設的完成，他儘可能的親自到場，去闡揚其積極性的意義；在重要人事要通盤調整的時候，他一定先去實地看看他們的工作績效，甚至於逢到　國父誕辰或者總統　蔣公生前華誕的前後，如果正好他在視察業務，必定抽出時間和同仁闡揚　國父遺教或講述　總統行誼。討論如何在司法工作上貫徹實施三民主義，怎樣以負責盡忠的態度爲總統祝壽。」過克厚先生接著又說：「追隨部長先生出巡，聽起來很體面，看起來也很風光，但實際這件差事是十分辛苦的。每次出差以前，要準備資料，安排行程，這是理所當然的事，主要的是出去以後，從早到晚他不讓自己有一點空閒的時候，開會、討論、個別談話、實地巡視，和地方人士談司法建設，晚上還訪問司法同仁的家庭等等，眞是馬不停蹄，分秒必爭。盛夏之時，到深夜洗澡時，往往內衣褲都已濕了再乾，乾了再濕好幾回。這絕不是言過其實，隨時可以找人證物證。記得有一次隨同部長先生到東部出差，正巧他的長女公子雪玫小姐伉儷由美回國探親，也去東部旅行，他們約好在花蓮會面，可多點時間敍敍天倫，那知那天直到深夜，鄭小姐才等到機會和他父親談心。第二天早晨，她悄悄地跟我說：『聽說你常常隨我父親一同出差，你還年輕，我父親已是上了年紀的人，不宜太勞累，拜託你不要把節目安排得那麼緊湊，多留一點休息的時間好不好！』這是鄭小姐對父親的一番孝心，我自然笑著說好，但是她那裏知道我倒想拜託她向她老爸說說好話，留點時間給我這個年輕人，享享『出差人』在外的樂趣。」❾由過秘書的這一段話，卽知先生不惜長途跋涉，翻山

❾《鄭彥棻八十年》第二三四頁。

過嶺，不問嚴夏隆冬，冒著寒風溽暑，那怕是窄巷暗弄，道路坑窪泥濘，先生僕僕風塵，馬不住足，鍥而不捨的挨門挨戶去訪問，但終於有了收穫。根據先生實地考察所得，認為司法人員知法守法，自治自愛，可歌可泣和安貧樂道的精神，實在是難能可貴。雖然司法人員當中，也有害羣之馬，那只是極少數中的少數，絕不能以偏概全，一根竹竿打翻一條船。先生在訪問期中，就發現許多感人故事。先生說：「有一次我到臺南視察，利用晚飯後的一段時間，分別訪問同仁的家庭，當訪問到陳檢察官家裏時，我看到兩個年齡差不多八、九歲的小男孩，相對坐在疊蓆上，認眞的在做功課，我就向陳檢察官夫婦讚美他們的孩子很知道用功讀書。同行的臺南地方法院田首席指著其中之一告訴我說，這不是陳檢察官的孩子，是陳檢察官自動暫時收留的一個犯人的小孩子。原來有一個女受刑人，六親無靠，只有這個小男孩，當她犯罪被傳到法院要移監執行時，出家門之際，曾吩咐他的孩子說，如果不見她回來，到法院去找她。結果孩子到了法院去尋找母親，但是滿了三歲的孩子，依法便不能隨同母親入獄的。陳檢察官知道以後，就自動收留這個孩子，讓他和自己的孩子同吃同住，並且還叫他繼續讀書。這種情法理兼顧的表現，實在是使人感動。」❿先生接著又說：「有一些書記官同仁的家庭，我常常看到他們和自己稚年的子女，在小小的屋子裏，一同埋頭苦讀，孩子們在寫功課，父親在默默的閱讀法律書籍，自求進修。更有一些同

❿《往事憶述》第一四八頁。

仁，家口衆多，宿舍太小，一室數用，我晚上進去訪問時，常常在客廳的壁橱裏，採出幾張可愛的小臉來。」⑪

「鄭部長在許許多多家庭訪問中，發現司法人員有許多潛在的美德，在臺北的一次訪問中，見到一位同仁。滿身大汗，正在親身動手做木工，製造克難鷄房，興緻勃勃。又在屏東一次訪問中，見到一位同仁，利用宿舍空地，飼養一羣來亨鷄，雖然工作勞累，而其餘家人均樂此不疲，且津津樂道，營此副業，以彌補家用之不足。再在臺南一次訪問中，發現臺南地院某檢察官自動收養一受刑人孤苦無依之幼童，與其子女同吃同住，並使之繼續求學，同時發現臺南地檢處某書記官與其肄業國校之兒女共桌對讀，鄭部長覩此情景，深受感動，均分別慰勉有加。上述四個眞實事例，鄭部長雖係在無意中發現，但足代表司法人員安貧樂道、刻苦耐勞、悲天憫人、奮鬪向上之精神。鄭部長對於好人好事，理應表揚，故在幾次公開講演中均曾分別提起，不僅一時傳爲美談，同時對啓廸勤勞向上，鼓舞工作情緒，尤具深遠意義。」⑫

如不是先生抱著滿腔工作熱忱，栖栖皇皇深入基層作實地的家庭訪問，不可能發現這許多可歌可泣的感人故事，也無法一掃外界視司法人員爲害羣之馬的誤會！更無法知道司法人員自愛守分苦讀進修的情形，也不會瞭解司法人員生活的清苦而卻又能堅守工作崗位而奉公守法呢！司法

⑪《往事憶述》第一四八頁。
⑫《司法行政一年》五十年七月版第八十三頁。

行政部長在任內能訪問百分之九十九以上司法人員家庭的，除先生之外，絕對找不出第二人。先生卻能把握時代動脈，行事每見創意。曾贏得全國司法人員及眷屬的敬重，以及廣大社會的熱烈喝采。

第三節 倡導「機關學校化」

先生自民國二十九年六月，接任廣東省政府秘書長開始，即大力倡導「機關學校化」。以後的數十年，不論改調何種職務，也從不改變「機關學校化」的主張，提倡人人多讀書，多寫文章，多看書報雜誌，多吸收新知識，即可修心養性，變化個人氣質，對於司法人員來說尤爲重要。

壹、「機關學校化」：「機關學校化，工作教育化」是先生的一貫主張。先生認爲改革司法積弊，扭轉社會風氣，振奮司法人員士氣，肅淸貪汚惡習，提高司法人員素質，健全司法人事，取締司法黃牛等，均以「機關學校化」才是入門之捷徑。

先生就任司法行政部長不久，卽四十九年六月二十二日，舉行司法行政部全體員工動員月會，由先生親自主持，並引述 蔣公「機關卽學校，工作卽教育」的訓示，以及 蔣公指示做事所具備的五種條件，人、事、時間、空間、物，勉勵全體司法人員努力實踐，以達成「機關學校化」的目的。

先生又於四十九年十二月二十五日對司法官訓練所第四期結業學員以「求學、爲人、做事」爲題，再度闡明「機關卽學校」的眞諦。先生說：「我是一個從高等師範學校出身的人，當然是志願從事教育工作，雖然後來沒有繼續從事實際的教育工作，但是始終把自己認爲是一個辦教育的人。在我過去所擔任的工作中，諸如辦理平民義學、小學和擔任中山大學法學院教授和院長等職務，固然是實際的教育工作，其他不論是在廣東省政府秘書長任內，或者僑務委員會委員長任內乃至現在擔任司法行政部長，我都是以教育者的態度來處理事情的。」先生接著又說：「我到司法行政部以後，也是如此的做法，比方我到各地法院監所去巡視的時候，特別重視圖書設備的情形，對於改進獄政的措施，我也寄予無窮的希望。行刑的目的原期犯人去惡從善，理想的監所實際就是一個特殊教育的場所。前些時候，許多同學讀了我在本月五日在中央聯合紀念週的一篇『當前司法行政亟應重視的幾件事』的報告以後，都認爲其中所提到的『無功卽有過』『保守便是落伍』這兩句話曾引起大家的共鳴，但是還有幾句重要的話，各位卻忽略了。那就是我在最後談到改進獄政措施中所說的，要做到『人人有工作』、『人人有飯吃』和『人人有書讀』。所謂人人有飯吃，是要吃較好的飯；所謂人人有工作，是要做更有用的工作；所謂人人有書讀，是要個個受教育。如果全省十多個監所均能朝著這個方向來努力，那麼八千多個受刑人和被告將成爲有用的人，同時監所裏的措施也將更合乎建國的三民主義的要求。受刑人刑滿出獄後，將成爲對社會也有貢獻的新人。此外，我常常勉勵同仁利用各種機會不斷進修。我每到一個法院去巡視，都注意到有關圖書的設備，和圖書購置費的分配，尤其希望所屬各單位的主管，都能夠以身作則，負起『校長』的責任。諸位雖已具有相當學力，但甫入法曹，欲求實務之諳練，仍有賴於誘掖之得人，對資深的同仁，更應虛心請益，不斷自我教育。我時常想：如果能夠早一點或者有多一點的時間來致力於諸位的教育工作，也許對諸位更會有較多的幫助，但是現在還並不算太遲，只要諸位明白『機關卽學校』的道理，那麼，諸位雖然離開這裏踏進另一個機關，但也等於轉換一個學校一樣，在另一個機關裏，諸位一樣可以自我教育，希望諸位能認淸這一點，把握機會，努力學習！」⑬先生三句話不離本行，對「機關卽學校」主張的興趣及信心。

貳、成立聯合圖書室：司法行政部所屬各單位原有圖書室，只能供應各單位閱讀研究，而不對外出借，殊嫌褊狹，先生到職後，發現此一重大缺失，認爲有繼續充實及擴大的必要，並能使所有司法人員廣泛閱讀研究起見，逕於最高法院檢查署、臺灣高等法院檢察處、臺北地方法院及檢察處等單位，暫置臺灣高等法院之圖書室原址，成立聯合圖書室，於民國五十年六月一日開放。並決定每月籌設專款購置書報，以資補充。不久之後報章雜誌，蒐集頗多，所有各單位的司法人員，前往閱讀者甚爲踴躍，尤其法學書刊更是多多充實與購置。先生自從政以來，凡到一個新的單位，必先從「機關學校化」做起。欲達成「機關學校化」必先設置或充實或擴充圖書館，

⑬《鄭彥棻先生言論選集》第三、四、五頁。

再進一步可達成工作效率的提高，本身業務的革新。

第四節　審檢業務的革新

司法工作是以審檢業務爲其重心，其餘工作都要環繞在這一重心的周圍而進行，力求配合完美，才能發揮整體的司法功能。審檢業務，原爲法院執掌，司法行政部是第一、二審法院行政監督機關，但司法行政監督權的行使，依法是以不影響法官獨立審判爲限度。先生到職後再三聲明徹底嚴守此一分際，不得稍有逾越及偏頗。

壹、勤於督導加速辦案效率：先生對於審判獨立及辦案效率，向極重視，從沒有絲毫鬆懈或延誤。可分三點說明如下：㈠實施考察辦法：辦案有三項準則，便是合法、適當、迅速。既要求妥，又要求速，而妥比速尤爲重要。本此原則，先生卽定有第一、二審法院推檢辦案成績考察辦法，已實施有年，每年將每一推檢的辦案成績分爲結案件數，結案日數，及辦案正確性三項，依照一定的比例，予以核算，然後互相比較，定其名次，作爲考績和獎懲的重要參考，其中以辦案正確性一項，以案經上訴抗告後的維持率爲主要依據。由於各類案件內容繁簡不一，此種考核尺度並非理想。但在現行審級制度之下，以上訴審的判決爲衡量的重要尺度，自是比較可採的辦法。㈡加緊業務檢查：在司法行政部，先生到職後，特設業務檢查室，所屬各級單位也設有專室並派專人司掌其事，並詳訂檢查辦法，由業務單位按時自爲檢查，逐級報核。所檢查的項目，最初著重於若干與訴訟人民最有利害關係的事項，如準時開庭、公布主文等等，現在進而就各單位重要業務，分項比較，以爲單位的成績，而後核定各單位的等次，期收互相觀摩策勉之效。㈢審查調閱卷判：法院判決確定案件，應依判決書類送閱辦法規定，報部審閱，如有違誤，隨時指正，並將此類指正事項予以彙編印發，以供辦案參考，而免再有違誤。先生並按時抽閱案卷，考察推檢辦案是否適當迅速，因爲僅僅審閱判決書而無原卷核對，考查工作可能不夠切實。如遇人民陳訴，先生均以最愼重的態度加以處理，或則檢查，或則調卷，期明責任。其有砌辭誣告者，則予陳訴人以嚴正處理。

除以上措施之外，先生對於視察工作，特別重視。或爲專業視察，或爲定期的一般性視察，期於視察過程中，就地解決各項實務問題，加速審檢業務的進行。

貳、舉行司法行政檢討會議及重要議案：先生到任後的當天，即展開全省各地業務的巡察，並將所看到的優、缺點，應興應革，都一一的詳細記載下來，於四十九年七月二十二日上午九時開幕，召開一年一度一連四天的司法行政檢討會議，這一會議，以前都是在臺北司法大厦舉行。先生爲了大家都能認眞開會，認眞檢討，徹底改進缺點，特改在市郊青潭薈園舉行，由先生親自主持。出席人員有司法行政部政務、常務次長，各司室主管及最高法院檢察署檢察長、調查局長、臺灣高等法院、各地方法院、檢、監、所首長一百二十人。所有與會人員之食宿均由公家統籌供應，俾能專心開會，不浪費時間，大會開幕典禮時，行政院王副院長蒞臨致詞。先生並在會中提示下列四點：㈠要認眞開會。㈡要踴躍發言。㈢要徹底檢討。㈣要接受批評。俾使會議開的有效而圓滿。

先生於開會前一個月，即作充分的準備。曾預擬：㈠民事裁判如何求其適當。㈡如何改善加強民事案件的執行。㈢如何加強自動檢舉發揮檢察功能。㈣刑事案件如何求其妥速以增加司法效能。㈤改進獄務措施等中心議題共十二則，發交各法院、檢察署、監獄、看守所詳爲研究，提出意見。先生自己也提出四個中心議題，請大家共同討論：㈠如何建立優良的司法風氣。㈡如何健全司法人事制度。㈢如何加強便民措施。㈣如何發揮行刑效能。在三天的會議期間，先生和全體與會人員同住在一起，生活在一起，開會在一起，共同起居，共同檢討。在一次的會議中，經大會通過「建立優良司法風氣」等五十九項議案。

先生認爲工作的推行，都必須有起點、有順序、有計畫、有目的、有執行、有考核，因此先生便確定今後從事司法行政努力的目標和途徑：㈠以人事革新爲先務，而以健全司法人事制度爲目標。㈡以監所革新爲起點，而推行三民主義的管教措施爲目標。㈢以維護審判獨立，改進審檢業務，提高司法威信，維護人民權益爲目標。㈣以改進司法行政，推行便民措施，來提高工作效率，加強爲民服務爲目標。

先生擔任了七年半的司法行政部長，每年都有不同的進步或革新。但以上的四個目標，從未改變，按照進度實施，不斷的推行和改進，直到完全達成目標爲止。

司法行政部自四十九年開始，每年七月都有一次司法行政檢討會議，藉此會議，大家開誠佈公坦率誠實，檢討過去一年的成敗和得失，釐訂今後努力的方向。檢討會在政府所有機關裏，可能都有舉行，是否認眞而徹底，則不得而知。先生特別重視此一檢討會議，並力求貫徹大會的決議著有成效。試就先生四十九年十二月二十五日對司法官訓練所第四期結業學員說的一段話，可以想見對檢討會議的認眞而要求嚴格。先生說：「檢討的工作不僅對個人有其必要，對於一個機關來說，也是非常重要的，一個機關的工作，如果不時時加以檢討，是不會有進步的，我是抱持有檢討才有進步觀念的人，所以我主持任何機關，每星期必定有一個檢討的機會，我在抗戰期間主持三民主義青年團中央團部宣傳處長的時候，每週必定擇定某一早晨，召集有關同仁就工作上的優點和缺點，提出來切實討論。我在僑委會委員長任內，除每週舉行工作會報外，並於每屆半年或一年的時候，均分別舉行檢討會，從不間斷，對僑務工作的進展，獲得很大的幫助。到了司法行政部以後，每星期也均有一次工作會報，每次將檢討的結果，編成簡表，印發各單位依照辦理，本年七月的時候，我們還舉行了一次全國司法行政檢討會議，並且主張改變過去在臺北司法大廈內舉行的集會方式，特別在郊區借了一個清靜的地方來開會，使參加會議的人，都能摒卻雜務，專心致志的檢討，結果非常成功。」⑭先生主張檢討是進步的基點，其來有自。

---

⑭《鄭彥棻先生言論選集》第十八頁。

這一司法行政檢討會議，每年七月定期舉行，歷時三、四日不等，六年來從未間斷，所定的中心議題，大多以此爲範圍，例如五十四年的檢討會議，重要議案有下列各項：㈠對於最高法院廢棄或撤銷原判案件，應綜合分析其原因，以供參考。㈡二審法院合議制之實施，應要求切實改善。㈢發揮民刑訴訟法上言詞辯論之精神。㈣民事遲延未結案件，儘速清理，限期結案。㈤民事判決事實及理由，力求完備，避免遺漏或矛盾。㈥民事執行及財務執行實務上所遭遇之困難問題，應謀求解決。㈦刑事案件應切實遵照審限，督促進行，以免延滯。㈧刑事案件調查證據，應力求詳盡。㈨審愼辦理通緝，並儘速清理。㈩刑事被告之羈押，多求審愼合法。

這一會議在先生嚴格叮嚀督促之下，年年有進步，議案更形審密，收效甚著。

叁、修訂司法法規：我國近年來，由於社會情勢之變遷，先生爲了迎合時代的迅速演進，適應社會需要，司法法規檢討整理委員會對於現行有關司法之法律及司法行政法規性之命令，隨時檢討修訂。先生擔任部長之六年中，共舉行全體委員會議六十二次，小組會議一百二十九次，計研討草擬修訂之法規三十七種，其名稱如下：

㈠民事法規：

①非訟事件法。

②非訟事件法施行細則。

③法人登記規則。

④夫妻財產制契約登記規則。
⑤外國法院委託事件協助法。
⑥鄉鎮調解條例修正，第四、第十四、第十九條條文。
⑦戡亂時期罰金罰鍰裁判費執行費公證費提高標準條例。
⑧商務仲裁協會組織規程。
⑨商務仲裁費用規則。

㈡刑事法規：
①少年事件處理法。
②少年觀護所條例。
③少年輔育院條例。
④少年管訓事件審理規則。
⑤少年管訓事件施行細則。
⑥少年管訓事件執行辦法。
⑦少年法庭處務規程。
⑧保安處分執行法。
⑨職業訓導所組織條例。

⑩保安處分處所戒護辦法。

⑪感化教育累進處遇規程。

⑫感化教育作業規則。

⑬刑事訴訟審限規則。

⑭刑事訴訟具保責付辦法。

⑮中美共同防禦期間處理在華美軍人員刑事案件條例。

⑯中美共同防禦期間處理在華美軍人員刑事案件注意事項。

㈢監獄法規：

①監獄條例。

②看守所條例。

③外役監條例。

④更生保護法。

⑤司法行政部所屬各監所作業勞作金計工給付辦法。

⑥臺灣監所管理員遴用辦法。

㈣人事法規：

①調度司法警察獎懲條件。

②高等以下各級法院推檢結案計數標準。

③第一、二審法院推事檢察官辦案成績考查辦法。

㈤其他：

①冤獄賠償法修正第三條文。

除此之外，當時司法行政部法規會，正在進行強制執行法之修訂。

肆、舉行司法座談：先生到職後，規定各法院都必須舉行司法座談會，旨在研討各項法律問題，交換學識經驗，溝通法律觀點。座談的結果，如果未獲結論，或有結論而仍有存疑，則層報司法行政部核覆。累年依循這一途徑研討解決的法律問題，已有一千餘條，陸續編印《法律問題彙編》八册，分發參考。

民國五十五年二月，臺灣高等法院復依照司法行政檢討會議決議，召集一、二兩審法院院長、庭長及資深推事，舉行全省性的法律座談會，並邀請司法行政部各司法單位主管及最高法院庭長列席，就近年實務上所發現的法律問題，歷審法院持有不同見解者，逐一提出，共同研討。計民事、刑事各六十餘題，經研討後多已獲致結論，這一個擴大座談會，爲以前所未有，乃先生到職後所增設，是革新審檢業務措施之一，對溝通歷審法律見解方面，頗多收穫，足使歷審辦案績效，普遍提高。

伍、舉行檢察官會議：先生爲了提高檢察權的行使及加強檢察權的功能起見，特指定臺灣高等法院檢察處於五十四年十二月間，舉行一次全省性的檢察官會議。各地方法院首席檢察官及檢察官互推代表計有七十五人參加此一會議。會中就檢察工作多年來發生之各項缺失，均能一一具體列舉，提出研討，謀求改進。例如對如何嚴密查證，革除草率弊病；如何發揮自動檢舉的精神以防衞社會；對訊問、拘提、覊押、通緝，應如何力求審慎，以保障人權；如何切實莅庭，以貫徹言詞辯論主義；徒刑、拘役之執行，如何求其迅速，以樹立法信；以及如何加強便民措施等各項重要問題，與會人員均各就辦理實務之經驗，提出具體意見，研求改進方案，嚴予督飭實施，以達成檢察功能之充分發揮。

陸、設立司法革新專案小組：先生爲達到審檢業務的早日革新，計日程功，曾指派司法行政部高級人員成立專案小組，研究革新方案並負督促執行之責。專案小組不久即提出改進方案多項，決定先從臺北地區實施，樹爲楷模，而後推及全省。其間就關於加強民事執行，清理通緝案件等項，已見成效。又鑒於當時臺北高、地院由於案多人少，法庭不敷，致使案件的進度，備受影響，甚至於減低辦案的績效，自當速謀解決，故對於增建法庭一項，也已擬訂計畫，預籌經費，不久便告開始實施。

柒、貫徹刑事政策：先生認爲這是處理刑事案件的基本方針，自犯罪的預防、檢舉、偵查、審判以至於執行，每一環節，必須本此方針，貫徹到底。先生舉出三點加以說明：㈠若干危害社會治安，惡性重大之案件，如殺人、煙毒、瀆職、貪污、盜賣軍用品等，必須從嚴辦理，從速執行，以遏亂萌，而收懲一儆百之效。(二)竊盜及違犯票據法案件，此類犯罪佔犯率第一、二位，一般認為量刑過輕，不足以昭炯戒，但法院論罪科刑，當就各類案件衡量輕重，以求平允。自戡亂時期竊盜犯、贓物犯、保安處分條例施行以來，此類犯罪之處理，重點在予以強制工作及感化教育，強制工作為期五年，並得延長二年，如果這類處分實施得宜，執行認眞，竊盜自會減少。再就違反票據法事件而論，也不是只靠重刑所能遏止，問題關涉到社會經濟及金融管理，先生曾就此一問題作過專題研究，深得金融各界的重視與合作，近年來此一事件，已逐漸減少。(三)通緝案件的清理，為年來高、地院檢察處的重要工作，其中以違反票據法而被通緝者為最多，據五十四年統計，佔全部通緝犯百分之六十三。經清理結果，一年間撤銷通緝者，計有四萬四千九百餘人次，其中違反票據法案件佔百分之八十。自五十四年四月至十二月收到執行罰金五千八百六十一萬餘元，績效良好。無形中對於通緝犯行險僥倖的心理，予以嚴重打擊，實為防戢犯罪的重要步驟。就貫徹刑事政策而論，先生在這一方面已經有了相當的成就。

捌、重視科學求證：先生為了要求法院辦理民刑案件與特定調查保防事項之求眞求實起見，司法行政部調查局負責科學技術單位，年來盡力充實科學儀器設備，增建科學技術大廈，羅致培養科學人才，以適應各方要求，從事各種科學檢驗鑑定工作與運用科學技術調查犯罪等，總計五十四年一年之間，即有五萬九千九百餘件，其中檢鑑工作，配合各級司法審檢需要者，達百分之七十左右，對審檢業務之加強，極具功效。

以上是先生在革新審檢業務方面所作的努力與貢獻。

第五節　編纂司法叢書

先生爲改正司法行政上的缺點策勵未來以及普及法律常識，每年都要編纂一種或多種司法叢書，一來可作爲自己工作檢討的依據，二來可以推廣法律知識，減少社會犯罪行爲，穩定社會治安，更可作爲全體司法人員的進修研究和切磋。

壹、《司法行政論集》。共有八輯。乃先生就任司法行政部長兼司法官訓練所所長七年半的時間中，對司法官訓練所學員的訓勉與提示。先生本其堅強的奮鬪意志，精湛的學識及豐富的經驗，改進司法的抱負與誨人不倦的熱忱。吉光片羽，足以發人深省，深具敎育價值。從文章的字裏行間，更可體會到先生愛護司法的胸懷和崇法務實的作風，足可作爲吾人的榜樣。全書共蒐輯一百三十篇文章，六十九萬五千八百餘言，乃先生親自撰稿，勉勵司法官所具備之學養，應符合下列各點：法學要精研、常識要豐富、文理要精通、事理要明達、操持要謹飭、治事要忠勤、還要安貧樂道。先生苦口婆心，耳提面命，常以積極的態度和感人的熱情，或個別談話，或專題講演，陳義精微，見解獨到。不僅對全體司法人員具有引導啓發作用，更可作爲現代靑年做人、求學、處事的法典，如能研讀是書，必然受益無窮。民國五十六年七月由司法官訓練所出版，斯編坊間不多見，本書並未對外發行。

貳、《司法行政一年》。共有七册，乃先生任職司法行政部長的全部奮鬪歷程。其內容乃報導司法行政部及所屬各機關一年來的施政實況，分一般行政、民刑事業務、監所業務、調查與保防、司法行政檢討會議、研究與發展、戰地司法概況、慶祝司法節、回顧與前瞻等，記載當年成果及革新進度，文句乾淨俐落，不假雕章琢句，自然流暢，閱讀此書，可窺其七年來司法改革之全貌。以上七册，坊間無售，已成為司法史上最珍貴史料的一部分。

叁、《七年來的司法行政大事記》。本書是先生任職司法行政部七年又六個月，凡有關司法行政部所屬各司法機關發生之事事物物，本書均有提綱式的記載，內容多具有歷史性、代表性、教育性、政治性或法律性，均由先生在日理萬機繁忙之餘，執筆逐年記載交由該部陳志川先生摘要整理而成，共分為七大部分，包括人事升遷、行政改革、視察業務、出國訪問、慶典活動、規章製訂、重要會議等，提綱挈領，簡潔扼要，精警流利，文筆洗鍊，欲知先生從事七年來的司法建設與貢獻，閱讀本書，可一目瞭然。都八萬七千餘言，民國五十六年七月，由文瑞印刷公司印行。本書可與《司法行政論集》（共八册）、《司法行政一年》（共七册）相互印證閱讀，能收牡丹綠葉之效。

肆、編纂《法律問題彙編》：《法律問題彙編》一書，可能在前任部長任內已開始發行，先生到職後，是從第四輯開始，再擴大其範圍，充實其內容，本書是將司法行政部所屬各法院、檢、監、所按月舉行司法座談所討論的法律問題，經整理後刊行者。內分民事及刑事兩大部分，共有二百六十至三百條不等的法律問題，到先生離部時，該書已出至第十輯，出版的目的，是藉著司法座談會，鼓勵司法人員進修，交換實務經驗，並促進研究風氣，以期辦理審判能做到合法、適當、迅速的要求。做爲法律問題的研討，而純爲學術性。本書的出版可作爲司法人員研究進修的法律叢書。是書雖然在先生之前已經發行，可是經過先生的整理擴大篇幅，其內容更爲精彩充實了。

伍、編纂《中華民國司法法令彙編》：本書從先生到任，已共出版了十輯。其內容是將有關司法業務的法令，全部輯錄在內，計有法律十五種以上，命令六十幾種，內容包括憲法及其有關係的法令、民事法令、刑事法令、監所法令、人事法令、主計法令、司法行政法令，並增列甚多有關外滙業務法令，並附編中華民國司法法令彙編正續編現行有效法令總目錄，可供司法人員及外界辦案人員的參考，該書查考方便，但每年內容都稍有更動，內容不盡相同。

陸、出版《司法通訊》：司法行政部自五十年九月三十日，即先生到職的第二年，又發行了一個定期性的刊物，定名曰《司法通訊》，每週發行一次，內容報導各地司法消息，司法人員動態，各種新法令的頒行或修訂，另外還有社論，司法人員有關法律見解的文章。甚至於還有許多詩詞歌賦散文等文藝作品，取材豐富，司法人員人手一册，讀來趣味無窮，不忍釋手。先生創辦此一刊物，原爲訓練司法官訓練所的學員創作和寫作能力。全體司法人員及訓練所學員，都極感興趣，久而久之，對每一位司法人員的寫作能力，大為提高。自創刊以來，已發行了一千期以上，足見該刊的發行具有價值，此一刊物的出版也是先生本著「機關學校化」，以教育的眼光來著眼的。

柒、出版《司法專刊》：《司法專刊》，也是先生到任後創設的重要刊物之一，每月出版一次，每月十五日出版，每期內容有特載、法規、命令、資料、附錄五欄。特載欄刊載司法行政部鄭部長及其他長官之訓詞。法規及命令欄刊載司法業務有關法令，每期均有二十至三十則之譜。資料欄刊出司法人員進修資料和成果。例如各國刑法的譯文或司法人員參加重要講習的報告。附錄欄刊出司法院大法官會議解釋、最高法院判例、司法座談會法律問題研究等。本刊的發行，對司法人員及各界辦案或進修，都有很大的貢獻。

捌、出版《法學叢刊》：《法學叢刊》為一季刊，由司法官訓練所主辦，為我國唯一闡揚法學精神之鉅型刊物，每年出版四期，內容刊載法學論著，由國內外著名學者及實務專家執筆，近期還選載司法官訓練所第五期學員的最優秀作品，為國內外法學權威刊物。

玖、出版《部令彙編》：本書係彙集司法行政部自民國三十九年一月起至五十年十二月止。有關民刑事監獄業務之部令，計有民事部令約二百四十件，刑事部令約二百件，監獄部令約一百六十件。耗費相當時日，整理完竣，付印出版問世。

拾、出版《今日司法》：此為一彩色中英文對照畫刊，就先生到職後之司法進步和業務革新概況，作有系統的介紹。到民國五十五年，司法行政的革新確實進步很多，先生爲了使海內外人士及各界明瞭此一進步情形，特編印《今日司法》第二輯，並以文圖並茂的方式詳細說明。因爲設計新穎，美觀大方，圖片又多珍貴，獲得社會各界及讀者之好評。

拾壹、出版《刑事裁判指正事項彙編》及《民事裁判指正事項輯要》：司法行政部對於高等以下法院之民刑事裁判，按時審閱，如有違誤者，即予指正。爲了便利各級司法人員查考及研究起見，將足資參考者，按各該指正所涉法條之次序，編印成册，期能在適用上減少錯誤，以增加辦案之正確性，此書爲先生到職後所出版系列司法叢書之一，採取彈性出版，先後於五十三年七月二十日及五十四年三月二十日出版兩期。

拾貳、出版《法律常識》：先生爲擴大及普及法律常識，商請國內公私營廣播電臺，將已播講的一百篇法律問題廣播稿，彙編出版《法律常識》第一輯。五十五年司法節又將後來播講的一百篇法律問題廣播稿，彙編出版《法律常識》第二輯。因內容適切大衆需要，售價又很低廉，頗受社會人士的歡迎。

拾叁、出版《犯罪問題研究報告》：先生到職後，鑑於社會犯罪問題之嚴重，指示設立犯罪問題研究中心，對於所研究犯罪問題獲得結論後，均出版研究報告，先後完成竊盜犯、違犯票據法、少年犯、殺人犯、煙毒犯、瀆職犯六種犯罪研究報告，自出版以來，甚受各界之重視。

拾肆、出版《戡亂時期罰金罰鍰裁判費執行費公證費提高標準條例有關法律及釋疑》：司法行政部根據五十三年度非常上訴統計資料及審核刑事裁判之結果，發現刑事裁判錯誤，多係由於適用「戡亂時期罰金罰鍰裁判費執行費公證費提高標準條例」之不當，有應適用而未能適用，有不應適用而誤為適用，或適用法條錯誤者。考其原因，係因該條例實行後，各主管機關依該條例公布提高罰金倍數之法律繁多，且均散見於政府公報，為六法全書所未備載，推檢辦案查閱適用，至感困難，一有疏漏，裁判隨之錯誤，而有關該條例適用上之解釋或提示注意事項前後亦不一致。司法行政部為求審檢業務之改進，特將該條例施行兩年來各種有關之法律與解釋及部頒注意事項，加以蒐集整理，編印本書，就適用有關法律，詳加例示，分發所屬應用，以期提高裁判之正確性。

除此之外，司法行政部尚出版《中華民國法制資料彙編》、《法令月刊》、《竊盜犯問題之研究》及《違犯票據法問題之研究》等書，因限於篇幅，不再贅述。

研讀以上各書，可知先生在這七年當中，做了多少事，費了多少心機，流了多少汗水，更可瞭解先生對於司法行政的改革和決心。先生向以「人生以服務為目的」、「服務就是領導」、「服務為快樂之本」、「為人就是為己」等四句格言，作為待人處事的座右銘。先生出任司法行政部長，常以「外行人來學習」的謙遜態度，本著「即知即行，行以求知」的哲理，以及 國父的「能知即能行，不知亦能行，有志者事竟成」的訓示來做事的。先生擔任司法行政部長七年來的努力，表現傑出，勳績卓著。

第六節　改善司法人員生活

從先生親自訪問了一千五百餘戶司法人員家庭之後，已深深的體認到司法人員生活的清苦，已經到了很嚴重的地步。管子說：「倉廩實則知禮節，衣食足則知榮辱，上服度，則六親固，四維張，則君令行。」所以，要想發揮司法功能，提高司法人員的工作效率，首先必須改善司法人員的生活，應從三方面著手。第一、必須提高司法人員待遇。第二、減輕工作負擔。第三、加強福利措施。

壹、提高待遇刻不容緩：當時的司法人員待遇，是民國四十五年訂定的，簡任司法官月支工作補助費五百元；薦任司法官月支工作補助費四百元；記錄及執行書記官月支工作補助費二百元；法醫月支工作補助費三百元；委任檢驗員月支工作補助費二百元；各監獄及看守所醫師比照月支工作補助費二百元。法院薦任一級推事月薪包括職務加給在內，僅四九〇元，連同補助費四百元，只有八百九十元。與英、美、日等國司法人員待遇相比較，固然相差甚遠，就是與國內若干公營事業或美援機關人員之待遇，亦是瞠乎其後。茲值物價上漲，生活困難，提高司法人員待遇，刻不容緩。於是先生立即準備了有關資料，於民國五十年二月二十四日，也就是先生到職後的九個月，在總統府的一次月會中，向　領袖提出報告。題目為：「當前司法行政工作的幾個重要課題。」一、合理減輕司法人員的工作負擔問題。又包括：㈠增加員額，添設法院。㈡疏減訟源。二、改進司法人員生活問題。又包括：㈠提高司法人員合理的待遇。㈡改善司法人員福利。㈢改善司法人員住的問題。三、培養及儲備法學人才問題。四、院檢調查局監所設備之現代化問題。先生向最高 領袖蔣公詳細說明了司法人員待遇的嚴重性及有關問題，先生這一呼籲，果能語驚四座，得到了各界的共鳴與支持。 領袖聽到了先生的報告後，尤爲關心和重視。不久，行政院便核准司法人員補助俸調整爲百分之五十，數額雖然不大，顯示先生爲關心僚屬生活有了結果，對於提高司法人員的工作士氣，鼓舞很大，所有司法人員聞訊之後，無不雀躍興奮。

貳、擴充編制增加員額：當時司法人員的辦案負擔，確實也已到了不能負荷的地步。根據四十九年二月份的統計，各法院受理民刑事案件，多達數十萬件，已較十年前增加了七倍以上，而原有一、二審推事和檢察官的辦案負擔，都已超過了部定辦案標準，要想使每一案件都能辦得迅速確實，實在是不可能的事。古人云：「急趨無善步，欲速則不達」，並且還會忙中有錯。諺云：「人命關天」，豈能馬虎草率。民國四十九年六月，先生剛剛到任數日，臺北地方法院陳慕彬推事，臺中地方法院任樹光推事，都是因爲負責認眞，抱病加班，勞累過度，不幸病發猝逝。這兩位法官眞可以說是鞠躬盡瘁，死而後已，完全是爲辦案而死。因爲生前操守清廉，兩袖清風，身後蕭條，幾乎無以爲殮，所遺妻子兒女生活無著。其他司法人員，日間問案，夜間趕寫裁判書，幾乎是夜夜加班，但並沒有加班費，工作之繁重可想而知。因此各地司法機關擴充編制，增加員額，已到了迫在燃眉的時刻。先生懷著「民吾同胞，物吾與也」的仁慈心腸，大聲疾呼合理減輕司法人員的負擔，乃於民國四十九年十一月間，也就是先生到職後的五個月又十五天，即呈奉行政院核准，自民國五十年元月份起，全省各級法院，增加推事及檢察官六十六人，增加書記官六十六人，庭丁技正二十人。另外還增加了辦理財務罰鍰案件人員，計庭長和推事二十一人。所需經費由臺灣省財政廳負擔。同時自四十九年司法官訓練所第四期結業學員開始，到五十六年第七期結業學員，分發工作者有三百餘人。這些生力軍補充到各法院從事實際辦案工作，先生到部數年之後，司法人員的辦案負擔，有了很顯著的改善，先生雖然費了很多心血，總算有了眉目。

叁、興建司法新村解決住的問題：興建司法新村，解決住的問題，是改善司法人員生活重要環節之一。在先生親自訪問一千五百餘戶司法人員家庭之後，所看到的均為一室數用，一家八口一張床，全是住在一間斗室蝸廬之中，住的問題已經到了非常嚴重的地步。先生常以「先天下之憂而憂」的胸懷，關心部下的困難，同情他人的遭遇，司法人員生活一天沒有改善，先生的奔走請託，便一天不能停止，便在五十年度的司法費用預算中，增列了新臺幣五百萬元，專門用來與建司法人員宿舍之需，這項預算，以後連續了許多年。先生並將這筆款項，以相對基金的辦法，並鼓勵各地司法機關，配合節省經費，興建司法人員宿舍。到民國五十五年為止，先後在宜蘭、基隆、臺北、新竹、臺中、嘉義、臺南、高雄、屏東、花蓮、臺東等地，共興建司法新村六百五十五戶，同時也興建「司法之家」各一處，總算是解決了大部分司法人員住的問題。司法人員及眷屬生活安定了，司法人員士氣得到了鼓勵，工作效率提高了，便民工作進步了，先生也感到高興與安慰。

肆、開闢財源補助津貼：上文提到司法人員待遇的調整，雖然行政院准予提高百分之五十，但在當時政府財政確實很困難，如再請求政府調整，那是絕對不可能的事。先生爲了謀取司法人員福利，確實挖空了心思，後來終於想出一個兩全其美的辦法，由司法行政部草擬「罰金、罰鍰、裁判費、執行費、公證費提高標準條例」草案，呈請行政院轉送立法院審議，如能通過，司法人員收入，最少可以增加一倍以上，既可節省政府的財源，又可調整司法人員的待遇，一舉兩得。當這個條例提出後，出乎意料的，竟有立法委員表示反對，殊不知這些司法規費的徵收標準，是民國四十年元月所訂的，與民國五十年的社會經濟情況，已不符合。當時的離婚裁判費，只收新臺幣十一元七角，折合美金三角，根本收不到處罰作用。

先生爲了改善司法人員待遇，就必須實施這一草案，先生爲屬下謀福利，是持以「鍥而不捨」的精神，有一段時期，先生利用午餐及晚餐的時間，獨自留在部長辦公室裏，不厭其煩的一一打電話向有關人士懇求幫忙。先生形容說：「有舌敝唇焦之感」[15]經過先生的一番辛苦及拜託，這

---

[15]《往事憶述》第一五一頁。

一草案終於在民國五十年五月，經立法院通過，六月二十日，呈請行政院公告實施。這一措施，增加了司法人員的收入，也爲政府開闢了財源，也改正了司法行政不合理的措施。

伍、提高司法人員官階俾以鼓舞士氣：先生認爲提高司法人員官階，也是改善司法人員福利的一個重要因素，當時司法人員的官階，是民國三十年前後制定的。法院組織法的規定，與當時的地方行政人員相比較，確實是很高的，但二十餘年後，地方行政人員的官階，都已提高了許多，而司法人員的官階仍然未變，各縣市的警察局長，都是司法警察官，有協助司法官執行職務的責任，而警察分局長並應聽從推事、檢察官的指揮。但地方政府的縣市長和警察局長的官階，都比司法官高的多，連鄉鎭公所的秘書和課長，也和地方法院院長、首席檢察官、推事的官階相等，甚至於地方法院的書記官長、地方法院檢察處主任、書記官等都是委任職。反而不及人事、會計、統計等單位的主管人員官階高，這種情形當然不公平，不合乎常情常理，更不合乎體制。經過先生多次詳細研究分析之後，提出法院組織法修正案，經行政院核准，送請立法院審議，於民國五十八年四月立法院三讀通過，而司法人員的官階終於得到合理的調整。先生於五十六年十二月六日奉調離部。這正是所謂「前人種樹，後人乘涼」，迄今所有司法人員對先生的熱心照顧，已深深刻印在每一位司法人員的心版上，尋根固本，飲水思源，所有的司法人員永遠忘不了先生的熱心和愛護。

陸、增進司法人員福利：增進司法人員福利，安定司法人員生活，是提高工作效率的最有效方法。先生爲司法人員所謀取之福利，除了以上提高待遇、擴充編制增加員額、興建司法新村、開闢財源補助津貼、提高司法人員官階等重大措施之外，尚有以下八項舉措，也是値得一提的。㈠鼓勵司法人員子女向學，減輕學費負擔；先生派專人經與嘉新水泥公司洽妥，設置司法人員子女奬學金，高初中各二百五十名，每學期高中每名三百五十元，初中每名二百五十元。自民國五十四年三月起，先後辦妥兩學期，審查合格者共一千零二十一名，頒發奬學金新臺幣三十萬三千零五十元。這是先生以各種有效的方式而爭取來的。㈡興建臺北聯合診所。當時中央信託局公保門診，尙未建立，司法人員及眷屬的醫療問題，十分迫切需要。臺北聯合診所興建成立後，給予臺北地區的司法人員的醫療方便，並可減輕個人的財務負擔，人人稱便。㈢改建司法人員餐廳。㈣第二司法人員招待所的增闢。㈤法衣的全面換新。㈥交通車輛的添購。㈦康樂活動的舉辦。先生到職後，認爲司法人員，整日案牘勞形，心身必須作適當的調劑，以鬆弛其工作情緒，因此先生特別注重康樂活動，同時還要顧及每人興趣與需要，且富有寓樂於敎的意義。例如，各種棋類、球類比賽、郊遊摸彩、電影晚會、國劇晚會、歌唱、舞蹈等。單就四十九年八月份起，先後舉辦國劇晚會四場，康樂晚會一次，電影欣賞十六場，每舉辦一次，都要仔細檢討，期能達到調劑身心，增強工作效率的最大功能。

第七節　司法人事的革新

人是萬物之靈，人定勝天，人事是政治的根本。崔垂言先生《蔣總統政治思想》說：「中國的政治哲學，一切以人爲本。」又說：「如何使人盡其才，這個問題，可以分作幾層來說，第一要從積極方面講，就是要注意訓練人才，識拔賢能，做到國父所說：『教養有道，天下無枉生之材；鼓勵以方，則無抑鬱之士；任使得法，則朝無倖進之徒。』曾國藩也說：『人才有轉移之道，有培養之方，有考察之法。』又說：『得人不外四事，曰廣收愼用，勤教嚴繩。』這些都是訓練人才，任用人才，達到人盡其才的要訣。」

壹、爲政在人，事在人爲：人事行政在一般行政事務當中，居於領導地位；在司法行政方面，關係尤爲重要。因爲徒法不能以自行。司法風氣的良窳，司法效能發揮與否，與政府威信民心歸向，息息相關，都要依賴人事去推動，而司法人事遍及院檢局監所等個個單位，實以推事、檢察官最爲重要。推事及檢察官辦案，必須具備豐富的經驗，高深的學養，才能夠獨當一面。憲法有明文規定：「法官爲終身職」、「法官依據法律，獨立審判，不受任何干涉。」所以司法行政部長，不能以政治權力，影響或干涉法官獨立審判；調查局人員對於特定範圍，都有調查及保防的職責，監獄及看守所也有特定的職責範疇，所以整個司法人員的配備，不能不特別謹愼，務必使考、選、訓、用，事得其人，而後才談到一切革新措施，先生到職後，就以人事行政的革新為司法革新的先務。

貳、加強司法官訓練：先生認為提高司法人員待遇，減輕司法人員負擔，增進司法人員福利，只是消極的人事革新。在積極方面，就必須加強培養司法人才，提高司法人員素質和工作能力，健全司法人事制度。

司法官訓練所，是培養司法人才的搖籃。所長一職由司法行政部長兼任，司法官訓練所業已畢業三期，到先生接任時正是第四期司法官即將畢業。先生向極熱心教育，同時先生認為要培養一位優秀司法官，必須從養成教育開始。先生在四十九年底，第四期學員結業之前，只剩下三個星期，先生為了爭取時間，加強司法官的人格教育，品德教育，敬業精神教育，愛國思想教育，先生曾化費了許多功夫，犧牲了所有假期和星期天。先生食宿均在司法官訓練所內，俾便和學生多見面、多接觸、多認識、多瞭解，且施行個別談話，並舉行許多次生活座談會，很耐心的聽取學生們的興革意見和受訓感想。更值得一提的是民國四十九年十二月二十五日行憲紀念日，是國定假日，全國放假一天。而先生卻是一生當中最忙碌的一天，從早晨五時起床，就與每一位學員很親切很和藹的竟日閒話家常，並虛心接受學生們對司法行政應興應革的意見及批評。隨後並分就㈠生活卽戰鬪。㈡機關卽學校。㈢工作卽教育。㈣知識卽權力。㈤能知卽能行。㈥力行就是革命。㈦為人就是為己。㈧服務就是最好的領導。㈨檢討是進步的基點。㈩奮鬪是生存的要件等十個單元為題，向全體學員講話兩小時，這是先生幾十年來求學為人做事的寶貴經驗。由於先生的精力充沛、熱誠感人、語氣中肯、聲音宏亮、內容精闢，先生講話雖然長達兩個多小時，學生無不聽的津津有味，忘記了疲勞。直到晚上十時才結束了這一天緊張而忙碌的活動。自司法官訓練所成立以來，部長兼所長，如先生之學不厭教不倦，熱心認真，親切踏實者，恐難找出第二人。

嗣後每期學員結業或分發之前，先生也都作同樣而懇摯的講話，親切的閒話家常，交換意見式的座談會。每週必定有一個早晨到訓練所主持升旗典禮並講話。直到先生離職的前兩天，也就是民國五十六年十二月四日，先生還以兼所長的身分主持第八期司法官訓練所的升旗典禮，同樣還講了兩個多小時的話。講題為：「從工作經驗談敬業精神」，勉勵學員們體認　領袖召示的「工作就是事業」⑯的真諦。如何發揮敬業樂羣的精神；如何養成自己成為一個優秀的司法官；如何自立、自治、自強，以及必須做到守時、守分、守法、守信、守密的五項守則。作為全體結業學員的臨別贈言。先生之加強司法官訓練，謹慎勤敏，全力以赴，以身作則，有始有終，醉心教育，樂此不疲。凡是認識先生者，無不是以「教育家」稱道先生。

叁、修訂司法官訓練所的課程：自先生接長司法行政部兼所長之後，對司法訓練所的課程和內容，就不斷的革新或修訂。以期達到盡善盡美。㈠課程方面先後增加了審判心理學、理則學、

⑯《往事憶述》第一五三頁。

應用文、財稅法規、選舉法規、觀護制度等。㈡講授內容方面，是以理論講授、研習實務及質疑討論三者並重，提高學生對實務的研討與趣。㈢實習方面，第四期學員實習原爲四個月，第五期增至五個月，第六期增至六個月，第七期增至八個月。至於學生品德與生活規範，自第五期起，實施學員輔導制，抽調前期結業優秀學生二至三人，留所擔任輔導員，與受訓學員共同生活，這種亦師亦友，俾收潛移默化之效果。由於學習與實務並重以及實習期間之延長，該所結業學員分發服務以後，成績表現較以前熟練穩健，而品德之表現，均較以前更爲良好。

肆、提高司法官的國文程度：先生認爲要想提高司法官的程度，就必須從根本上著手。因爲司法官訓練所的學員，都是經過司法官高等考試或特種考試及格的。先生特別強調做一個司法官在基本修養上要精通「法理」、「事理」、「文理」。其中文理更爲重要。所以司法官必須具備良好的國文基礎。如「文理」表達不佳，裁判訟案難以勝任愉快。因此，自民國五十年開始，先生親自商請考選部，將司法官的國文錄取標準，提高爲六十分。如果國文考卷未滿六十分，便不予錄取。結果是年舉辦兩次司法官考試，第一次司法官特種考試報名者有八百多人，最後只錄取二十九人。第二次司法官高等考試，報考者有九百多人，最後只錄取十七人。錄取之嚴格可以想見。先生這一構想實施之後，司法官的國文程度無形中提高很多，此乃先生見解獨到，有以致之也。考選部同年又規定，凡報考法院司法官、書記官、律師，國文考卷未達六十分者，也一律不予錄取，先生之酌見，常常超乎一般常人之前，同時也是最正確，最合乎時代需要，最受社會及與論所歡迎。

伍、建議教育部延長大學法律系學生畢業年限：先生爲了繼續改進司法人事和加強司法官的素質，又特別建議教育部改進大學法律系的教育。㈠在校學生於有關院系畢業後，再接受法律系專業教育二至三年。㈡將原有法律系學生畢業年限由四年改爲五年。由於先生的積極向教育部建議，各公私立大學法律系學生畢業年限均延長爲五年，同時法律課程也加重了許多。更證明了先生對司法人事的革新，有深入之看法，設想久遠而切乎實際。

陸、厲行考試用人制度：先生爲建立優良的人事制度，對於司法官的任用，均以「考用合一」爲基本原則。凡經高等考試及格的司法人員，而有志於司法工作者，全數予以分發任用。各法院新進的司法官，都是司法行政部司法官訓練所的結業學員，其中百分之九十以上，均經司法官高等考試及格。如民國五十年一月分發之第四期結業學員一百零二人中，司法官高考及格者爲九十三人。民國五十二年一月分發之第五期結業學員四十七人中，司法官高考及格者爲四十六人。民國五十四年一月分發之第六期結業學員三十八人中，司法官高考及格者爲三十七人。從五十二年至五十五年新派任的司法官二百人中，經司法官考試及格者，爲一百八十一人，佔百分之九十點五；而第七期司法官訓練所學員九十人，全部是五十二、三年高考及格人員，其比例高達百分之一百。由於先生嚴格貫徹政府考試用人的政策，故報考高等考試之司法人員，逐年遽增。由民國四十六年的二百一十二人增加到五十三年的一千人，佔高等考試報考總人數百分之二十八以上。再如普通考試法院書記官的及格人員，以及高普考監獄官考試及格人員，也全部分發實習任用。調查局的新進人員，也洽請考選部舉辦特種考試，先後錄取一百六十九人，均爲大學畢業生，再經過嚴格訓練後，予以任用。另外還有勿須高普考試的較低職位的工作人員，如監所管理員，司法警察等，也是經過司法行政部嚴格考試後按成績錄用。這都是先生到職後爲了革新司法人事及提高司法人員的素質，所採行的新措施。司法行政與人事有今日的規模與素質，絕非偶然。

柒、拔擢青年有爲的司法官：自先生到部後，特別重視青年有爲的司法官，用人唯才，量才任用，做的非常實在而徹底。所以從民國五十年起，新進的司法官，絕大多數是大學法律系畢業，經司法官高等考試及格，並經過司法訓練所嚴格訓練結業後，然後派用，司法行政部所屬各法院遇有較高職位出缺，更要選拔年輕力壯的優秀司法官升任。因此司法官的平均年齡普遍降低，這正顯示著新的血輪在不斷的注入之中，鼓勵青年向上，拔擢青年出頭，是先生從政以來一直所堅持的用人原則。

捌、培植臺籍司法官：司法官訓練所辦理司法官訓練已結業分發工作者共三期，其中第四期一百零二人，臺灣籍佔五十七人，佔百分之五十五點八強。第五期四十七人，臺灣籍佔三十七人，佔百分之七十八強。第六期三十八人，臺灣籍二十一人，佔百分之五十五點三。總共有一百一十五人，畢業後都已分發派用。司法官訓練班第七期，九十人中，臺灣籍者亦佔六十餘人。

自四十九年到五十六年十二月，司法行政部所屬各級法院臺籍推事、檢察官一共增至一百四十三人，其中包含有各法院庭長三人，一審法院首長二人，二審法院首長一人，二審推事、檢察官九人。此一構想全是先生配合政府用人政策，所施行的新措施，績效良好，為人稱道。

玖、鼓勵司法官進修：先生向來主張「機關學校化」，鼓勵司法人員進修，藉以提高司法官素質。先生為了鼓勵司法人員公餘進修，同時修正「鼓勵司法人員進修實施辦法」重新修訂實施，民國五十三年六月，又將進修辦法內之對出國留學人員停薪留職以二年為限的辦法，予以取消，可知先生對鼓勵司法人員進修重視的程度。實施積極鼓勵的措施有：㈠凡有著作出版經審查成績特優者，決定予以特保。由於先生的特別鼓勵，對於司法人員的寫作興趣大為提高，士氣特別振奮。有獲得五十二年中國文藝協會榮譽獎者，有獲得五十三年中國學術著作獎者。經統計司法人員新出版著作，共達六十五種以上。㈡對努力進修，因而在各種考試中獲得優異成績，或在社會上獲得其他學術團體榮譽的司法人員，都分別給予獎勵。㈢對自費出國留學的司法人員，都准予留職停薪，有特殊困難者，均予以協助解決。先生在六年任期內，鼓勵自費出國留學的司法人員共有十名，分赴美國、日本、法國、德國，其中也有獲得博士學位者。㈣經由國家長期發展科學委員會遴選出國進修者四人，均已學成回國返回原單位服務。㈤協助司法人員申請聯合國獎勵補助金，出國考察或受訓。已考察或受訓完畢返國者十一人，通過考試，已出國進修者二人，已出國考察者三人。㈥司法行政部調查局並舉辦經常性及不定期性的各種訓練，印發各類訓練書刊，以促進司法人員進修，藉以提高素質。先生鼓勵司法人員進修，眞是設想的面面俱到。

拾、**厲行功過獎懲**：先生以爲要想建立優良的司法風氣，必須厲行功過獎懲。鼓勵好人，打擊敗類。獎勵代替懲罰，或重獎薄懲，或多獎少懲。自先生到任後，對於司法人員的功過獎懲，嚴加考核，積極的實施。先生推行行政三聯制，不遺餘力。凡事必須詳細計畫，認眞執行，嚴格考核。所有司法官的升遷或調職，均由先生以大公、嚴整、客觀、無私的態度，作最後的決定，完全以用人唯才、量才任用爲原則，得到全體司法人員的擁戴及整個社會的支持與讚揚。先生之厲行功過獎懲制度實施之後，司法人員受到嘉獎以上獎勵者計有四十九年十六人，五十年十九人，五十一年二十四人，五十二年二十三人，五十三年三十九人，五十四年四十八人，以後年有遞增。至於受到懲戒者，計四十九年二十三人，五十年十九人，五十一年二十七人，五十二年二十二人，五十三年二十人，五十四年五十四人。並在調查局設有督察及獎懲審議單位，執行風紀的督察及工作人員獎懲的審議，期能做到循名責實信賞必罰的公平地步。

先生又認爲罰是治標是消極的，賞是治本是積極的。因爲獎勵好人，足可蔚爲良好的司法風氣，使好人更能積極爭取榮譽，也可以使壞人受到影響而改過自新。由下列事蹟可以看出獎勵所收到的效果：㈠從四十九年度先生到職後，擇優呈請　總統核定特優人員，每年均在十名以上。㈡自五十一年第十七屆司法節起，每年司法節，先生對資深績優的司法官及優良司法行政人員，分別頒獎鼓勵。㈢司法行政部高級人員赴各地視察，首先注意各地較低級職位之司法人員生活，對其子女表現優良者，予以獎勵，如遇特殊困難者，儘速設法解決。㈣因公殉職之司法人員，隨時調查注意，除依法呈請予以撫卹外，並發動全體司法人員發揮互助精神，對其遺屬尤應特別照顧幫助。㈤對工作或品德有良好表現之司法人員，均分別予以獎勵。㈥對堅守工作崗位而依法退休之司法人員，一年三節派人或親自予以慰問。㈦調查局之工作人員，並訂有退休互助辦法，以增進退休人員之福利。

拾壹、建立正確的服務觀念：這一構想，也是先生到職後所施行的重要革新措施之一，因爲在司法行政部早已養成許多不良習慣和很壞的觀念，要想改革這一不良習慣必須具有很大的魄力和決心。例如㈠重推輕檢觀念，大家都想做推事，不想做檢察官。㈡服務地區輕重觀念，大家都希望擠在大城市，輕視偏遠鄉鎮地區。㈢內外不願互調的觀念，大家都希望做司法官，不願做司法行政官，法院院長和首席檢察官卽使調任較高審級的推事或庭長，也不樂意接受，因此審級不能交流，而司法行政官的待遇不如司法官，內外不能互調。先生發現這一積弊十分嚴重，認爲在反共復國之大前提之下，應該先公後私才是最優良的司法人員。因此先生針對上項缺點，對症下藥，予以鍼砭，立刻採取幾項有效的措施。㈠確立「推檢並重」、「服務地區並重」的正確觀念。多方面鼓勵司法人員，樂意擔任檢察官，也更不可斤斤計較服務地區的好壞。㈡多方面鼓勵司法人員，施行「內外互調」、「審級交流」的新措施。使人人適才適所，各人都能發展自己的長才，邁向自己光明的前程。㈢自先生到職後，司法官訓練所結業分發充任推檢的學員，就其職務及服務地區，有計畫的予以遷調，務使每一位司法官在第一審服務期間，對審檢各種業務均能熟悉。結業學員分發時，並有計畫的將成績最優者，先派充候補檢察官，以加重或提高檢察官的分量及地位。㈣對金馬地區的檢察官，實行「定期遷調」、「定期回臺省親」、「外島加給制及提前晉升」等鼓勵。㈤獎勵優秀司法官前往花、東地區服務。㈥民國五十三年開始，司法行政部調查局，定有單位主管任期遷調制度，規定凡任滿二年以上單位主管，屆期予以遷調，以提拔年輕優秀人才，升遷資深績優幹部。

自先生之新措施實施之後，民國四十九年到五十六年六年間，計有推事調任檢察官者一百二十一人，檢察官調任推事者一百三十五人。而院檢首長作適當調整者，也有下列多人次：①因任職長久而作調整者十八人。②因適應工作需要及個人性能而變動其原任職務者二十八人。③因年齡體力關係而調任較適宜工作者三人。④因工作上之需要而由司法官調任爲行政司法官者七人。由司法行政官調任司法官者四人。⑤因工作上之需要而特予遴選者一人。民國五十五年一年間調查局內外各級主管調升者四十八人。這樣不僅能達成「人適其事」、「事得其人」的要求，而且還可以交換經驗，培養審、檢和司法行政的全才。這正符合先生平時所主張「工作卽教育」的要求。當時大多數的司法人員都能以公務爲重，對過去重推輕檢及服務地區之偏見，逐漸革除。有些推事因而願意改任檢察官者，有些願意從臺灣西部調往臺灣東部者，甚至於自請調往金門、馬祖、澎湖者。由此可知，萬事在於人爲，主管領導一切，主管決定一切。司法行政部五十餘年來的積弊惡習，歷任部長均視爲最棘手的背上芒、胸中刺。先生到職後，不數年間全部予以革新。據常接近先生的人士說，先生是解決政治問題的專家，專治死老虎，專醫治久年不癒疑難雜症的名大夫。

拾貳、排除「八行書」革除舊習慣：凡是一位政治家有遠見、有抱負、有雄才、有大略想爲國家做點事的，沒有不重視人才的。當先生出任司法行政部長的前夕，政府各機關以及社會各階層，卻流行著「八行書」的不良習尚，這種風氣由來已久，很難根絕，一個主管要想眞正羅致人才，那就非常困難。

先生的作法，恰與當時的社會風氣相反，先生認爲司法人員任用得法，必須使每一位司法人員配備得宜，爲政在人，必須人適其事，事得其人，人盡其才，才盡其用，然後才能發揮司法運作功能，尤其是司法官的任用，本受憲法所保障。司法行政部長是行使督導權，也就是認眞考核各級法院、檢、監、所的工作成績，必要時予以適當的調動和調整。可是先生最感困擾的，也就是這些人事的調動和安排。

先生接事之初，每天都收到各界首長大批的函件，信的內容，全是有關人事的升遷及調動方面的。先生除極感困惑之外，確實認爲這是一種壞風氣。如果作一個行政主管，對下屬品德學識及能力都不能瞭解，尙待別人提示，這實在不配作一個行政主管。因此先生便設法改進這一不良習慣，甚至於徹底予以根絕。於是先生便召見司法行政部所屬各單位主管，說明這種推薦信的不對，並希望有才幹、有抱負、有作爲的司法官歡迎到部長室當面表達意見，不必請外人推薦。凡是別人提示的司法人員，短期間內均不考慮調動或升遷，以杜絕不良風氣。後不久，先生又在四十九年度司法行政部檢討會議中，再一次公開的宣布此一做法，以後，這種外來的「八行書」，便逐漸減少，甚至於絕跡。這雖然是一件小事，但先生認爲茲事體大，對於司法風氣的影響尤爲重要，因爲司法人員的升遷，要向外人奔走請託，當然也就難以拒絕外人的要求。做一個司法官，不能直道而行，不能依法行事，又怎能做到法律之前人人平等呢？先生之洞燭機先考慮週詳，改革舊積弊，做的乾淨俐落而合情合理，大家心服口服，無話可說。由這些地方看來，做一位成功的政治家實在太不平凡了。

第八節　獄政的革新

今日監獄行刑的目的，不是鎭壓、威脅、恐嚇、報復等手段；而是誘導、規勸、鼓勵、感化等方法。把所有犯罪的人，教育成一個有用的人。並根據人道的立場和博愛的精神以及民生主義原理來施教，出獄後「人人有工作」、「人人有飯吃」、「人人有書讀」，使所有犯罪的人，都能夠改過自新，貢獻社會，這才是獄政革新的目的。

壹、監所的革新：所謂監所，就是包括監獄和看守所，都是監禁已判決的受刑人及未判決的刑事被告留置的地方。我國古代獄政不修，留給人們的印象不佳。抗戰勝利之後，廢除不平等條約，撤銷領事裁判權，獄政的興革，給予我們不少教訓。至今一般社會人士對監獄的壞觀念，還沒有完全改變；特別對於人犯，常常給予鄙視的眼光，斷絕其自新之路。人犯本身，也不免因身入鐵窗而喪失自信心，缺乏向上改過自新的勇氣，甚至於出獄後，重蹈犯罪的覆轍，而不能自拔，形成了社會的嚴重問題。

先生到任後不久，就體會出司法行政業務，雖然是千頭萬緒，卻具有整體性、連貫性。凡事欲求其有成，必先講求方法，確定步驟。因此先生在接任的第一天，就巡視了臺北監獄和看守所，認爲獄政的革新，必定先從革新監所做起。領袖說：「越是對最痛苦的人服務，越有價值。」⑰先生認爲努力爲監所服務，是義不容辭、責無旁貸的事，也是最感神聖而光榮的事。

貳、觀念的革新：觀念的革新，也就是監、所並重問題，監獄和看守所，不論就其設備，管理人員的工作，管理人員之待遇，都是不分軒輊的。可是很多地方的看守所，其設備比監獄簡陋，工作人員重視監獄，輕視看守所，大多數的工作人員不願在看守所服務，所以重監輕所的觀念必須革除。

當時臺灣的監所房舍，均是日治時代遺留下來的木造舊房舍，也都是因陋就簡，而且年久失

---

⑰《鄭彥棻先生言論選集》第二九〇頁。

修，多數不堪使用，再加上政府遷來後，銳意建設臺灣，經濟日益繁榮，社會日益安定，人民生活水準日益提高。政府貫徹法治、人權、自由，「寬大爲懷，推行仁政」，人犯量刑從輕。但是相對的，一般人民的犯罪率，也隨之增加。這也正是民主政治制度下的瑕疵。所以，各地人犯增加，監所顯得格外擁擠。原來有些監所是在郊外，由於經濟快速成長，現在已變成熱鬧市區，遷建或興建新監，便成爲司法行政工作上的當務之急。

先生認爲在過去的幾十年中，都是重監輕所，這是不對的。因爲羈押在看守所中的被告，不一定都是有罪的，只是基於某種法律上的原因，而暫時限制其自由，被限制行動的被告所受的待遇，應該比監獄罪刑已經確定的人犯爲輕才對，爲何看守所中的被告反不如監獄中的人犯呢？因此先生發覺到這是一大缺點，必須立卽予以糾正。先生提出「監所並重」的主張，首先改進各地看守所的房舍，並積極興建新所，經過三、四年的努力，先後完成新看守所的，計有臺東、花蓮、屏東、新竹、嘉義、宜蘭、臺中、高雄等地。同時先生還特別充實各地工廠、舍房、浴室、厨房、圖書館、閱覽室和康樂活動室等。並特別注意在押被告的生活及待遇，管理人員的服務態度和品質。經過先生仔細而認眞的改革之後，各地監所都呈現出煥然一新的氣象。先生認爲一件問題的解決，是在於主管的決心和魄力，只要肯用心去做，總有達成的一天。

跟監所有關的，就是民事被告的管收，以前限於經費，也是因陋就簡，沒有單獨成立管收所，只設置了管收室，附在各地法院看守所之內，因此常和羈押的被告混雜在一起，被管收人員，常發生誤會和不滿。先生發現後，立卽通令全國各地改進管收室的設備，必須符合優待的標準。從此被管收的民事被告，也得到合情合理的照顧。這也是司法史上革新大事之一樁。

叁、興建桃園龜山現代化監獄：中國監獄的陳舊、落後、骯髒、通風不良、照明不夠，向爲國際人士所詬病，也是國人交相批評指責最多的問題。就以臺北監獄來說，位於空曠人烟稀少的愛國東路，由於臺北市發展快速，人口遽增，當時爲相當荒涼的東門地段，卻一變而成爲臺北市的熱鬧中心，不適合再作監獄和刑場。再加上人犯的迅速增加，臺北監獄實在無法再容納。必須增建、遷建或擴建新的監獄。

臺北監獄的遷建新址，佔地二十一甲，在先生未到職前，已經覓妥土地，因爲經費無著，未能動工。當時各大報紙以及所有新聞媒體，都有報導臺北監獄的興建牛步化，只聽樓梯響，不見人下來，雷聲大，雨點小等諷刺司法當局拖延不力的新聞。先生到職後，認爲臺北監獄的遷建，迫在眉睫，勢在必行。先生劍及履及說做就做，立刻展開籌備工作。先生一方面將臺北監獄的農場交由國有財產局出售，另一方面向銀行籌借款項，待農場出售後償還，由於先生做事積極，行動迅速，自四十九年先生到職的歲杪，卽開始動工，到五十二年一月完成第一期工程，是年三月正式遷入啓用，全部建築是採新式電桿型設計，符合整潔、堅固、實用、美觀及革新的要求。內部的各項設施，力求現代化。諸如厨房、浴室、盥洗室、厠所、各類工場、通風、照明等。之後又陸續增建婦育館、育嬰室、醫療中心、日新堂、康樂中心、圖書館等。桃園龜山監獄，是最符合國際水準的現代化監獄，全部建築費用新臺幣三千萬元。建築包括：㈠婦育館：婦育館爲女受刑人之生活中心，建築採迴廊式，在監獄內部自成一個範圍，與其他受刑人完全隔離。內部設施整潔，有工場，有舍房，有庭園，對人犯的信心，母性的尊嚴，均做了極合理的考慮。除臺北監獄設有婦育館外，臺中、臺南監獄也均增設婦育館。㈡育嬰室：中國監獄從來不設育嬰室，這完全是先生之構想與創舉，世界各國監獄也從不多見。這是因爲有一天先生到監獄中去巡視，曾看到一位女受刑人，抱著一位嬰兒，依照監獄行刑法第十一條規定，入監婦女請求携帶三歲以下子女者，得准許之。可是先生的想法常是超乎常人的。完全是先生發揮儒家的「幼吾幼以及人之幼」、墨家的「視人之子如己子」、張載的「慈孤弱所以幼其幼」之精神所使然。認爲嬰兒是無辜的，是國家的幼苗，未來的主人翁，政府應該給予照顧，因此先生便決定特別增設育嬰室，其設備與一般公私立托兒所相比較，絕不遜色而有過之。並設有嬰兒育樂設備，使能有正當的戶外活動，對於嬰兒和營養，均派有專人負責。此項措施，可以使其犯罪的母親改過向善，這眞是一大德政。先生眞是一位菩薩心腸藹然長者，確有慈善家之尊。㈢醫療中心：臺北監獄人犯經常有一千八百名左右，爲達成保健的要求，以療治人犯的疾病，朝向「監獄醫院化」的目標去建設，故在第二期工程中，即設立醫療中心。內分：內科、外科、婦科、牙科、耳鼻喉科，病床設備醫療器材，均極充裕而完備。㈣日新堂：這是臺北監獄全盤計畫中新式建築之一，通風、照明、場地、結構等均經詳密設計，可容納一千三百餘人，爲一集體上課、週會、講演、籃、排、羽毛球等多項康樂活動的場所。㈤宏德學園：後不久即改為「臺灣省桃園縣私立宏德補習學校」，並經教育行政機關依法核准立案。這是先生朝向「監獄學校化」的構想去邁進。分初級部、高級部、初商部、高商部。將所有在押人犯作一學科程度測驗與調查，然後分別編入各類不同班級，聘請臺北地區合格優良師資擔任教學。所開課程與一般高中、初中、高商、初商之課程，完全一樣。由於教學認眞，考試嚴格，三年畢業後，由教育廳統一舉辦資格考試，及格者由教育廳頒發資格證明書。每年升入高中、高職、五專及大學者佔報考總人數百分之五十五點三以上，對於人犯改過自新，鼓勵甚大。這是政府又一最大德政，樹立政府新形象，收攬民心的最佳途徑。也是先生最了不起，最為國人稱道的改革獄政最新措施之一，更是中國開國以來獄政史上一個新的里程碑。㈥習藝工場：即短期技藝訓練班，這也是先生革新獄政新的構想之一環，是朝向「監獄工廠化」的目標邁進。其中設有農藝、電器修護、軍樂訓練、鐘錶修理、英語訓練、糕餅烘焙、電容器製作、印刷排版、電視工程、理髮、縫紉、刺繡、插花、汽車修護、水電工程、機械工程、洋傘、車工、鉗工、玻璃玩具製作、園藝、營繕等班次。各班學生畢業後，均發給正式畢業證明書，並由內政部頒發乙、丙級技術士證明書，歷屆結業生，檢定及格率平均百分之一百。其目的在使受刑人獲得一技之長，出獄後，適於社會生活，不憂賦閒之慮。

桃園龜山監獄落成後，社會各界非常重視，國際上的法學界友人及專家們，也不斷的前來參觀。其設備確實合乎國際一流水準，也都給予一致的好評。曾任中央黨部第三組副主任的李樸生先生說：「我曾到龜山參觀過新建的監獄，地方清潔，犯人用的洗手間，是抽水馬桶，比師範大學好，工場上犯人各自作工，沒有幾個警衞，彷彿是一個成人職業補習班，毫無監獄氣味，眞是仁政，眞是中國最好的監獄。」⑱對我國獄政的進步，人人嘆爲觀止，對全世界獄政來說，也是首屈一指的。

民國七十三年元月二十三日，筆者應司法行政部長李元簇、教育部長朱滙森二位先生的柬邀，前往臺北及新竹少年兩監獄參觀，並不是如一般人所留下的壞印象，在押人犯必定是蓬頭垢面、衣服襤褸，骯髒狼狽或者是帶著手銬腳鐐等。當我們參觀了以後，不但以上情況完全看不到，只看到人犯制服整潔，身體壯碩，精神飽滿，臉色紅潤，整個監獄花木扶疏，綠樹成蔭，杜鵑花兒開滿院，香味撲鼻，猶如一座花園城。一所大學城或一座大工廠，人犯上課的上課，考試的考試，習藝的習藝，也有在圖書館看書的、看報的或在球場打球的。就今日來說，距先生離開司法行政部已十七年了，證明先生所說的並非自誇。按理先生這一劃時代的新構想，獄政大改革，應該得到社會各界的讚美以及上級長官獎勵才對，但卻意想不到的會引起輿論的批評。尤其是一般對獄政瞭解不深的人，認爲監獄就是執行懲治人犯的地方，設備不必太好，因此就批評龜山新監獄，是「觀光大飯店」，徒浪費公帑，甚至於還引起立法院的紛紛質詢。這確實給先生帶來了許

⑱《鄭彥棻八十年》第十六頁。

多困擾，先生做事一向本著爲公不爲私，只問是非不計結果，憑良心辦事，國家至上，民族第一，效忠領袖，忠於黨國，不弄權，不貪墨，廉潔高風。公理自在人心，將來總有一天有人會說公道話的。先生總認爲監獄行刑的目的是在教育或感化，不是報復鎮壓或恐嚇。光就增進社會大衆對政府刑事政策的認識，和外國人士對我國司法的瞭解來說，臺北新監的興建，就有不可磨滅的貢獻和價值。

更特別値得一提的，是民國六十八年元月一日午夜中美斷絕外交關係，是年十二月十日，有一夥社會異議份子，在高雄製造暴動事件，打傷憲警一百六十餘人。姑息氣氛，瀰漫國際，當時美國卡特總統掌政，竟然提出臺灣人權問題，這一小撮社會異議份子，在美國公然譭謗政府，向美國政府告洋狀，說臺灣是警察國、特務國、是國民黨一黨獨大，專制黑暗，沒有法治，沒有自由，沒有人權，監獄如地獄，在押人犯十者九死。美國支持中共及附和份子的一部分國會議員，組團訪華，實地考察臺灣是否爲警察國，是否沒有自由，是否沒有人權，監獄到底黑暗到什麼程度。這批國會議員首先要求參觀臺灣監獄及看守所，參觀順序爲臺北、臺中、嘉義、臺南、屏東、花蓮及臺東等地方監獄，當這批議員走進龜山監獄時，便異口同聲的說，中國監獄太好了。簡直像學校、像花園、像工廠，設備現代化，已駕乎美國之上。當時獄中人犯，有的在上課，有的在習藝，有的在作運動，有的在圖書館中看書看報，找不到一點監獄氣息，人人精神愉快。美國自詡爲民主先進國家，但監獄設施趕不上臺灣（見當時《中央》、《時報》、《聯合報》均有刊載），美國國會議員一致認爲少數野心份子的控訴完全是僞造的，是偏見，是血口噴人。以後他們繼續參觀了臺灣各地監獄，也全都是先生在司法行政部長任內，最新擴建完成的現代化新式監獄。可見龜山監獄不是「樣板」，專供外國人參觀的。先生這一偉大貢獻，不但贏得了國際友人的好評與信任，同時也拆穿了少數野心份子故意栽贓的謊言。美國再也不提臺灣沒有人權的事了。相反的，臺灣沒有這種新式監獄的興建，國際人士的觀感，又是如何呢？少數異議份子的藉口，又是如何呢？後果必定是不堪想像的。

肆、興建雲林看守所：司法行政部應雲林縣地方人士的請求，加強便民措施，在雲林縣的虎尾鎭，設立雲林地方法院，同時成立看守所，該所各項建築分兩期完成。第一期工程，自五十三年十二月二十六日開始，至五十四年六月五日完工，完成日新大樓及炊事場，於同年六月十日開始啓用。第二期工程自五十四年五月二十九日開始興建，五十四年十月八日完工。計落成有辦公廳、圍牆、民事管收所、工場等。同年十五日正式啓用。各項建築合計四百零五建坪，全部費用僅使用了一百五十餘萬元，可容納被告三百人，建築型式符合美觀、整齊、實用、堅固等現代化要求。這也是先生在任期內爲了便民新建成的看守所。

伍、臺灣各地監獄及看守所的興建：臺北監獄於民國五十二年一月十二日全部完工後，三月十日正式遷入啓用。其他各地監所也都是陳舊擁擠不敷使用，新建或擴建也是勢在必行，首先是高雄、臺中、臺南等地監獄的遷建，但由於尋找土地的困難，一時無法實現。其餘地區監所之建築大致可分爲兩個部分：㈠新建部分：計有屏東、臺東等地看守所。監獄及看守所劃分後，感覺原有之看守所建築之狹小破舊和不敷收容，所以必須新建。㈡擴建部分：較爲重要者，有新竹監獄一級少年受刑人舍房，新竹勵德補習學校，臺中監獄女監，屏東、臺東、澎湖、金門監獄監房，高雄監獄日新大樓等。臺中看守所大樓、新竹、嘉義、臺南、高雄看守所所房等，其建築型式，都合乎行刑、羈押的要求，在式樣及設備上，也力求現代化。這就是先生發揚王道精神及人道立場的全面革新。

陸、監所革新的七大目標：監所的遷建、增建、擴建以及內部設備的充實，這只是在物質上達到革新的要求，最重要的還是要改進監獄和看守所的管教養衞等問題，才能達成監獄和看守所的全面革新。先生親到臺灣各地監所視察之後，就提出下列革新獄政的七大目標：㈠制度上的革新：要視監獄如學校、如工廠、如醫院、如公園。這裏非僅是羈押受刑人的監獄，也是感化、陶冶、啓發、教育人犯品德的場所。㈡態度上的革新：要確認受刑人犯是「人」，是急待救治教化的病人。應尊重其人格，幫助受刑人恢復其自信與自尊。㈢工作上的革新：輔導受刑人改過向上，要使教化深入到人犯的心靈深處，從內心激發出來，才有效驗。㈣方法上的革新：要以教化與作業爲重點，與人犯打成一片，實施生活教育，所有獄政人員，都要以身作則，樹立楷模典範。以上四點，是先生本著「機關學校化」來實施的，因爲監獄也是機關。因爲人犯更需要教育誘掖。「工作教育化」，監獄內所設之工場，就是人犯學習一技之長的地方。一面工作，一面施教。㈤教化上的革新：對受刑人實施民族主義的精神教育，來培養其道德，恢復其重新做人的信心，並激發其愛國思想及民族意識。㈥管理上的革新：在管理上必須採用民權主義的精神，養成其自治能力，培養自尊、自重、自愛的精神。進而做到知法、守法、崇法的要求。㈦作業上的革新：在作業上必須本著民生主義的原理，施行技藝訓練，學習謀生技能，養成勤勞習慣，實踐雙手萬能，人人必有一技，俾出獄後，不再誤入歧途，人力可作有效之運用，參加政府生產建設的行列。

此乃先生根據三民主義管教養衞的構想而親自擬定的，先生又認為現代刑事政策乃是基於王道精神而發的。國父的三民主義正是淵源於我國古代的王道思想，三民主義不但是我中華民國立國建國的最高指導原則，也是全世界全人類最高理想的生活規範。所以吾人應將其原理、原則應用到獄政管教措施之中。先生眞正是國父的忠實信徒，三民主義的理論家、實踐家，不分時地，闡揚三民主義，績效卓著。

柒、制訂監所的三民主義教育綱要：先生根據三民主義教育的構想，在民國五十年司法行政檢討會議上，曾提出「監獄及看守所推行三民主義管教設施綱要」一種，經過大會詳細研商通過後，立即付諸實施，重要項目有下列幾種：㈠增設三民主義教育課程：凡是監所內在押人犯以及尚未定案的被告，都要遵照司法行政部所頒發之教育綱領，接受三民主義教育。充實其人生觀，改變其人格，使其重新做人。按照作息時間分班、分組到指定地點上課，課程內容分為民族主義、民權主義、民生主義、五權憲法、知難行易、民權初步、實業計畫、民生主義在臺灣、國父及蔣公言行等。㈠成立三民主義研究會：由監所內負責人員擬訂討論大綱，定期提出討論，同時也分配每人若干提綱，定期交繳論文及報告，限定字數，並訂出獎勵辦法，優良作品可發給獎品、獎金、獎狀、紀念章等。㈢聘請專家演講三民主義及蔣公言行：監所內的行政人員，均擬好講演程序，定期一週或兩週，並配合國定紀念日，聘請專家來監所作三民主義或蔣公言行專題演講，此一活動，費用開支不大，但收效宏偉，效果良好。㈣舉辦三民主義演講比賽：這一活動也很有意義，每一個月或三個月或在特別節日。例如 國父誕辰及 蔣公誕辰，國慶日及臺灣光復節等，每一位人犯輪流作講演比賽，聘請學者專家擔任評審，愼重其事，並有獎勵，每一次選出最優者前五名，當場頒獎。其餘凡是參加的人，一律頒發紀念獎或參加獎，由於鼓勵及啓發並重，參加的人非常踴躍，效果至爲良好，對於推廣三民主義教育助益甚大。㈤出版壁報弘揚三民主義：在押人犯之中，雖然觸犯法律，入獄接受法律制裁，但在這些在押人犯之中，人才濟濟，各有專長，監所本是藏龍臥虎之地，有文有武，會寫文章的人相當多，規定一個月或是國家重要慶典節日，必定出版壁報，其內容必須是以弘揚三民主義及蔣公言行爲其主題。先生的這種構想，一方面是施行其「機關學校化」，再方面也可以藉以舒解人犯的心中苦悶及煩惱，長久以往必能受其感化而改過自新。㈥佈置教室環境以三民主義爲藍圖：所有監獄及看守所的四週牆壁上或監房內，或上課的教室或工場，都要以三民主義爲藍圖，佈滿了標語或 國父或 領袖的格言。使在押的人犯隨時都可以看到，時間一長，自然可以收到耳濡目染、潛移默化之功效。這也是先生達成「機關學校化」途徑之一，對於監所環境不會再有冷酷悽楚之感，對於在押人犯精神的感召及啓發，必能收到良好教育的功效。㈦推行保健措施：在押人犯，因爲一時的鹵莽或衝動，觸犯國法，身繫囹圄，失去自由，身心受到打擊，必然是萬分的痛苦。如果再受到疾病的侵襲，益增人犯精神與身體的折磨。民國五十二年以後臺灣各地新與建之監獄和看守所均設有醫療中心，醫務室、保健室，其中還分內科、外科、婦科、牙科、皮膚科、眼科、耳鼻喉科等，並設有若干病床，聘請專科醫師及專業護士長駐服務，儘量醫治受刑人之病痛。乃先生向「監獄醫院化」邁進之新構想。㈧提倡正當娛樂：提倡受刑人之正當娛樂，這也是先生革新獄政重要措施之一。中國監獄在押人犯，自有歷史以來從沒有娛樂，觸犯法律的人犯，一旦判處有期或無期徒刑，只有忍耐煎熬，或者等待死亡，精神之痛苦到了極點。先生認爲在監獄內提倡正當娛樂，也是刻不容緩。例如放映富有教育意義的電影，演出反共愛國話劇，演唱愛國歌曲，地方戲劇及平劇清唱，除邀請社會各界康樂團體演出外，有時也由人犯自編自導自演者，另外還有中西音樂演奏，猜謎語、說故事、各種棋類比賽、各種球類比賽、游泳、土風舞、體操、田徑比賽等活動，均由受刑人組成若干班隊和小組，可以達成寓敎於樂之目的。㈨訓練謀生技能養成勤勞習慣：在押人犯就犯罪年齡來說，二十至四十歲者佔百分之八十五以上，而且大多數是誤蹈法網，所以先生以爲人犯在受刑期間，應該訓練謀生技能，培養勞動習慣，以便出獄後，具有一技之長，不憂失業之慮。訓練科目有：農業機械修護、農產品加工、會計、統計、珠算、抄譯、園藝、印刷、木工、藤工、鐵工、洗染、縫紉、中英文打字、速記、編織、採石、營繕、畜牧、糊盒、捲炮、栽菇、理髮、織布、製草帽、磚窯、針織、竹工、銅工、織髮網、織手套、製皮鞋、漁產、紙工、棕刷、外役、盲人圖書點字抄譯、綜合農業等。自民國四十九年七月至五十六年十二月，各監獄共舉辦職業技藝訓練，共計兩百餘班次，參加人數共達兩千五百七十五名。此一辦法的實施，完全是先生朝向「監獄工場化」的目標邁進，同時對於疏導人犯情緒，配合地方經濟建設，收效恢宏。(十)學習民權初步養成自治能力：在押人犯中，每天上課時間或其他各種活動項目。將其編成若干小組，選舉自治幹部。如小組長、班長、鄰、里長等。定期召開檢討會議、專題研究，會議由自治幹部輪流主持，開會的各種儀式，均依照民權初步規定實施，久之即可養成自治能力，實施以來，效果奇佳。(十一)表揚好人好事：各監獄由管教小組對所屬受刑人平常嚴密考核，如發現有好人好事，即將其具體事實，詳實登記，送交好人好事評審會，由區、里、鄰幹部及代表組成。每半年評審一次，審查合格後，當衆予以頒獎表揚。

各監獄爲實施三民主義的管教措施，均由受刑人自行釐訂各項自治辦法，其重要者還有：如推行三民主義管教措施實施細則、受刑人實施自治暫行辦法、受刑人自治公約、伙食委員選舉罷免辦法、受刑人福利小組設置辦法等。各監獄由於實施三民主義的管教措施，不獨對受刑人改悔向上，並使監獄的行刑措施有了更進一步的改進。

捌、實施調查分類：近代刑事政策，由報復恐嚇壓制趨向感化教育主義，因此在行刑方面，對於人犯也由犯罪的本位觀點，轉向犯罪人本身去探求。四十九年六月先生到職後不久，立即制訂受刑人入監調查分類暫行辦法，通令各監獄於同年七月普遍實施，運用科學方法調查人犯的個別情形，依照社會、心理、生理、醫學以及其他各方面的觀察、測驗、研究分析，俾作對每一人犯處理的根據，予以有效的輔導，使能矯治其缺點，發掘其優點。實施以來，已收到良好效果。如監獄意外事故的減少，作業效率的增加，疾患能及時獲得治療，以及出獄後能得到妥善的保護等，都是由於調查分類所累積的成果。

玖、辦理少年受刑人學力甄試教育：少年宜教不宜罰，用鼓勵代替懲罰，為現代刑事政策之重要原則。先生對於少年犯之教育，極為重視。從五十三年開始，也就是先生到職三年又六個月之後，即指示新竹少年監獄辦理「少年受刑人學力甄試教育班」，計分初級小學、高級小學、中學三個教育班，其課程標準，乃準用現行中小學課程，期與一般學校課程相配合，不致因犯罪而使學業脫節。一般課程由該監獄行政教化人員擔任，國文、英文、數學、物理、化學、生物、體育、音樂等課程，則禮聘當地公立中小學合格優良教師兼任，小學畢業由縣教育科命題並派員監試，及格者由該縣教育科發給資格證明書；中學畢業則報請臺灣省教育廳命題並派員監試，及格者由教育廳發給相當年級之學力資格證明書，俾可供作出獄後就業或繼續升學插班之證明。第一期甄試教育於民國五十三年九月十六日開學，五十四年六月底舉行甄試，參加學生七十二名，其中國小程度者三十二名，中學程度者四十名。第二期於民國五十四年七月二十六日開課，計有初中、高中等四班，初中一年級班、初中二年級班、高中一年級班等四班。

這一措施完全是先生到職後之獨特創舉，絕非筆者故作誇張恭維。試就該校校史的一段記載，可知新竹「少年受刑人學力甄試教育班」的歷史背景了。校史說：「臺灣新竹少年監獄，爲使少年受刑人，不因在監執行致使學業中輟，乃於民國五十三年經函教育部核准設立受刑人『學力甄試教育班』，辦理少年受刑人之補習教育，實施以來，績效卓著。自民國五十五年起每年經臺灣省政府教育廳甄試及格而承認其學歷之人數與參加甄試教育人數之比例，均爲百分之百，深受社會各界之讚譽，教育主管當局亦極爲重視，認爲是社會教育之一大特色。」⑲該校歷經演變，後改名爲「臺灣省新竹縣私立勵德補習學校」，民國七十一年再更名爲「臺灣省新竹市私立勵德高級進修補習學校」，並訂每年九月十六日爲校慶。

另外還要值得一提的是先生特別關心改善受刑人生活營養，促進在監之少年受刑人正常發育起見，特訂定衣食住的供給標準。㈠衣的方面：夏季每人發給白汗衫二件，黃色制服二套，冬季加發藍色夾克一件。㈡食的方面：①主食米，少年犯每日七五〇公分。②副食費，少年犯每月新臺幣六百元。③作業補助飲食費，每月平均新臺幣十萬元。④合作社補助飲食費，每月平均新臺

⑲《勵德補習學校創校十週年紀念特刊》第六頁

幣十萬元。⑤每日三餐，中午、晚餐，每餐三菜一湯，早餐豆漿、饅頭，少年受刑人另加新鮮鷄蛋一枚，節日另有加菜。㈢住的方面：①受刑人住房分獨居房與雜居房，並設自治寢室，房內經常保持整齊清潔，各房普遍裝設抽風機，使室內空氣流通。②每人發給棉被、毛毯各一條、白被單兩條、枕頭一個。

現在該校日益茁壯，考取高中及大專院校者，年年增加，設備擴充更臻完善，規模更大，均為先生披荊斬棘，排除萬難，所奠定之良好基礎。

拾、成立醫療痲瘋病犯之分監：臺灣為一亞熱地帶，患痲瘋病疾者不少，在民國五十年前後的人犯當中，曾經發現痲瘋病患者，為使入監後便於隔離治療，並兼顧行刑起見，特商得臺灣省政府同意，於樂生痲瘋病院成立臺北監獄樂生分監，監房、醫療設備及醫師均由樂生痲瘋療養院負責，管理則由臺北監獄派人主持。先生主張此一行刑及醫療措施，為寓行刑於醫療之中，是達成先生之「監獄醫院化」的一部分。且具有發揮王道與人道精神的崇高意義。除先生能如此設想週延外，還有誰能為在押人犯解決痛苦呢？

拾壹、設立外役監：先生這一構想，更是奇特而有創意，也是一種大膽的嘗試，是中國獄政史上的新猷。其辦法就是遴選品行良好確有悔過誠意的受刑人，在開放式的監獄裏，享受特別的優待，在外役作業期間，如果表現良好，允許與其眷屬在指定地區居住，這一政策，最符合古代中國之人道精神，也是最富有人情味的獄政措施。

監獄人犯除了在監獄設有工場，訓練各種技能，增進生產外，另外還有監外作業之措施。當時監外作業，從作業人數來說，已從十數人擴展到數百人；從承攬工程種類來說，已由鋪路挖石子等簡易工作，發展到高度精密技術性之建築工程，對於疏導人犯情緒，配合地方經濟建設，大有助益。僅就五十四年度這一年來說，各監獄外役隊，參加外役人數計達一千五百三十四人。茲將各監外役隊一年來承攬監外作業較大工程略述於後：㈠臺北監獄營建外役隊承建數百萬元以上學校建設工程、法院檔案室、司法官訓練所大禮堂擴建工程、司法新村工程、臺東看守所遷建工程、臺北女監工程、醫務中心、宏德司法新村。㈡臺中監獄更生外役隊，承建臺中地檢處第二司法新村工程、私立至誠中學新建工程、臺中市政府甲種國民住宅工程、雲林地方法院新廈工程。㈢臺南監獄成功外役隊，承建臺南高院新建職員宿舍工程、臺南司法保護分會辦公室建築工程、明德補習學校工程、臺南光復營造廠屋架工程。㈣嘉義監獄營業工程隊，承攬嘉義市公所修浚河床工程、嘉義地方法院檢察處單身職員宿舍工程、教誨堂及浴室工程。㈤花蓮監獄日新外役隊，承攬花蓮縣木瓜溪北岸堤防工程、中厚農場放淤工程。㈥臺東監獄日新、工作兩個外役隊，承攬採取甘蔗、鳳梨及施肥除草工作及臺東糖場洋菇場堆肥作業等。㈦澎湖監獄自強外役隊，承建法院宿舍及土木建築、採掘沙石等工程。所有外役隊承攬之工程，工程進度準時，效果良好。

拾貳、改善受刑人伙食：受刑人的伙食，在清末民初時代，監獄裏黑暗到甚麼程度，年齡較長的一些前輩，也都留有深刻的印象，不必再多贅述。自先生接任後，詳細察看之後，認為人犯的伙食不夠理想，曾多方面設法予以改進，例如口糧不足、菜金太少、烹調欠當、質量不佳、營養不夠、飲水量欠充足等，先生均極為關心，更斟酌物價指數，及國家財政情形許可之原則下，於民國五十五年九月一日專案呈奉行政院調整人犯主副食費。每人每日主食糙米六二五分（原五七〇公分），副食費每人每月新臺幣三十元（原為二十元），人犯用費每月新臺幣十四元（原為七元），以後的時間裏，先生根據物價波動情形，隨時予以調整。直到人犯完全滿意為止。今日不論走進臺灣任何一個監獄，所看到的人犯，均為白白胖胖，身體健碩、精神飽滿、臉色紅潤的健康者。

拾叁、充實監獄人犯精神食糧：在先生接任部長的當時，各監獄的圖書，十分奇缺。為此，先生特別舉行了一次記者招待會，說明監獄需要圖書的重要性，記者們聽了立刻發生激烈的反響，認為先生的做法完全符合三民主義的教育宗旨。第二天在全國各大報紙以及廣播電臺，披露報導，並鼓吹呼籲，社會各界反應熱烈，共伸援手。嘉新水泥公司，反應最快速，捐贈最積極，數量也最多，共捐贈監獄圖書六千八百餘冊。價值新臺幣一百餘萬元，其他社會團體及個人也紛紛慷慨割愛，滙細流而成大川，共計捐贈兩萬餘冊。這一捐書運動在先生之前，也是從來未曾見過及聽說過的事。先生做事最符合先總統 蔣公所說：「做人要做第一等人，做事要做第一等事，打第一仗，立第一功，制敵機先，易守為攻。」這也是先生所倡導之「監獄學校化」重要措施之一。其立意之正確、影響之久遠。不論就個人、社會、機關、國家，均受益無窮，人人喝采稱讚。

先生之「人饑己饑人溺己溺」之精神，正如孟子說：「樂民之樂者，民亦樂其樂，憂民之憂者，民亦憂其憂，樂以天下，憂以天下。」⑳再用這話來形容先生，也是當之無愧的。

拾肆、辦理人犯假釋：假釋又叫做假釋放或假出獄。是指在押人犯受有期或無期徒刑的執行，經過一定時期，確有悔過事實，由所屬典獄長官，呈請司法行政部長核定後，暫時釋放出獄的一種制度。

假釋的主要效用，一是鼓勵人犯自新；二是對重刑犯（尤其是無期徒刑）的一種救濟措施；三是作為出獄的一種階梯；四是謀求自由刑的經濟，以疏通監獄，俾便珍惜人力之運用。

先生到部後，為了厲行假釋，特別慎重辦理，曾飭令全國各監獄對假釋案件應切實審核呈報，但必須悔改有據，合於假釋條件者，准予辦理，不得浮濫。凡經駁回不准假釋者，除有特殊事蹟，足以表示悛改有據，可再行呈請假釋外，在三個月內，不得再行呈請。

先生特別重視假釋制度的良好運用，有賴於精密審查和慎重辦理。但應假釋而未辦理假釋者，一方面是不能鼓勵人犯自新；再一方面乃是監獄行政人員怠於職守。不應假釋而輕易假釋

⑳《孟子・梁惠王》下篇

者，仍有危害社會的顧慮。因此，先生對假釋案件在處理上，雖然積極而快速，但卻特別細心而謹愼，以杜絕僥倖與浮濫，俾以充分發揮假釋制度之功能。

茲將民國五十二年七月至五十六年七月全國各監獄辦理假釋案件統計表列如下：

年度	核准假釋人數	備考
自五十二年七月至五十三年六月	四七六人	
自五十三年七月至五十四年六月	六九七人	
自五十四年七月至五十五年六月	七三八人	
自五十五年七月至五十六年六月	八六四人	

人犯假釋制度，於公元一七九一年在澳大利亞首先試行，公元一八五七年相繼實施於英國倫敦，不久以後歐美各國也相繼仿效，更輔以行刑累進制度，已成爲現代各文明國家一致公認的優

良的刑事制度。

我國施行假釋制度，時間上的推斷，雖無可靠資料，想必已是施行有年了。根據右列資料顯示，在民國五十年以前，施行效果必定不彰，一來是當時的獄政人員，並不重視假釋制度，有者只是一種點綴性質，二來是對人犯或多或少還存有仇恨及報復心理，再加上行政效率之僵化，常持「不求有功但求無過」以及「多做多錯，少做少錯，不做不錯」的腐敗作風，缺乏主動與朝氣。直到先生來部後，假釋制度才眞正發揮了作用，徹底而嚴格的執行，所以人犯假釋制度，雖不是先生發明創始，但先生是徹底之執行者。由表列假釋人數顯示，自先生到任後，假釋人數年有增加，可見死法令，活運用。完全在於主管的決心與魄力，人人應盡職，萬事在人爲，洵不誣也。

拾伍、與受刑人同樂：民國五十一年二月杪，正是農曆五十年除夕，是先生六十華誕，先生因公到中部視察業務，並兼程嘉義，主持了嘉義地方法院新建大厦落成典禮，翌日即除夕下午，先生結束了公務，當晚先生接了家人一同到嘉義北港度過安詳寧靜的大年夜。

正月初一下午，嘉義監獄舉行受刑人春節聯歡同樂會，先生獲悉後自己準時驅車前往參加，這時候幾百位受刑人正在進行摸彩，看見先生突然到來，感到意外驚訝！認爲値此農曆新年，所有政府高級長官都會在自己家中與家人團圓，有誰會想到正在監獄中受刑的人犯呢？後來由典獄長袁咸績、看守所長郝維琦特別說明部長前來就是爲了與大家共度佳節的，同時也說明今天（大年初一）是部長六十大壽生日，自然全場掌聲雷動，人人臉上展現出笑容。先生藉著相互拜年的機會，向受刑人以最誠懇、最關心、最親切的口吻講話十分鐘，所收到的教育效果，也許是在平時用上十個小時也無法與之相比。先生與受刑人同樂，直到散會在一片熱烈的鼓掌聲中離去。事後先生也深深的揣摩到鼓勵代替懲罰、感化代替報復、教導代替壓制、笑靨代替恐嚇，愛心耐心更是重於一切，倡導改革獄政，不但要嚴格督促屬下樹立良好風範，自己更是以身作則，深入最基層，時時以「監獄學校化」的觀念來看待人犯，處處以一個老師的立場來看待學生。

以上所實行的，均爲先生到任後，普遍認眞而深入的研究分析之後，所推行的獄政改革新措施，與民國三、四十年代的獄政相比較，完全脫胎換骨，面貌耳目全然爲之一新。

第九節 建立嚴格的審判獨立制度

「獨立審判的理論，創始於法國大思想家孟德斯鳩，孟氏於公元一七三四年著成《法意》一書，闡明行政、立法、司法三權分立的道理，各國學者翕然影從。於是審判獨立而不得受任何干預。

先生特別主張法官依據法律，獨立審判，不受任何干涉。以刑事案來說，被告是否犯罪，必須以證據來論斷，證明確有罪刑後，一定要依照刑法條文作爲衡量，司法行政首長絕不能影響法官的審判，也不容許任何外力影響法官的獨立審判。

壹、樹立審判尊嚴：我國司法已有相當長久的歷史，固然有其不少缺點，但優點的確也很多，在中國歷史上有不少典型範例。試就先生民國五十三年六月十五日以「如何辦好審檢業務」爲題，向嘉義地方法院、檢察處、嘉義地方各機關首長及各界民意代表等一千餘人作專題講演，勉勵全體司法人員，一定要做一個公正廉明鐵面無私的包青天。先生說：「法院是代表國家的執法機構，平訴折獄，肩負著神聖的使命。辦好審檢工作，是法院全體司法人員的共同責任，但最重要的，還是推事及檢察官的本身。作一個司法官，一定要知道自己職責的重要，因爲司法官代表國家執行法律，動輒直接影響到人民的生命、自由、名譽和財產，因此本身一定要有正確的國家觀念和堅強的法治精神。而且在品格修養上還必須具有正義感。也可以說就是是非之心，一個具有正義感的人，也一定會嚴正不阿執法如山，在工作上絕不逃避艱難，也不怕強禦，遇到巨奸大憝，有惡勢力的罪犯或當事人，也就有像宋仁宗時包拯一樣的辦案膽識，發揮鐵面無私的精神。我們都知道，包拯當時在朝爲官，非常剛毅耿直，使當時朝廷的貴戚宦官都不敢爲非作歹，當時人們因爲包拯鐵面無私難得一笑，有以其笑比黃河清的說法，因爲他清廉自持，京城裏有『關節不到，有閻羅包老』讚美他的公論。舊時代的法制，凡是打官司的，不得直入公庭，但是包拯卻打開正門，使寃屈的人可以到面前去直接陳訴，吏役也都不敢欺騙了。從前包公執法如山，還要有皇帝給他做後盾，現在法官依據法律獨立審判，已有憲法作爲保障，自然更可以放手

的去做，司法的威信要建立到壞人不敢做壞，才是我們的理想。」㉑

先生不厭其煩的說明審判具有尊嚴及獨立性。但在一般人的心目中，總是不太諒解，誤會忒深。先生到任後不久，就特別向全國宣布，要想國家做到民主法治，就必須建立審判獨立制度，俾使提高審判權威，維護司法尊嚴。司法行政部長只作適當的監督，絕不干涉審判，更不允許外力影響法官的獨立審判。先生並於民國四十九年十二月五日在中央聯合紀念週以「維護獨立審判的精神」為題，向全體與會人員提出詳細報告。先生一再強調審判獨立的重要性，但是輿論界還是不太諒解。先生說：「不料隔了幾天，當時臺北《公論報》在十二月十二日有一篇社論，題目是『論維護審判獨立』，內容不無曲解我前述報告的內容，並且有點斷章取義。社論中並提到：『國人心裏多有一種印象，今天最有可能干涉審判獨立的，一是行政，一是執政黨』等語。」㉒先生看到之後，為恐加深讀者的誤會，破壞審判獨立形象，以訛傳訛，衆口鑠金，積非成是。先生便立刻親自寫了一封信給公論報社。先生明白的指出說：「任何個人的偏見，是可以原諒的，但是若以一己之偏見而作為『國人心理多有一種印象』那就不能說不是武斷了。我是中國國民黨黨員，而且從事黨務工作多年，目前又負責全國的司法行政，卻沒有見到行政或執政黨如何干涉審判獨立的事實，貴報如謂行政或執政黨果有干涉審判獨立的事，似應有具體的事證，

㉑《鄭彥棻先生言論選集》第四四五及四四八頁。
㉒《往事憶述》第一六四頁。

僅憑空言指責，這是缺乏建設性的批評；而無補於實際的。」㉓先生在這封信中作了嚴正的說明與澄清。

於此，要想維護司法的審判獨立，必須堅守崗位與原則，並且還要加強社會大衆的認識。因此先生又在民國五十年十二月二十一日在臺北市新聞從業人員研究會發表專題演講。先生對於這一次的演講，確實是有備而來，事先曾花了不少的功夫和時間，作充分的準備，並蒐集了相當多的具體事實。當日以「勿持情論法，應以法爲斷」爲題，列舉了㈠社會新聞報導與司法行政的關係。㈡社會新聞報導對法院偵察工作的影響。㈢社會新聞報導對審判工作的影響。㈣社會新聞報導對被告與受刑人的影響。㈤有關社會新聞報導的重要法律的注釋等五個重點，要求記者先生，以正面的方法，來協助國家法治工作的推行，共同維護審判獨立的精神。

到了民國五十二年九月一日記者節，先生又應臺北市新聞記者公會之邀請，在慶祝大會上作專題講演，先生仍然是以「對獨立審判的體認」爲題，再度說明獨立審判的精義。由以上三篇講演稿的題目及內容便知先生對獨立審判的決心及堅定的態度。

貳、鄭部長打虎斬鯨大快人心：先生自到司法行政部以後，即大力倡導維護審判獨立制度，堅守不移，可是在某些地方或某些人士來說，仍然不予諒解，但是先生捫心自問，一切本著良心

㉓《往事憶述》第一六四頁。

做事，誰人觸犯國法，誰就應該接受國法的制裁，法律之前人人平等。先生絕不以司法行政部長的身分，受人請託，干預司法審判。正當先生用盡各種方法向社會各界解釋審判獨立重要性的時候，民國五十二年三月間，臺灣某法院檢察官涉嫌貪汚，當在高等法院偵察期間，竟有人誣指司法行政部依調度司法警察條例，商請有關機關的協助，是否適當，並有刑求的訛傳，被告家屬向立法院請願，曾經轟動一時。先生也因此以司法行政部長的身分，於民國五十二年五月六日及五月二十日先後兩次列席立法院司法委員會，就仝道媛女士請願答覆質詢，嚴懲貪汚政府具有決心，更要重視保障基本人權。

另一件大貪汚案，是民國五十五年六月二日，大華油廠發生油商行賄案，鄭部長曾下令臺灣高等法院注意追贓追保。但該案的主角，乃是立監委員及國大代表，全是有大背景的特權階級，在臺北地檢處偵察期間，也曾引起軒然大波，轟動社會。先生也曾經兩次到立法院備詢，但儘管這些中央民意代表，利用各種特權，施加最大壓力。先生之維護審判獨立之精神，有始有終，絕不改變。只要法官依法行使職權，司法行政部長絕不作絲毫之干預。前案是一位同僚部屬，枉法失職，關係到司法風氣。後案是中央民意代表屬於懲辦貪汚範圍。不論其身分或工作性質都與先生有密切之關係。或僚屬、或朋友、或同學、或長官，甚至於還有同鄉者。先生處境之困惑，心情之沉重，可以想見。但先生堅持立場，貫徹到底，在絕不干預司法獨立審判之情形下，貪汚者無法遁形，終於伏首認罪，接受了公平、公正、公開的法律制裁。當時各大報紙也都刊載了鄭部長鐵面無私，包青天再世，打虎斬鯨，中華民國萬萬歲，國人鼓掌喝采的消息。同時也證明當時先總統　蔣公懲治貪污的決心。更證明了國人對於官商勾結、舞弊弄權，痛恨到咬牙切齒的地步。這一審判，眞是大快人心。

大華油廠盜豆案又稱油商行賄案，是政府遷臺後規模最大、牽連中央民意代表人數最多的集體貪污案，其震驚社會的程度，時間相當久遠，距今已有二十個年頭了。民國七十三年十月二十六日，臺北《聯合報》第七版忽然又刊載出這一貪污案的醜聞始末。題目爲：「大華油廠盜豆案總算『落幕』了。」筆者爲了使讀者對該案更爲清晰起見，不惜篇幅，特別予以轉載，以資證明鄭彥棻先生確實是一位硬骨頭頂天立地的奇男子，剛正不阿，風骨嶙峋，有挽狂瀾於既倒，障百川而東之的功勞，打虎斬鯨是事實，也是最正確的，更是國人額手稱慶的大事。立、監委員一而再再而三的向鄭部長提出聯合質詢，盡其打擊與挑剔之能事，爲私不爲公，憑其特權，仗勢欺人，確有逼人忒甚之感。如此民意代表，能無靦顏羞愧哉！《聯合報》記者汪士淳先生特稿云：「十八年前轟動一時的大華油廠盜豆案，是在民國五十五年元月爆發的，不但使得十六人被判刑，而且牽出立、監委收賄而被捕法辦，當時案子的轟動，是可以想見的。這件案子起因於民國五十二年，大華油廠週轉失靈，該公司董事長王作昌爲了度過危機，於是想辦法盜賣鐵路局貨運服務所倉儲的黃豆。貨運服務所的倉儲黃豆，是因爲當時全省黃豆產量太少，無法供應所需，而全省各油廠又無法負擔鉅額的進口黃豆價款，於是由政府金融單位先行墊付所需價款，並依臺灣區植物油製煉工會按各油廠設備及加工能力，議定受配額，委託中央信託局集中向國外採購。等到黃豆分批進口後，卽由中信局委託鐵路局貨運服務所儲運。各油廠到所在地的貨運服務站提貨時，須先付款方能運回黃豆加工煉油，所得豆油統由糧食局訂價收購。而王作昌等大華公司高級職員，就將腦筋動在尙在貨運服務所倉庫中的黃豆。從民國五十三年起，王作昌等人勾結鐵路局貨運服務所萬華服務站的職員，先後盜賣黃豆及其他農產品共十七次，到民國五十四年十二月案發時，共盜賣黃豆八千八百多公噸、豆粉二千七百多公噸、花生六百三十七公噸、玉米三百五十四公噸之多，此外還有鉅量的花生油、茶仔油等也被盜賣。這件案子經調查局臺北調查站偵破後，王作昌等十六位涉嫌者被依貪汚罪判了重刑，也使得三位監委、三位立委及一位國大代表因爲收受賄賂企圖擺平盜豆案而被司法單位收押並分別判刑，並喧騰一時。大華油廠原是全省各油廠中機器最新、產量最大、品質也最好的油廠，發生盜豆案後無法繼續經營而停工，至今已經完全廢置，直到嘉新財團買下廠地後，大華油廠才總算落幕了。」

在先生擔任司法行政部長任內的七年間，確實嚴辦了不少貪汚案件。單就油商行賄案來說，先生卽得罪了立監委員，接二連三的質詢找問題，當時先生是行政院長呼聲最高的人選之一，由於立監兩院的少數委員，因爲自私自利，從中作梗百般刁難，先生才榮調總統府副秘書長之職。

曾任中央黨部第三組副主任李樸生先生說：「彥棻先生在司法行政部長任內，最引起輿論注意的，是黃豆案、基隆市政府主任秘書、臺北市政府公共工程處、彰化縣政府某科長、萬華及竹南鐵路服務站，都發生過大貪汚案（詳見五十四年十一月、十二月《中華日報》、《中央日報》及五十五年一月《聯合報》、《中華日報》）。先總統　蔣公鑒於大陸淪亡，根源在貪汚。據悉在重慶時，魏德邁將軍，曾懇切向他報告貪汚官吏的害民情形。先總統　蔣公即請魏德邁將軍在上清寺向國民政府各高級官員報告貪汚官吏猖獗，將使中華民國被共產黨所擊敗，要速挽救。先總統　蔣公曾想大力掃除貪官汚吏，也曾於抗日勝利後，手令槍斃接收大員莫汝碩將軍。但貪汚官吏已如蝗蟲長了翼，滿天亂飛，而戴笠將軍已遭空難，沒有人能替他執行掃除的責任。國防醫學院名外科主任張仙林先生曾診斷政府是患了大腦生瘤，四肢痲痺重症，至爲危險。（詳見《傳記文學》二三二期〈憶盧致德先生文〉）。陳布雷先生憂國自殺，遺書即引韓詩『中朝大官老於事，豈知感激徒媕婀。』以斥責在位的大官。我以爲大凡敢貪汚的官員，必有相當聰明能力，更有強力的後臺。若依法嚴辦，必有後患。我閱蔡孟堅先生《國大代表現居美國》的傳眞集，他在民國二十一年，敢在漢口擔任剿共的任務。拘捕了不少共黨份子，包括最有名的顧順章，卻不敢擔任先總統　蔣公面諭他『兼辦黨內國內貪汚清查的任務』（該書第十六頁）。又閱何雪竹先生的戰時日記，他是辛亥革命有功的老同志，被任爲軍法總監，應該肅貪無所顧忌。但他辦到林世良貪汚案時，有孔祥熙出面請客說情，辦到劉士衡貪汚案時，有更多的軍政要人出來說情，他便不能秉公法辦。他又查到糧政部長徐堪濫用公帑有據，亦不便追究。只有慨嘆『貪汚之風，所由起也。』（詳見《傳記文學》第二三二、二三三期）可見素來貪汚之難辦。現在黃豆案涉及幾位有大背景的立委、監委，以彥棻先生之聰明，應該知道這些人判刑之後會有麻煩，卻對辦案的司法官絕不干涉，聽其依法審判。毅然為先總統 蔣公任怨，以法行而後知恩，整飭綱紀自任。在今日官場會被笑是愚忠，不像何雪竹先生之老練，把責任輕輕推回上級。但後世讀史，會稱讚彥棻先生是一位響叮噹的社稷之臣，有澄清政治，復興中華民國之功！中共今日叫出『政治學臺北』的口號，要學臺北的甚麼？學臺北不顧情面肅貪，是第一步。彥棻先生是臺北先走這一步的勇者。」㉔曾任立法委員的陸京士先生也說：「鄭先生主持司法行政部時期，對當時發生的黃豆案，不顧一切依法嚴辦，使政風嚴肅，人心大快。」㉕曾任華僑聯合總會秘書長梁子衡先生也說：「鄭先生在司法行政部任內的作風，他不避權貴，執法如山，創司法界打虎斬鯨的記錄，這是法家精神的表現。」㉖黎晉偉先生也稱讚說：「鄭彥棻先生勇於負責，我國官場大抵有兩種類型，一種是『應付型』的，無論任何事情，都以應付為主，只要應付對了，不開罪任何人，便算是『好官』。這種人，無咎無譽，官運亨通，倒不失為作官之道。另一種是『負責型』的，知其當為則為之，直道而行，不計個人毀譽，這種人因勇於負責，難免不遭受挫折，彥公是屬於後者。舉一個例，十數年前，彥公出任司法行政部長時，便因處理『黃豆案』而引起極大風波，因

㉔《鄭彥棻八十年》第十六、十七頁。
㉕《鄭彥棻八十年》第二十頁。
㉖《鄭彥棻八十年》第十九頁。

為黃豆案的主角有幾個是立監委員，而立監委員，是所謂『老虎屁股摸不得』的。而這一次彥公摸了老虎的屁股，結果是開罪了立監兩院，終於不能安於其位，幸得　蔣公稔悉其情，把他調為總統府副秘書長，藉以緩和立監兩院的情緒；後來張岳公榮休，再升為秘書長，算是給了他一頂『保護傘』。黃豆案關係國家紀綱，是非自有公論，彥公對這一挫折，是並不感到後悔的。」㉗

提起了貪污，由來已久，腐蝕國家命脈莫此為甚，人人恨入骨髓，大陸淪陷，政府文武高級官員貪污腐敗，是其主因。但貪污者皆為長袖善舞之輩，巧言花語之徒，會投機，會旁門左道，有後臺，有來頭，有背景，有靠山，有特權，有人撐腰，升斗小民莫可奈何。回想從民國三十四年抗戰勝利到三十八年剿共失敗，只不過短短三年，整個神州被中共席捲而去，但失敗的原因有軍事的、政治的、外交的、經濟的，但主要原因在於大官貪污，民心渙散，士氣瓦解，敵人離間分化乘虛而入，果然中了魏德邁將軍的預言。先總統　蔣公痛心疾首，屢次以廉恥召示國人，但言者諄諄，而聽者藐藐，貪污風氣越來越盛。真像「野火燒不盡，春風吹又生。」民國三十七年十月間，在上海有一些大賈巨亨，乘國家之危，囤積居奇，大量收購黃金美鈔，物價飛漲，金圓券貶值。　蔣公指派蔣經國先生前往上海查辦，經國先生毫不徇情，公事公辦，當時國內各大報紙都有登載蔣經國先生上海打虎，人心大快的消息，一時傳為佳話。曾任國防部政戰部主任王昇

㉗《鄭彥棻八十年》第八十九、九十頁。

將軍說：「譬如說上海打老虎，是多麼艱苦的事情，當時我們參加上海打老虎的工作，上海十里洋場，最壞的人在上海，最好的人也在上海。有一天下午，我集合兩千名打虎幹部，等經國先生回來講話，可是到了六點鐘他人還沒有來，我就打長途電話到南京，我在電話裏聽到他的聲音，好像曾經哭過的聲音，所以在上海管經濟實在最危險，沒人敢這樣做，他這樣做了。」㉘

民國三十八年八月，中美外交關係發生挫折，美國國務卿艾契遜發表中美關係白皮書，明白指出中國政府如不及時肅清貪汚，便停止軍經援助。艾契遜固然是受了中共的宣傳與擺佈，如果我們眞的清白廉潔，別人也無從藉口。至於少數特權階級，雖不貪汚，仗勢欺人，也是很不受社會歡迎的。抗戰勝利後的一、兩年間，在內地各大城市，也都唱過一首打油詩：「中華民國四大害，新聞記者青年蟲，立監委員國大代。」青年軍不久便參加戡亂戰爭，沒有人再批評青年軍是吃白飯的少爺兵了，筆者也是其中的一份子。其餘三種人物，百分之九十九是正派君子，只有少數的一、兩位，是害羣之馬，但一個死老鼠染壞一鍋粥。仗恃特權，欺壓善良，爲非作歹，要脅政府。政府遷來臺灣，有極少數的中央民意代表，在飽暖思淫慾之後，竟又憑仗其特殊身分，製造貪汚醜聞。但又偏偏碰到鄭彥棻先生是廣東硬漢不賣賬，給予當頭棒喝，人人拍案叫絕。民國以來，不威權勢，嚴懲貪官的除戴笠將軍、蔣經國先生、鄭彥棻先生三人外，尚未看到過第四人。

㉘《我所瞭解的蔣經國先生》第五十四、五十五頁。

今日政府積極準備反攻，以三民主義統一中國，改革社會風氣，鼓舞民心士氣，就得徹底實現十大政治革新，高級領導階層，必須拿出鄭彥棻先生的勇氣與魄力，大刀濶斧，破除人情包袱，徹底肅清貪汚，消滅特權階級，剷除官僚鄉愿，確實做到愛民、便民、利民。反攻復國，自然水到渠成，馬到成功。

第十節　擴大慶祝司法節

我政府自民國三十五年起，定每年一月十一日爲司法節，以紀念我國的司法獨立。先生到部後不久，適逢第十六屆司法節，也就是民國五十年一月十一日。先生對此節日特別重視，認爲社會各界人士對司法的認識不夠，一般民衆常視司法機關爲一座殺氣騰騰的官衙門，視法院爲畏途。實際上司法旨在便民、利民，爲民衆解決困難問題，主持公道的機關。所以自民國五十年一月十一日起，每年司法節，便擴大慶祝，利用各種傳播媒介，宣揚司法工作的神聖意義，舉行各種展覽，歡迎社會各界參觀指教與批評。

壹、舉行監所作業成品展覽：先生爲了使社會各界人士對監獄作業成品的內容，有所瞭解，指示臺灣高等法院於民國五十年一月十一日，第十六屆司法節，舉辦臺灣各地監所人犯作業成品展覽。該院爲了妥爲籌備，借用臺北市延平南路三軍軍官俱樂部，作爲展覽會場，精選各地監獄作業成品，包括木器、籐器、竹器、鐵器、服裝、印刷、織布、編結、其他等九類，共計五千二百二十六件。

展覽期間，在會場設置幻燈，展出臺北、臺中、臺南三監獄暨臺北、臺中看守所實錄簡介及監獄剪影各一套，用以介紹監所設施及行刑概況。如：調查分類、教育、教誨、作業、康樂活動、保健衞生等。同時張貼受刑人起居飲食作息生活照片二百三十多張，旨在介紹當前司法刑事政策之趨向。自十一日、十二日展出兩天，前往參觀者多達二萬五千餘人。所有展出成品，絕不偸工減料，訂價又較市面低廉，展出成品很受社會各界歡迎，全部銷售一空。由於民衆紛紛請求繼續展出，乃於一月十四日、十五日兩天，在臺北監獄繼續陳列，各界訂購者仍很多，深受輿論的好評。臺北展出四天連同臺灣各地全部售出作品，共收入約新臺幣一千二百零七萬八千六百五拾餘元。從此以後，每年司法節也都同樣循例展出，成品更為精美，類別也是一年比一年多，展出的規模更是一年比一年大的多。先生認爲展出成品全部售出，收入也頗爲可觀，則在其次，最主要的還是達到向全國各界宣傳司法作業的目的，才是眞正展出的價値。司法節的當天，並開放臺北監獄，任由市民參觀，監獄設備之齊全，環境庭院之整潔，人犯內務之乾淨，使國人耳目爲之一新，均留下良好的印象，不再有牢獄森嚴恐怖之感覺。

貳、舉行司法人員書畫藝文展覽：先生處處以「機關學校化」、「工作教育化」或教育家或藝術家的眼光，鼓勵或帶動司法人員的進修及創作，頗能收到公餘進修互相觀摩拓展藝術領域及襟懷，俾以提高精神生活水準，每年司法節均擴大舉行司法人員藝文作品展覽，司法人員的各種作品，每年都有顯著的進步。例如民國五十四年一月十一日司法節所展出者，堪稱爲藝事精華。其中一部分爲司法人員子女之作品，其成績亦頗爲可觀。總計展出作品三百二十餘件，其中有法學論著九十餘件。包括副院長傅秉常先生、最高法院院長謝瀛洲先生、大法官林紀東先生等著作。另有書法九十餘件，國畫及油畫七十餘件，攝影二十餘件，金石四十餘件，刺繡、剪畫約十餘件，琳瑯滿目，美不勝收。

先生首先以身示範提供書法多件，蒼勁俊逸，甚具匠心。先生之二女公子鄭雪馨小姐，提供之國畫及油畫，最引人注目，成就非凡。馬院長木軒先生送展國畫七件，黃大法官光魯先生大幅山水畫，王同濯先生的墨竹，王曉夫先生的夜村煙雨、陳光華先生的油畫楓橋、攝影作品中夕陽舟影、雨後、晨、女皇、樂敍天倫等，均屬難得一見的佳構。可圈可點。

五十四年司法節，先生爲增進集郵興趣，養成儲蓄美德，特擴大舉辦司法人員集郵展覽，展出郵票計有六大類：㈠中國郵票部分：有國父像郵票集，蔣總統像郵票集，烈士郵票集。㈡外國郵票部分：有聯合國人權宣言郵票、世界人權宣言郵票、美國自由鬥士及箴言郵票、日本十八屆世運票，及花、鳥、賀年等郵票專集。㈢紀念郵票部分：有慈壽票、宣統紀念票、民國創建及戡亂郵票。㈣實寄封部分：有早期國郵之雲龍慈壽實寄封片及德國駐華客郵、臺灣光復初期軍郵及軍人家書、村鎮信櫃等各種實寄封片。㈤航空郵票專集。㈥變體票及趣味品票等集。上項品票共展出一百餘框，所展出之目錄當場分贈觀衆。一天之內參觀者達三萬人之多。以中上學校之學生觀衆爲最多，展品中之早期票、實寄票、客郵票等古色古香，乃爲極可寶貴之歷史資料，最爲觀衆所讚賞。先生之構想總是變化多端，令人敬佩激賞，且具有重大鼓勵及教育意義。

叁、舉行調查局業務及技術設備展覽：先生藉著擴大慶祝司法節，舉辦調查局業務及技術設備展覽，俾使社會人士對調查局的業務有所瞭解。此項展覽創始於民國五十五年司法節，是先生到部後的第一次展出，完全是先生又一新的構想與措施。五十五年一月十日預展，十一至十三日正式展出三天，各界人士前往參觀者多達三萬餘人。此次展出分爲：㈠業務展覽：計有①認識敵人。②肅清間諜。③除暴安良。④科學求證等二百餘種。㈡科學設備展覽：開放各實驗室及研究室，使參觀者對該局罪證檢驗、檢定之實際工作情形，可獲得進一步之瞭解。㈢關於犯罪偵查科學技術之研究應用方面有：科學情報之研判、破密檢驗、秘密通訊之研究應用、錄音工作、謊言測驗、攝影技術之應用、現場罪證採拾、化裝僞裝、人卡鑑識、罪證資料檔案等。㈣關於罪證檢驗鑑定方面有：烟毒鑑定、毒物分析、僞造變造物鑑定、危險物鑑定、微量罪證物品檢驗鑑定、化學物品定性定量分析、罪證檢驗技術之研究、筆跡、印文、印刷品、打字、指紋、痕跡鑑定、錄音、電氣、車禍、驗槍、法醫等鑑定。此外，並展出中共情報資料、中共文化大革命、大陸反革命運動，也均有詳細之介紹。以及破獲之僞造新臺幣之各項罪證資料：包括手搖及電動印刷機多臺，各項膠版、銅版、玻璃版，共五百餘塊以及印刷出版僞鈔，參觀者均投以驚奇眼光，認爲調查局在司法節前夕，破獲重大僞造臺幣案，維護國家幣信，穩定金融，爲一值得喝采的重大貢獻，得到國人一致好評。

自此以後，社會各界對司法行政部調查局，有了深刻的瞭解與認識，認爲在反攻復國的前夕，對於叛國份子之破壞與滲透以及打擊犯罪懲治貪汚，貢獻至鉅。在另一方面對於心存僥倖而企圖顚覆政府之潛伏間諜特務及反動份子，卻也發生了很大的嚇阻作用。

肆、擴大舉行同樂晚會：先生認爲司法人員，整日案牘勞形，文卷繁多，生活淸苦，待遇菲薄，身心方面，自應有所調劑，輕鬆其情緒，消除其疲勞。因此從先生到部後的第二個月開始，每月舉行同樂晚會一次。但每逢司法節即擴大舉行同樂晚會。同時也顧及到司法人員之興趣，且富教育意義，並置備各種棋類，可訓練其思維，各種球類比賽，可鍛鍊其體魄，星期假日作團體郊遊，旣可有益身心，又可疏散心中憂煩，欣賞大自然，心曠神怡。

民國四十九年八月開始，司法行政部，試辦電影欣賞會，假臺北第一女中大禮堂，放映「聯邦調查局」影片，頗具教育意義，司法人員均感興奮。自此以後，每月均舉辦康樂晚會一次。先後曾邀請陸光國劇隊、金素琴國劇團、復興戲劇學校、海光國劇隊，演出精彩國劇。以後的晚會也曾演出話劇、電影及歌唱等。用以調劑身心，提高工作效率。此乃先生到部後所創始之寓教於樂工作新猷之一。

伍、舉辦法律常識測驗：先生爲了普及法律常識，減少人們之犯罪行爲，維護社會安定，想盡辦法予以推廣，從民國五十年開始，卽先生到職的第二年，每年的司法節前夕，卽擴大舉辦法律常識測驗，分社會、學校兩組。學校組測驗，擬定題目函請臺灣省各中等學校舉行測驗，每校優勝者前三名，發給獎狀、獎品、獎金等。參加的學校多達四百餘所，至爲踴躍。社會組測驗，由臺灣高等法院與中央日報社聯合舉辦，採有獎徵答方式，大同公司及公私營業機構提供獎品，擬定題目交《中央日報》發佈，讀者特別具有興趣，總計收到答案一萬四千餘件，全部答對者二〇三三件。分別發給獎品、獎金、獎狀。獎品有電唱機、電鍋、電冰箱、咖啡壺及書籍等。另外尚洽請中國廣播公司，利用「我們的家庭」節目，合辦法律常識空中有獎徵答，應徵函件極多，全部答對者，共有四百餘人，分別頒發獎金、獎品等。

另在宣傳方面，利用電視，分別報導司法節慶祝活動及放映新聞片，舉行時事座談。並由先生親自主持「政府與民衆」節目及播出臺灣電視劇「相逢何必曾相識」、「如何展開知法守法崇法運動」、「我們的政府」、「談司法行政方面的幾項重要措施」、「調查犯罪的程序」、「審判烟毒案件」、「終止收養案件」等。又利用中廣及警察廣播電臺，隨時插播司法節宣傳資料，並播出廣播劇「賊」等。同時出版司法節書籍、畫刊及特刊，分贈社會各界人士，各電影院放映司法節新聞片，司法工作幻燈，印製宣傳標語，分送各機關團體學校張貼，臺灣各主要城市均設置牌樓及施放高空汽球等。

先生對於推廣法律知識，倡導知法守法崇法，弘揚法治精神，做的特別努力。以上各種推廣法律常識措施，均獲各界好評，對於弘揚法治，確實收到極佳效果。此乃先生所創始之寓教於樂另一項工作新猷，貢獻至鉅。

第十一節　便民措施的革新

司法工作是親民、愛民、便民的工作，其目的就是要爲人民服務。自先生到職後，將過去幾十年來官僚衙門等不良積習全部予以清除，並積極推動便民措施。如增設法院、擴大公證、加強調解、訴訟輔導、公設辯護、簡化法院辦事程序、簡化案款發放手續等，都具有顯著績效，人民方便不少，嚴格執行準時開庭，成效雖未完全理想，但也較以往進步的太多太多了。

壹、增設法院：先生認爲要想徹底做到便民，就得從普遍設立法院做起，依照法院組織法的規定，每縣市各設一個法院爲原則，省或特別區各設高等法院一處，但區域遼濶者，應增設高等法院分院，旨在便利人民訴訟。臺灣在日據時代，人口稀少，法院建制不全，首先增設屏東、澎湖、基隆等地方法院。民國四十九年臺灣省的行政區域，已經有二十二縣局，就地方法院來說，僅有十二個，幾處人口稠密的法院，臺北、臺中、新竹、嘉義等處法院，都必須兼轄其餘縣市的民刑訴訟，地區過於寬廣，訴訟人來往奔走，時間金錢極爲浪費，深感不便。再就二審法院來說，臺灣的二審法院，原來僅有設在臺北和臺南的高等法院分院，中部地區上訴二審的民刑案件，必須遠赴臺北或臺南，實在太不方便。經過先生多次的親自視察，便逐漸朝著每一縣有一法院去分期完成。同時成立臺中高分院及臺東高分院。

臺中高分院於民國五十一年成立，當時的建築費用及開辦費用合計爲一千一百多萬元，每年經常開支費用爲一百萬元，但所轄各縣市第二審上訴案件，當年統計在一萬件以上，每一案件訴訟人，平均一次爲四人，每一案出庭三次，全年度需要南北奔波的人，約有十二萬人次，每人每次食宿費用，平均往返一次五百元，估計全年要超過六千萬元。臺中高分院設立後，在無形之中節省了新臺幣六千萬元。人民確實方便不少，同時也減輕了臺北、臺南高院的工作負擔，在辦案績效來說，卻有極大的收穫。

先生在七年部長任期之內，先後增設屏東、澎湖、基隆、雲林、臺中、彰化等地方法院及花蓮高分院。人民受到了實惠，先生爲便民、利民的工作，設想可謂週到之極，做的非常圓滿而成功。

貳、革新便民業務：近年法院業務範圍，有逐漸擴大之趨勢，有許多法律條例，交給法院辦理，法院均逐一妥爲處理，確實做到便民。玆舉下列五項爲例：㈠財稅滯納案件的處理：每年執行件數，多達一百萬件以上，所得金額每年高達新臺幣兩億多元。法院特設專庭，予以處理。㈡農田水利會會員欠費事件：由水利會送請法院裁定強制執行，毋庸經過訴訟程序，法院自當妥速處理，不得積壓。㈢耕地三七五減租條例的執行：政府爲貫徹耕者有其田政策，爲幫助耕農切實獲得利益，有關此類爭議的案件，先生督促各級法院，速辦速結。㈣積極推動少年事件處理法：社會各界希望少年法庭及少年觀護所能及早成立。先生以爲這是一項新的制度。應當本著新觀念、新精神、新作風給予少年最妥切之處理。爲家庭、爲學校、爲社會分擔敎化之責任。㈤自非訟事件之處理：各地方法院將設非訟事件處，專司其事。這一制度的主旨，在確保私權，防杜糾紛，由非訟而期於無訟，儘量做到便民。此乃先生在本身工作以外所創作的重大便民工作。

叄、疏減訟源：疏減訟源也是先生到職後革新便民措施之一，做的積極而具成效：㈠推廣公證：每年平均辦理約三萬七千餘件，其中如公證結婚，近年普遍推廣，足以養成社會節約風氣，逐漸受到國人的重視與歡迎。㈡輔導鄉鎭調解：平均每年辦理一萬件以上，其調解成立後，報請法院審核，與法院確定判決有同等效力，每年約四千五百件。㈢厲行調解與和解：調解爲訴訟前的程序，調解成立，即可免於訴訟。和解於訴訟中隨時試行，和解成立，亦可終結訴訟。據統計調解成立，每年平均約百分之七十。和解成立，平均每年約達百分之十七。㈣商務仲裁：這在英、美、日本各國，頗見成效。在我國尚未廣泛採行，有待商務仲裁協會及工商界人士的多予運用，法院自然熱心協助，是一條免於訴訟便民之道路。

肆、輔導訴訟：人們不得已才對簿公庭，行政上爲了便利人民，應給予適當的輔導，以減輕其訟累，免除不必要的煩擾。因此先生也建立了三項制度：㈠法院設置訴訟輔導處，爲人民解答法律疑問，繕撰書狀，並以通訊方式，答覆詢問，每年平均處理十七萬件以上。先生又曾指示各地方法院設置服務臺，專爲人民服務，儘量做到便民。㈡在法院公設辯護人爲刑事被告辯護：凡刑事法規定強制辯護的案件，而被告未經選任律師爲辯護人者，統由法院指定公設辯護人爲其辯護，其他案件認爲有必要者亦同。㈢鼓勵律師公會辦理法律扶助事宜：這種扶助工作是律師法所要求的，凡當事人對法律有所疑問，或無力委託律師撰狀，或爲代理，或爲辯護，律師應本法律扶助辦法予以扶助。先生隨時提出予以表揚鼓勵。

伍、革新辦事程序：先生到職後，經深入瞭解業務之後，認爲許多事情太繁瑣，且不便民，稍不小心，便會增加人民的痛苦，必須予以改革，通知各級法院切實做到下列各點：㈠徹底做到準時開庭，節約當事人的時間。㈡注意訴訟文書送達時限，切勿遲誤。㈢依時送發訴訟卷宗，以利案件的速結。㈣簡化提存手續，便利案款發放。㈤以最快速的方法，使當事人獲知偵察及裁判結果。㈥厲行口頭申訴，裁判書類用語，力求淺顯，使人民易讀易看，一目瞭然。先生爲了做到便民革新，點滴案件，絲毫不予忽略，這才眞正能做到爲民服務的目的。

第十二節　加強調查保防工作

調查與保防是司法行政部調查局的主要業務，調查局依據組織條例規定，是掌理有關危害國家安全與違反國家利益的調查與保防事項。它的任務：在積極方面，乃對國家安全有關的各種現象，經常進行調查，及時發現問題，協同有關部門，消弭於萌；消極方面，乃對前述特定刑事案件之調查舉發，以資料移送司法機關調查、審判，或受委託協助辦理前述案件案情罪證之調查、鑑定，其主要工作，自五十年以後加強推動的情形，可分爲調查、保防、偵防三項。玆簡述其概況：

壹、調查工作的加強：安全情報工作，對國家安全有關政情、經濟、社會等現象，進行調查，搜集資料，提供施政決策之參考，並謀消弭犯罪於無形。每年搜集調查情報，平均在三萬件以上，其收集事項，以下列爲其重點：㈠在政情調查方面：特別著重於足以危害國家安全的種種情勢。諸如從事非法組織活動等類事件的調查與分析，並以各種有效方法，從事疏導防止。多年來對於所謂「異議份子」之活動概況，曾加以瞭解與掌握。因而有廖文毅、鄭萬福等返國歸正。投效祖國政府。這項調查工作對國家安全之確保，頗具效果。㈡在財經調查方面：除針對行政院近年施政方針，有關財經方面的決策執行情形，廣泛調查分析，隨時反映外，對於特殊問題並擇其重點，逕行調查研究。如對於財稅的整頓，國營事業的管理，證券市場的檢討等，均特作專題性的調查研究，並撰成專題報告，提供有關部門研究改進，並作爲制訂政策的參考。㈢在情報調查方面：側重於社會風氣，民情反應，民間疾苦，以及偶發事件的調查和處理，按月編有「社會動態」調查彙報，「民情反應」調查彙報外，並有專題調查報告與奉交專案調查報告等，分送有關方面參考，積極處理以求完善。

貳、保防措施的加強：是對特定事項之安全措施，亦爲之犯罪預防工作，亦係調查局重要職掌之一，調查局依其組織條例第五條規定，曾佈置管理並考核其保防組織其系統，並負責綜合協調軍中保防、民間保防、特殊管制區域保防等體系保防工作，當前工作重點，乃是對於內亂、外患的叛亂行爲，及洩漏國家機密等特定犯罪，加以預防措施爲範圍。其工作要項如下：㈠保密工作：以保護國家機密，防制洩漏或間諜之竊取爲要務。㈡防諜工作：以法律規定之肅諜連保切結爲基礎，並以秘密調查考察方式，防制間諜之滲透活動及發掘已潛伏之間諜爲主要。㈢安全防護工作：防止間諜及不良份子之破壞活動，對於各機關之人員、房舍、器物、文卷等，隨時加以安全防護之措施。數年以來，因保防工作之實施，於間諜滲透、竊密、破壞等活動之防制，獲有良好績效。

叁、偵防犯罪的加強：偵防犯罪，是調查局的重點工作，必須顧及到全面。保防工作，是著重事先的預防，情況不相同，卻互相有關連。偵防的對象，以有關危害國家安全與違反國家利益的案件爲主。如叛亂、貪汚、煙毒、走私、販賣及製造槍械、僞造國家錢幣等類案件均是。玆就民國五十四年一年當中，調查局偵破各類間諜案計有九十三件，捕獲人犯一〇八人，偵破其他的重大案件也很多，已爲社會各界所週知，對這些重大案件的偵破，調查局都動員了很多人力，鍥而不捨，多方求證，多方硏判，深入分析，嚴密佈網，追踪跟踪，最後終於偵破。這可算是與犯罪者戰鬪最尖銳最壯濶的一面。但有三點必須加以說明：㈠犯罪的處理程序：是完全依據法令而採取的步驟與行動。也就是說，發現犯罪以後，必須本著法律的觀點去進行偵破，在程序上不使法律稍有偏差與違誤。㈡犯罪的偵破：所運用的是科學方法與組織的力量，司法警察職權，絕對沒有採用「刑求逼供」的落伍手段。㈢在偵破犯罪過程中，調查人員都是在法院檢察官的指揮之下努力工作。也只有如此，調查局的偵防工作與司法工作，始能結為一體，成為推行法治工作的重要環節。

司法行政部調查局在先生親自指揮督導之下，偵破了許多重大危害國家案件。先生在這一方面，也完全是本著「工作戰鬥化」、「辦事科學化」、「手續合理化」的原則，衝破一切艱險，向前邁進，七年來成果輝煌，績效可觀。

第十三節　積極推動研究發展

與中共鬪爭，是政治、外交、社會、內政、教育等各方面的共同責任，而司法是居於最前線，有其獨特的專業性的戰鬪任務。司法行政部是綜合了審判、檢察、調查、保防、監獄及看守所等各方的責任與犯罪的處理。玆再就先生於五十五年這一年當中對於犯罪研究、敵情研究、科學技術研究等研究發展過程與成績說明如下：

壹、犯罪研究：先生於民國五十二年十一月奉准設置犯罪問題研究中心，派定或邀請部內外專家學者參加研究，預定專題，分期分組進行，先後廣泛調查、訪問、搜集有關資料，然後綜合分析，尋求犯罪原因及其對策。經過三年多的努力，已先後完成了竊盜犯、違犯票據法、少年犯、殺人犯等四項工作研究，編印報告專册，供各界人士研究參考。玆將四項研究報告，所提供的對策，簡單加以說明：㈠竊盜犯：在防止對策方面：計提出社會、教育、刑罰、執行、出獄保護、犯罪調查等六大項。其中較重要者有：改革社會驕、奢、淫、逸之風氣，建立社會安全制度，學校方面，應加強德、智、體、羣、美五育並重，特別重視發展職業教育。對於犯罪爲常業之竊盜犯，應科以重刑，並交付強制工作，加強司法保護工作，使其重新做人，以安定社會秩序。㈡違反票據法：在防止對策方面，計分社會、銀行、信用合作社與有關機關及司法共三十六項。其重要者如由工商界人士發起不開發、不接受遠期支票運動。銀行、合作社應審愼准許開戶，並與甲種存款戶之間，經常保持密切聯繫，偵察違反票據法案件時，應確實查明被告住址，妥爲處理等項。㈢殺人犯：防止對策，在治本方面計有：①在社會教育方面，應積極提倡我國固有道德。②在國民學校教育方面，應特別強調品德教育的重要。③政府各機關應積極提倡新生活運動，改善社會不良風氣。④組織「輔導家庭協會」，用以疏導家庭糾紛。⑤加強電影檢查，查禁誨淫、誨盜、打鬪、搶刼、殺人之影片共十一項。在治標方面計有：①由治安機關嚴密監督不良份子，嚴禁並加強取締幫會組織。②加強各種武器及槍彈刀械之管制。③充實刑事科學偵察設備等六項：㈣少年犯：在預防對策方面計分：社會、教育、家庭、司法、警察、輔育六項。主要內容計有：①普遍加強各種青少年之活動。②加強殘廢兒童之救助與農村托兒所之設置。③學校中之軍訓教官應嚴密考查不良學生之動態。④學校與家庭應經常保持密切之聯繫。⑤中等學校之學生應一律住校爲宜。⑥學生之至親尊長應以身作則，不進入不正當之遊樂場所，不酗酒、不賭博，在家庭中樹爲楷模。⑦成立家庭協進會，指導優生節育等事宜。⑧成立少年法庭，充實少年感化教育之設備。⑨對不良少年殺人案件，檢察官應隨時檢舉，刑庭應作適當之量刑，並應展開三民主義各項之教育措施，予以陶冶感化。

以上四項報告陸續發表後，確實引起司法、社會、教育、金融、警察，各界人士的重視，先生在司法行政部長任內的六、七年間，票據犯、竊盜犯、少年犯確實大爲減少，這完全要歸功於先生的睿智及其嚴格督導辛苦之功。

貳、敵情研究：中共乃爲有組織、有目的、有策略、有訓練的龐大軍事及政治之集團，凡參加共黨組織及陰謀滲透與顛覆份子，均應接受法律的制裁，必須隨時研判分析瞭解其動態與其陰謀，作爲研判對策之依據。司法行政部調查局，對共黨份子，累積有三十多年之鬪爭經驗，亦掌握有其各階段之秘密資料與文件，並曾不斷繼續予以搜集及補充。數年以來，經隨時加以彙編研析，印成書冊或專集者，已有數百種，都一百餘萬言，搜集各類有關資料，亦有三萬三千餘件，可供反共戡亂決策之參考與執行防奸肅諜案件之依據。先生在敵情研究方面，確實做的具有實效。

叁、科學技術研究：爲加強犯罪調查之科學技術研究，以加強阻遏與懲辦犯罪之效能。先生曾專案呈請行政院核撥專款，建築科學技術大廈一所。並成立「犯罪調查科學技術研究中心」增購科學儀器設備，多方羅致科學人才，並聘請各項科學技術專家、學者爲顧問，參加研究工作，運用最新科學方法，調查各類犯罪型態，以及運用科學技術檢驗，鑑定罪證等方法與技術的研究發展與改進，使科學技術在調查鑑定犯罪的工作上，有更多的建樹與貢獻。

先生主持司法行政部七年半的時間裏，不論處理任何一件大小事物，都必須事先深入分析與瞭解，待進入情況後，即刻採取行動。先總統　蔣公有鑒於時代的快速發展，司法行政的長期落後的嚴重性，便及時派任先生擔任斯職。先生就職不到一年，就以快刀斬亂麻，衝破重重難關，開創司法新局。加速司法改革，今天國人都稱讚先生是醫治社會病態的名大夫，也是很切合實際的。

當代名作家邵德潤（筆名聞見思）先生很欽佩的說：「鄭彥棻先生擔任過兩件最難做的工作，一爲僑務，二爲司法。他在國家最危難的時刻，擔任僑務委員會委員長，負起收拾海外人心的使命。要把當時海外迷惘散漫的華僑，重新集合在青天白日旗幟之下，是件很不單純的工作。鄭彥棻先生出任司法行政部長期間，也幹的有聲有色。司法界在我國，一向屬於最保守的一環，上面保守，下面就不免腐化。鄭先生且以「激進」的姿態深入下層，直接去了解司法界的癥結。他辦司法官訓練所，逐漸爲司法界注入新血輪；他採行司法官輪調制度，使司法官的升遷得以加速。本來保守得幾乎僵化的司法界人事，從此得以靈活運轉。人的活動加強，司法的革新也就隨之推進，鄭先生主持法部期間，司法的進步，可說是最顯著的。」邵先生又說：「鄭先生主持司法行政部之後，以革命家的精神，致力於監獄的改革。龜山監獄的建造，使中國司法得以在國際間獲得空前的稱譽。我們知道世界各國監獄的腐敗，幾乎是一致的。美國雖然以民主國和保護人權自居，但是美國各州監獄內部管理的黑暗，可以說不堪聞問。我們龜山監獄的管理不但良好，而且臻於理想境界；這項成就足爲我國司法史上放一異彩，而鄭先生正是爲中國司法史寫下這一頁的作者。」㉙按聞見思先生乃爲當代名作家，其大作常見於國內各大報章雜誌，常以公正無私之筆，就事論事，鍼砭社會時弊，入木三分。從未見有對何人奉承讚譽，卻對鄭彥棻先生誇不絕口，如非彥棻先生對國家、社會、人類有著極大的貢獻，邵先生絕不會無的放矢。曾任臺灣高等法院首席檢察官周旋冠也說：「彥棻先生用人，不計淵源，例不勝舉。彥棻先生於獄政之革新，有輝煌之成就；如在郊區建築規模宏偉，設備完善的臺北監獄，令飭籌劃高雄監獄之遷建，改建基隆病監，成立醫療痲瘋病犯的分監，成立臺東外役隊，促使逐漸成爲開放性監獄，擴建各監獄舍房。創導三民主義管教措施，使監獄學校化、醫院化、工廠化，旨在合乎行刑要求，發揚王道仁愛精神之崇高理想。新建或擴建各地方法院看守所，使之合乎羈押之要求，展佈了獄政新貌，

㉙《鄭彥棻八十年》第一三九頁。

為國內外獄政專家所稱道。」周先生又接著說：「五十五年八月十五日最高法院檢察署檢察長令飭偵查油商行賄案，在此之前三天清晨七時許，部長對我說：『據本部調查局沈（之岳）局長報告，有幾位中央民意代表涉嫌收受油商賄賂，已蒐集證據，將移卷偵查。此事牽涉甚廣，希密飭臺北地方法院檢察處審慎將事，冷靜處理，依法偵查，毋枉毋縱。』接著問我的意見？我很坦率的說：『偵查犯罪，懲治貪污，檢察官職責所在，絕不瞻徇。惟此事純為刑事司法案件，必須慎防變質，惹起政治風波。』彥公莞爾而笑曰：『我不想當行政院長，亦不戀棧這部長職位。』充分流露其舉重若輕的膽識。」[80]

曾任高雄地方法院檢察處首席檢察官李鐘聲先生也說：「事情經過是這樣的，當先生任司法行政部長的時候，就在民國五十三年夏天，由於嘉義地方法院檢察處新建的辦公大廈舉行落成典禮，褚首席檢察官劍鴻兄柬邀隣近的南部司法首長參加典禮，並請部長講話。我記得舉行典禮的那一天（正確日期為五十三年六月十五日）部長的行程，是先去嘉義監獄，後到嘉義地方法院看守所巡視，因此典禮排在上午十時開始。當時的天氣很熱，嘉義地方上各機關團體的負責人士、民意代表，以及院檢同仁們，坐滿了大禮堂，部長講話的題目是：「如何辦好檢察業務」。他跟往常一樣，穿著一套整齊的深顏色的中山裝，講話的聲音宏亮，鏗鏘有力，講話的內容，非常精

[80]《鄭彥棻八十年》第一五〇頁。

關。大家聚精會神靜靜的聽著，每當他講到精彩處，大家起了共鳴，掌聲雷動，從頭到尾如是者好多次。直到部長講完，我看看手錶，已經足足講了一個半鐘頭，再擡頭來，看講臺上這時已轉過身來的部長，發現他所穿的中山裝的背部，已經汗濕透了一大片，竟有芭蕉扇那麼大的一大片，兩腋下面也同樣汗濕透了兩大塊，都滲在深顏色的衣服上，汗漬輪廓分明，顯現得清清楚楚。我看在眼裏，心裏頗受感動，不禁暗自佩服不已，心裏還想著：部長眞是好辛苦。到了中午，我們等部長出來一起吃飯。過秘書克厚兄走到桌旁悄聲說：各位不要等了，部長剛洗過澡，想睡覺休息，他很累，重感冒快有一個禮拜了。當時我聽到這話，驚訝得心頭一怔，一霎時感觸思緒湧起腦際，想著部長抱病到嘉義來，要去監獄及看守所巡視，又在大禮堂講話這麼久，講得大汗濕透衣服，忙累整整一個上午，累得連中飯都不想吃，只洗個澡就睡，眞累很了，累壞了。想著想著這一連串的情形，直教我心頭感動震盪，不曉得是甚麼滋味。良久，我才終於體會領悟也理解到了，這就是他犧牲自我貢獻司法公而忘私的精神。他這樣以身作則的無言身教，對我的啓示，等於上了一課，令我鏤骨銘心。他這樣力疾從公的工作態度，在司法界立起了工作精神標竿。人人都能全副精神如此奉獻，司法還會不好嗎？因此，每當想到先生那個背影，就好像浮在眼前，那眞是一個永遠令人感動的背影喲！[31]

---

[31]《鄭彥棻八十年》第三三〇頁。

先生之勇於興革，勤於任事，熱心負責公而忘私的辦事精神，永久銘刻在國人的心版上。除以上所條陳之改革項目外，尚有：如速判速決、愼重羈押、嚴禁刑求、清理舊案、推廣公證制度、籌設少年及財務法庭、出席國際司法會議、舉辦國語訓練班、倡行觀摩制度、厲行民事調解、交換國際法學資料、建立科學管理、改進保安處分、偵破重大間諜案件、修訂重要法規等，不勝枚舉，限於篇幅，不再多所贅述。

第十四節　懷念故舊知人善任

先生自踏入社會以來，從不以某某專家自居，不管從事何種工作，總是虛懷若谷，誠懇學習，悉心求教。先生常以臨淵履薄的心情去處理每一件事。更是以謙冲自牧，愼始敬終的態度去待人接物。以虛心納下的涵養及江海而容百川的寬大胸襟，接受別人的意見與批評。先生說：「回顧我在司法行政部長七年半中的任期內，我自己雖已竭盡心力，期求對司法行政的改進和革新有所貢獻，但是由於個人能力有限，成效離理想尙遠，深感慚愧。如果說我在任內還有若干成就的話，便應該歸功於各方面的督策和全體司法同仁共同的努力，我永遠懷念在這一段期間和我共同努力的全體司法同仁。我在七年半的服務期間，最感安慰和愉快的，也就是從當時和我共事的同仁中，我學習不少東西，而對若干同仁那種忠於職守勇於服務的精神，我尤深爲感動。」

㉜凡是與先生有過交往，或師生、或屬下、或同事、或同學、或鄉誼，都會體察出先生是最重情感，也是最富有人情味的一位長者。就如曾任中央黨部專門委員的羅子英先生所說：「先生是金剛面孔，菩薩心腸」㉝事實上眞可用這兩句話來形容先生。先生平時做事，要求屬下極爲嚴格，絲毫不得有所差錯，但對於屬下的生活，確又極爲關心和照顧，尤其是對於特別負責而腳踏實地而又能任勞任怨的部下更爲關切。玆舉幾個例子，以說明先生之仁恩遐被，愛護部下尤能注意到最細小的地方。

壹、懷念警長余家球：民國五十三年三月十四日，有一位警長余家球先生，任職臺東地方法院，有一天余警長押解人犯乘火車到達臺南近郊時，不料火車正在行進中，人犯乘機跳車逃亡，余警長見狀便奮不顧身，立卽跳車追捕，不幸跌傷要害，不治殉職。先生聞訊之後哀傷不已，立卽派員向其家屬致其最誠摯的慰唁，除發動司法行政部所屬各機關全體司法人員捐款救助，照顧其家屬生活及籌募其子女未來教育費用外，並呈請政府從優撫䘏，先生並時常在公開場合多次予以表揚和嘉許。卽知先生的仁慈及其惻隱之心。

貳、表揚執達員王長山：在民國五十三年四月十一日，臺灣高等法院執達員王長山，曾在臺

㉜《往事憶述》第一六七、一六八頁。

㉝《鄭彥棻八十年》第三一四頁。

北司法大廈連續服務長達六十二年才退休。王長山從十六歲開始，進入日據時代的臺北司法機關，從園丁到庭丁，再升守衛，光復後升任執達員，直到民國五十三年四月十一日退休為止，幾十年來固守崗位勤奮不懈。執達員職位不高，不但沒有絲毫厭煩，且對工作特別勤勞。奉命退休時，特別到部長辦公室向先生辭行，對於司法大廈內的每一位工作同事，都有著無限的留戀，這種敬業樂羣的精神和愛機關愛團體的情感，令人感動。因此在他退休前夕，先生親自與其合照留念，並特別在動員月會中頒贈他一張司法大廈的放大照片，作為永久紀念。這位執達員離職迄今已有二十年了，先生仍念念不忘，可見先生之平易近人關心屬下、愛護屬下、照顧屬下的眞誠。

叁、悼念負責盡職的郝所長：民國五十年的冬天，臺灣各監獄及看守所的人事必須作局部的調整，嘉義地方法院看守所所長一職，雖然是一委任職，但因為地處衝要，事務繁多，的確需要一位幹才去接充。先生做事謹愼細心，常是三思而後行，尤其是對於人事的調動，不但考慮細密週詳，還要做到公開、公平、公正的三大原則。所以先生召集了各單位主管，詳細研商，大家都認為新竹監獄薦任秘書郝維琦先生最為恰當，同時先生也顧慮到郝先生是薦任官，恐怕未必降格屈就，沒想到一經徵詢，竟毫不猶豫，慨然同意，絲毫沒有不快之感。可惜郝所長到任不久，因為所丁行兇而不幸遇難。先生聞訊，悲傷已極，除了從優撫卹其遺孤，並籌募巨款作為其子女教育費用外，開弔之日，並親自涖臨致祭。先生於五十一年秋天在所撰《司法行政論集》第二輯中特別撰寫〈悼郝所長維琦〉一文，長達三千字。先生離部十五年後，對郝所長仍時常提起。特又在所著之《景光集》一書中撰〈負責盡職的郝所長〉一文，長達二千四百餘字，痛致哀悼。先生所著之《景光集》，共有二十一篇文章，乃是先生思念親恩、老師、黨國元老、革命前輩、長官鄉賢，均為年高德劭地位崇高人物，郝所長亦並列其中，文字益生動哀傷。先生對郝所長之器重與尊崇，讀其文章即知一斑。先生在文中說：「……對這一慘劇的發生，自然是萬分遺憾，而對郝所長的遇害，更是不勝哀悼與惋惜。」㉞先生又說：「以前和郝所長未嘗認識，到部之後，為了巡視各地業務，首次行抵新竹，才得和他初見，當時他在少年監獄當薦任秘書，因典獄長經年病假，獄務悉由他代理，因此，我和他獲有多次的接觸機會。他那種誠樸沉毅，厚重溫文的品格，先已給我一個良好的印象。再看到該監房的多項設施，井井有條，而對我所查詢的事情，他更能條分縷析地詳為說明，使人瞭如指掌……因此，更見得他確有獨特的抱負，跟一般斤斤計較名位的人迥然不同……我特就他的肯捨薦任而就委任，問他有無不快之感。他坦然答道：『事無大小，職無高低，其使命之本身，均各有重大意義但能在所奉交付的一分事務上，盡心盡力，其成就當無差別，區區名位是無關宏旨的。』足見他是如何的胸懷磊落志慮忠純！若不是器識宏達，洞明大體，又怎能如此！」㉟先生又說：「……郝所長在大陸淪陷後復任高雄看守所警衛、課員、新竹少年監獄秘書等職。歷著忠勤，卓有貢獻，最後調至嘉義，才過半年，成就頗有可觀。方期益

㉞《景光集》第五十七頁。
㉟《景光集》第一五八頁。

展長才，粲陳懋績，豈料變生肘腋，竟致殉職，這正是鞠躬盡瘁，死而後已嗎？昊天不弔，折我賢良，這樣的遭遇，怎不教人痛悼！」㊱到了民國六十七年六月，先生著《往事憶述》一書，書中再度提到負責盡職的郝維琦，極盡哀傷與思念，悲惻無極。先生在幾本書中，均以最沉痛的心情，悼念郝所長以及讚揚郝所長之才華及服務精神，洋溢在字裏行間，文情並茂，讀之可油然而生哀傷，郝所長雖因不幸而殉職，再三得到長官的悼念與哀思，死後有知，當可瞑目於九泉了。

第十五節　鄭部長是任職最久的部長

先生是政府遷臺後，任職最久的司法行政部部長。根據前立法委員李公權先生所得資料：「國民政府在先總統　蔣公英明的領導下，完成北伐，民國十六年奠都南京，同年四月十八日，國民政府開始在南京辦公，司法行政部長從三十四任姚震先生開始，到四十六任谷鳳翔先生止，是從民國十六年六月二十日至三十九年三月十六日，計時只差三個月零四天，就滿二十三年，這段期間，包括政府勵精圖治，招致日本侵華，八年抗戰，共黨內亂，播遷來臺，而司法行政部只有十三任，平均每任的在職期間，約一年九個月，比起在北京時代，長約有四倍，最長的一位，是

㊱《司法行政論集》第二輯第一六四頁。

四十四任謝冠生先生，由抗戰到勝利，在職十年十一個月又十六天，是民元以來司法部長任職最長的一位，任職最短的一位是三十九任王寵惠先生，在職僅一個月又十一天。不過王寵惠先生任司法部長有六任之多。『第二、十四、十七、二三、三六、三九等任』合起來亦達十年十一個月，幾與謝冠生先生相等。」㊲但鄭彥棻先生自民國四十九年六月一日起，到民國五十六年十二月六日止，任職長達七年零七個月又六天。是政府遷臺以後任職最久的司法行政部長，按次序是四十七任，以任職長短來說首推第一，迄今尚無人能出其右者。自民國以來，在中國司法史上，革除司法積弊，謀取司法人員福利，訪問司法人員家庭，與建司法人員新村，建築現代化監獄，關心在押人犯，制定監獄三民主義教育，堅持審判獨立，嚴懲貪官汚吏，實行法官內外互調，倡導監獄學校化，監獄工廠化，監獄醫院化，監獄公園化。編纂司法叢書，普及法律知識，推行便民措施等最為輝煌，最有成就，犧牲最大，獻替最多，迄今也沒有人能出其右者。先生是民國以來最傑出的一位司法行政部長。

㊲《鄭彥棻八十年》第四十五、四十六頁。

第十二章 輔弼元首

第一節 前言

先生自民國四十九年六月一日，奉命接任司法行政部，一直到民國五十六年十二月六日交卸之日止，足足擔任了七年零七個月又六天之久的司法行政部長職務，先生在任內的工作表現，眞是大放異彩，獲得國人一致的好評與肯定，贏得先總統 蔣公的信任與稱頌。正如立法院前院長劉健羣先生於先生六十歲生日時，親贈先生一副賀聯所云：「朝於斯，夕於斯，復國有心求俊彥，僑也可，法也可，英才無處不芳芬。」用這兩句話來形容先生的才華及勳績，非常恰當與貼切。

先生榮調總統府副秘書長之職，雖爲幕僚長之副手，先生絕不因此而氣餒。先生自從政以來，追隨過許多長官，不論工作如何棘手，環境如何惡劣，待遇如何偏低，或主管、或幕僚，先生從不計較個人得失。先生自幼養成愛國情操和工作熱誠以及效忠 蔣公之忠貞。必定會拿出服務國際反侵略會、廣東省政府、三民主義青年團、中央黨部、僑委會及司法行政部的堅苦卓絕努力不懈的精神，殫精竭思全神貫注來做好副秘書長職務。先生對任何一個新的環境，均充滿了信心與幹勁。

第二節　改革樞府業務倡導檢討是進步的基點

民國五十六年十二月二十一日，先生奉命榮調總統府副秘書長職務，協助張秘書長岳軍先生改革樞府業務，先生認為每年年終各局處室都應該有一次業務檢討會議以及總統府總檢討會，俾便瞭解過去一年來的得失，作為下年度改進的努力。由於先生的重視檢討，提倡檢討，認眞檢討，實踐檢討；先生特別強調檢討是進步的基點，有檢討才有改正，有改正才有進步。先生在司法行政部任內卽倡導「認眞開會，徹底檢討」的提示，成果非常顯著。由於先生積極提倡的影響，從民國六十年度起，行政院所屬各部會也均倣效總統府舉行三級檢討會議，影響久遠，績效彌彰，成績卓著。張岳軍先生譽之為忠於　領袖，忠於黨國，意志堅強，精力充沛，不畏艱難，不怕困苦，勇於負責，有始有終，是國家的楨幹棟樑。

第三節　不計官階只求奉獻

先生甫調總統府之初，僅擔任副秘書長之職位，可是先生在短短的兩三年的時間當中，就有不平凡的工作表現，給張秘書長留下最深刻的印象。先生剛卸任的司法行政部部長是特任官；轉任總統府副秘書長是簡任官，待遇也較司法行政部長低的多，而司法行政部長是獨當一面的單位主管，而副秘書長僅是秘書長的助手而已。以特任官部長的身分，轉任簡任官職務的，在我們中央政府的人事行政系統上，先生可能是僅有的一位。可是先生常抱著「人生以服務爲目的」，先生不但沒有絲毫怨言，更是欣然接受此一職務，仍然拿出做僑務委員會委員長及司法行政部長的幹勁和精神，來做好副秘書長的幕僚工作，實踐先生自己平時常說的：「別人不願意做的，我卻願意去嘗試，只要是爲黨國服務，任何崗位都是一樣的，只要肯做事，任何地方都有表現的機會，不必斤斤計較官階之高低及待遇之多寡。」先總統　蔣公深深爲之感動，因此曾親自駕蒞先生辦公室，面致嘉許，以資安慰和鼓勵。先生這種只求奉獻，不計個人得失，確爲以後政府官員樹立了良好的模式和風範。

第四節　蔣公提拔岳公薦舉

民國六十一年五月，張秘書長已屆八十又四高齡，擔任總統府秘書長已達十又八年之久，恭向　蔣公懇辭，經　蔣公應允聘爲總統府資政之後，便鼎力推薦副秘書長鄭彥棻先生接替斯職。張岳軍先生簽呈謂，鄭彥棻同志忠貞幹練，有爲有守，工作勤奮，思慮週詳，當機立斷，任勞任怨，調府四年，對府中公文政事，瞭如指掌，鄭同志升任秘書長必能勝任愉快。民國六十一年五月二日，承蒙蔣公批准，特任先生爲總統府秘書長之職。

第五節　推展新速實簡四大要求及五守運動

先生接任總統府秘書長職務以後，因鑒於國家多難，神州急待光復，必須以積極的工作行動，達成負責盡職的願望，鼓勵樞府全體同志，勤奮努力，團結合作，隨時檢討，力求革新。先生以爲要想達到興利除弊的目的，就必須實踐蔣公的新速實簡四大要求以及守時、守法、守信、守分、守密等五項守則的昭示。並訂定總統府動員公約及實踐要領十條，當時行政院因鑒於社會風氣日益敗壞，國人生活都很浪費奢侈。也訂定了十項政治革新計畫，配合先生所推行之新速實簡運動，希望國人共同遵守，一切本著崇法務實的精神，分層負責，各盡所能。先生親率同志，集中力量，主動做好本身工作，以符合　蔣公對新速實簡的要求。

壹、實踐新速實簡運動：新速實簡是　蔣公於民國「四十一年度行政成績的檢討及四十二年度施政方針的指示以及推行革命實踐運動的回顧並提示今後施政方針」。以後又在民國四十二年元旦「告全國同胞書」、民國四十二年三月一日、四十三年十一月八日、四十三年十二月二十日，均以「發揚實踐精神和研究敵人的思想方法」等文告中多次提出，希望全國上下一心一德，彼此聯繫，分層負責，互助合作，努力精進，挽救社會頹風。並能徹底根除苟安依賴的心理，振興孤軍奮鬪堅苦卓絕的精神。先生於司法行政部長任內，民國五十二年四月六日，在第四期書記官、監獄官訓練班結業典禮上，就是以「如何加強奉行　蔣公新速實簡與守時守法守信守分守密之一貫指示」為題，向應屆結業全體學員講話，以說明新速實簡的重要性，先生為貫徹及推行效果，曾不厭其煩的，再三加以詮釋：「所謂『新』，就是對於舊有暮氣惰性的積習要求掃除，對於科學和工業水準要求提高，我們求新，是要有恒心，有毅力，勇猛精進，日新又新，絕不是見異思遷，好高騖遠，翻出新奇的花樣，而是要除舊佈新，去腐生新，惟有本著這樣的精神，新的生活，新的行動，而後才能擔任起反共復國的新使命。所謂『速』，就是不拖延，不推諉，對於問題要立求解決，對於工作要如限完成，一面要爭取時間，一面要把握重點。就是不要浪費時間，消耗光陰，我們的求速，乃是要心到手到，劍及履及，來負責盡職，既不是粗心大意，亦不是粗製濫造，今天的工作不可以留到明天再來補充，明天的工作更要在今天及早準備。所謂『實』就是不虛僞，不欺妄，對於設計要細密，對於業務要精確，對於考核要嚴正。我們的求實，乃是精益求精，實事求是，就是要加強行政三聯制，實行職責契約化，亦就是步步踏實，事事認眞，絕不存一點欺騙詐僞之心，亦不做一件自欺欺人之事。所謂『簡』，就是要簡單明瞭，不瑣碎，不繁複，更不可含混籠統，拖泥帶水，組織不要層床疊架，辦事不要繁文縟節，而乃是要專心一志，貫徹始終，對於混亂的觀念，要力謀澄清，對於錯綜的問題，要尋求中心。因爲只有簡單，才能專精，才是容易。所以我們的求簡，並不是潦草塞責，敷衍了事，乃是要執簡馭繁，分層負責，理繁治劇，分工合作，這就是說作事要科學化，制度化，也就是要組織明確，條理清晰，職責分明，無論在任何錯綜複雜、艱危困難的情形之下，絕不迷惘恍惚，瞻顧徘徊，總是照著有利於反共抗俄的方向，勇往邁進。」❶

先生特別加強推動新速實簡的四大要求。先生在口頭上常講的兩句話：「凡事要認認眞眞，不可糢糢糊糊。」蔣故總統經國先生也常說：「凡事研究到底，討論到底，追踪到底，實踐到底，學到底，做到底，奮鬪到底，貫徹到底，必然是成功之道。」❷先生對於新速實簡的四大要求，時時以身作則，處處以身示範。持之以恒，有始有終，先生後來雖然離開了公職，平常待人

❶《蔣總裁言論選輯續編》第九十頁。

❷《鄭彥棻八十年》第三〇九頁。

處事，仍事事不忘新速實簡的實踐。

貳、實踐五守運動：民國五十二年二月二十五日，先總統　蔣公在中央擴大紀念週上又提出了「精神革新心理革新的要求」是以五項革新守則為準據，昭示國人，共同遵守，努力實踐。蔣公說：「所謂『守時』乃是人格信用和負責成敗的基礎，亦是現代國民一切生活行動的標準，大家必須從守時做起，來鼓舞社會上奮發蓬勃的朝氣，改正國際人士之觀感，恢宏中興復國的氣象，尤其要進一步認識，在工業社會分工合作異常綿密的今天，特別是現代總體戰爭進程中，協調配合，其最主要的一點，就是在一切行動必須如鐘錶一樣的準確，任何一分一秒之差，都足以造成嚴重的錯失，所以守時乃為科學辦事的起點，亦為革命成功的起點。所謂『守分』，守分的積極意義，是為國家盡忠，對社會服務。消極的意義，則為不投機取巧，不爭功奪利，要犧牲小我，成全大我，更要有不惜犧牲一己權利和自由的決心。所謂『守法』，就是法律之能夠發生作用。就在於人人守法，人人平等，沒有特權，也沒有例外。……積極的為其所當為，消極的絕對不為其所不當為，須知例外正是人格的墮落，而特權乃是恥辱的符號，任何非法、玩法或濫用權力有虧職守的舉動……更是社會國家之共棄，所以守法實為民主政治行動的起點。所謂『守信』，這在個人講，是不欺其志；在社會講，是然諾必踐；　總理說：『行其心之所信』，孔子說：『民無信不立』，中共以欺騙詭詐起家，無信悖義，故終必倒行逆施，歸於敗亡。我們革命者是絕不容口是心非，亦不容虛矯粉飾的。不僅大家要以眞心實力，來為國盡職，也要盡心盡力來為民服務。以建立同志間的互賴互信，並以樹立全民對國家、對主義的信仰和信任。革命原動力在於誠，而誠的具體表現則在於信。所以守信乃爲革命人格的起點。所謂『守密』，守密就是保守秘密。國父在中華革命黨時代所宣示的誓詞第四條，即爲『嚴守秘密』，可見國父對於革命黨員守密的重視。我們了解革命行動，無一不是心與血的鬬爭，故一切重要行動都必須保守秘密。守密之確實與否，關係革命工作的成敗，亦關係著革命同志的生死，所以每一個人都有保守秘密的義務，須知守密就是對自己負責，亦即對革命負責的起點。」❸

其實先生事事都能洞燭機先，民國二十九年先生擔任廣東省政府秘書長時，即大力倡導守時、守信運動，由於先生的以身作則，很著成效。到了民國三十二年，先生出任中央訓練團高級班主任秘書時，再度倡導守時、守法、守分及守信運動，因先生處處均能率先躬行，也都獲得很大的成功。到了民國四十九年六月，先生出任司法行政部長後，更是以五守來勉勵全體司法官，一定準時開庭、準時開會、準時作息，樹立司法官的新形象。先生認爲五守實以守法爲關鍵，能守法，自能守時、守分、守信、守密；能守時、守分、守信、守密，亦自能守法。因先生倡導積極，有始有終，著有良好效果。先生不論是自己主持會議或出席他人的會議，都能提前十分鐘到達會場。至於守法、守信、守分、守密，先生更是行之有素，視爲平時生活重要的一環。先生從六

❸《蔣總裁言論選輯》下册第一七七頁。

十一年五月到六十七年五月擔任總統府秘書長達六年之久，對於實踐　蔣公的新速實簡及五項守則謹守力行，中央五院及各部會均收到最顯著的進步，卓然有所成就，乃先生大力推動之功也。

先生是　國父孫中山先生的忠實信徒，是先總統　蔣公最忠貞的幹部，赤膽忠誠，義薄雲天，民國五十一年春節元旦，先生六十歲華誕，　蔣公親題「吾黨楨幹」四字，親自送到先生辦公室以示祝賀，並勖勉有嘉。六十一年農曆元旦，先生七十歲華誕，　蔣公又親題「忠實精幹」四字，又親自面贈先生，作爲祝賀勉勵。可知　蔣公對先生之知遇及重視。

第六節　為黨國運籌帷幄倡導莊敬自強運動

先生於民國六十一年五月升任總統府秘書長，襄助元首，主持中樞大政，爲黨國運籌帷幄，爲　蔣公分憂分勞。當時美國國務卿季辛吉與中共加緊勾搭，認爲中華民國只要退出聯合國，「臺灣問題」自然可以消失，美國與中共可以迅速達成關係正常化之目的。所以在美國的微妙外交安排之下，終於在民國六十年十月二十五日，我國退出了聯合國，引起了整個臺澎金馬的巨大震撼。從民國六十年十月到六十一年十月，在這一年當中，人心惶惶，不知所措，物價高漲，貨幣貶值，社會混亂。稍具有地位身分的人，紛紛出國探路，或者將其子女眷屬先送出國，俾便早日獲得綠卡，以便迅速離開臺灣，就是一般平民百姓，也是持以觀望態度，恍惚不可終日。國人

「恐共症」的嚴重性，由此可知一斑。

正當全國人民徘徊迷惘之際，獨先生具有睿智卓識，特別表現出穩健、寧靜、沉著、持重、負責及謙誠的風度，並及時向 蔣公提出莊敬自強，處變不驚，慎謀能斷的獻言，迅速通令全國遵守實施，並滙成一股巨大的運動，在臺灣大小城鎮普遍展開，當時我們曾親自目睹，街道兩旁的大小商店門口均懸掛有莊敬自強處變不驚標語字樣，這雖然是一句口號，但確實變成了轉危爲安的定心丸，一年過後，一般人的生活，又逐漸恢復了正常。先生這一見解，卻贏得海內外同胞及國際人士一致的讚揚與敬重。正如廣東順德國大代表蕭次尹先生所說：「總觀先生自幼小奮發，苦學有成，進而服務國家，宣勞國際，無不本莊敬自強，恢宏樹建，功在黨國，誠足爲莊敬自強之典範。」❹先生可稱得上有眼光有卓見的大政治家。

第七節　推行「機關學校化」成績斐然

先生自從政以來，從中央訓練團、廣東省政府、中央黨部、僑委會、司法行政部再到總統府，不論是獨當一面或是幕僚長，推行蔣公訓示的「機關學校化」無不是盡心盡力，矢勤矢勇，

❹《鄭彥棻八十年》第二四四頁。

忠實履行，闡揚發揮，全力以赴。先生曾說：「因爲我是重視教育的人，在中央訓練團親聆團長❺『機關卽學校，工作卽教育』這一訓示的時候，覺得很有道理。所以，到了廣東省政府，我便提倡『機關學校化』運動。」❻從此先生無處不推行「機關學校化」運動。

先生於民國三十二年五月二十日，在重慶親著的《怎樣纔能使機關學校化》一書的自序中，曾詳細說明推行「機關學校化」運動的經過。先生說：「民國二十五年二月十七日，總裁在中央紀念週中，以『機關學校化，工作教育化』兩大原則，訓勉同志，總裁召示：『大家要認清我們辦事的機關，就是一個學校，長官就是這個學校裏的先生，一般部屬就是學生，我們一定要上上下下都本著『機關學校化，工作教育化』的原則，一致奮勉，共同努力，然後辦事的效能纔可以大大的增進。』民國二十七年十一月二十八日　總裁在湖南南嶽論及學校機關與部隊的教育的時候，復再訓示：『機關卽學校』，認爲主管應負內部屬員教育之責。其後復在中央訓練團黨政訓練班對上述要義反覆闡明，並在民國二十八年四月出版的『訓練的目的與訓練實施綱要』中訓示：『無論黨政軍各種機關皆要當作是一個學校來看，我們做機關的主管官，就要自認爲是學校的校長，對於他的部屬，每日每月要負訓練與考驗的責任。』著者任職中山大學法學院的時候，於民國二十五年對工作同志演講『如何增進工作的效能』。曾就『職務事業化』、『工作教育化』、『處

❺ 中央訓練團團長由蔣委員長親自兼任。
❻ 《往事憶述》第七十三頁。

事合理化』三點分別闡述，腦筋裏模糊的也有這個觀念。自從二十八年春服務中央訓練團，歷次恭聆 總裁對於『機關卽學校』、『工作卽教育』訓示之後，使著者對於前此具有的模糊觀念，成爲堅定的信心，深願本此信心，努力推行，因此於青年團中央團部紀念週中，以『怎樣纔能使機關學校化』爲題，作了一次演講（講詞發表於民國二十八年八月《中央訓練委員會訓練通訊》第一卷第三期），藉與青年同志互勉。到了民國二十九年秋，奉派回粵服務，爲力行 總裁訓示，乃根據工作經驗，針對環境需要，擬具『機關學校化運動實施方案』以粵省府秘書處爲試驗的中心，逐步推進，以爲倡導。」❼由此，先生追隨蔣公，効忠 蔣公，遵循 蔣公之卽教、卽學、卽做的訓示，變化個人氣質，轉移社會風氣，建立政府新形象，塑造時代楷模。先總統 蔣公來臺後於民國四十年四月二十三日在國父紀念週上繼續講「人事制度的重要與考核人才的方法」時，再度強調「機關學校化」。蔣公說：「今後要使一般人員都知道辦事方法，就要照我過去屢次所提示的，切實做到『機關學校化』，遇事都要提倡研究學習精神，尤其要實施分層負責的制度，在每一個機關，甚至於每一個單位，譬如一個處一個廳，一個部及一個組，這一個處長廳長部長組長就是他的各級機構負責考核與研究的校長，各級的職員就是他們的學生，要在工作上、公事上，個別的、集體的研究學習，來負責訓練人才，考核人才，才能磨練眞正的人才出來。如

❼《鄭彥棻八十年》第三一〇、三一一頁。

果我們的一般主管，不把自己當作教官，不把機關當作學校，認爲機關不是訓練人才的地方，而要專門來設訓練班，那不論設立多少訓練班，都不能發生效果，而且永遠不能成爲現代化的機關，更不能成爲現代化的國家。這是我們各級主管，全體學員應當徹底明白的，一定要徹底做到「機關學校化」這一點，那麼我們黨務軍事和政治的革新纔有基礎，在這個基礎上面，我們建國建軍的事業纔可以如期成功。」❽ 蔣公如此對機關學校化的重視，先生乃是 蔣公的忠實幹部，對於實踐 蔣公的「機關學校化」眞是鞠躬盡瘁。先生從政五十餘年以來，其一貫作風，就是實行三民主義，力行 蔣公言行。先生認爲這是做一個機關首長應具有的觀念，對於提倡學術風氣，更是盡瘁心力，對於機關員工之機會教育、精神教育、思想教育、品德教育、愛國教育尤爲重視。先生說：「民國二十九年我擔任廣東省政府秘書長的時候，我更擴大這種作法，努力推行一項『機關學校化』運動。在省府創辦了一個藏書相當豐富的圖書館，鼓勵同仁進修，並且每天上午六時親自主持朝會，利用朝會的時間，或是請人來專題講演，或是請人來教授音樂體操，或是行禮後自由交談聯誼，總是有一定節目。當時省府秘書處有三百多個職員，大家多認爲這樣的朝會，確實使大家增加了不少『朝氣』。我在僑務委員會委員長任內，並沒有忘記教育工作，我曾大聲疾呼：『沒有僑教就沒有僑務』！積極的鼓勵華僑青年回國升學；獎勵教師出國任教；

---

❽《蔣總裁言論選輯》㈢第二二二至二二三頁。

促進海外華僑的社會的教育；此外還倡導對工作的自我檢討，在工作技術上，鼓勵同仁研究進修，多多寫作，並協助刊行各種有關僑務的書刊，並勗勉同仁愛護自己的機關，有如愛護自己的學校一樣！我到司法行政部以後，也是如此的做法，比方我到各地法院監所去巡視的時候，特別重視圖書設備的情形，對於改進獄政的措施，我也寄予無窮的希望。行刑的目的原期犯人去惡從善，理想的監所實際就是一個特殊教育的場所。改進獄政措施必須做到『人人有工作、人人有飯吃、人人有書讀』，所謂人人有書讀，是要個個受教育，如果全省十多個監所均能朝著這個方向來努力，那麼八千多個受刑人和被告將成爲有用的人，同時監所裏的措施也將更合乎建國的三民主義的要求。此外我常勉勵大家利用各種機會不斷進修。我每到一個法院去巡視，都注意到有關圖書的設備，和圖書購置費的分配，尤其希望所屬各單位的主管，都能夠以身作則，負起『校長』的責任。」❾

先生奉調總統府從副秘書長到秘書長，也長達十年之久，每月必請學者專家到樞府作專題講演，總統府所屬各單位人員，連工友司機也不例外，必須全體參加；並且還要按時提出讀訓心得及研究報告，並禮聘幾位國策顧問詳爲評審，評定名次，隆重頒獎，作爲鼓勵，並能擴大其效果。先生在樞府各種集會之指示，動員月會之講話，以及批閱各單位呈遞之公文，均諄懇親切，

❾《鄭彥棻先生言論選集》第五、六頁。

循循善誘，熱情感人，崇法務實，堅持原則，情理得中，不僅富有教育意義，同時也更顯示出先生乃教不倦學不厭之典範。對於人事、經費、獎懲、意見，均持以開誠心、佈大公之精神，以期達到盡善盡美的境地。先生之功在黨國，將會永垂青史而不朽。

第十三章　協助陳伯南將軍親屬創辦德明商專

第一節　前　言

德明商業專科學校，是民國五十三年建校，五十四年開學，它的前身是私立德明行政管理專科學校，是百粤名將陸軍一級上將陳濟棠（字伯南）將軍，熱心地方教育，為造福社會人羣，培植國家幼苗而創辦的學校，爲了紀念　國父偉大的革命事業，就以　國父的譜名「德明」爲其校名，並以革命先賢胡漢民先生親題「篤信好學」作爲校訓。

民國四十三年十月，伯南將軍由鄭彥棻先生陪同，在臺灣各處尋覓校地，正勘察到臺北市內湖區北勢湖德明商專現址時，偶感身體不適，伯南將軍不幸於民國四十三年十一月三日，因腦血管栓塞症與世長辭。之後，伯南將軍之女公子陳寶馨女士，亦爲愛護青年的熱心教育家，由法國專程返國，明瞭其父興學原意之後，決定繼承其尊翁之遺志，克紹箕裘，擔任德明商專創辦人，並於民國五十四年八月三十一日禮聘名教育家鄭彥棻先生爲首任董事長，決心達成捐資興學造福人羣之宏願，以慰其尊翁在天之靈。同時於民國五十四年八月呈請教育部核准立案，十月二十九日，正式對外招考新生，五十四年十一月十二日，國父百年誕辰紀念日，本校新生入學開學典禮。

德明商專校址座落於臺北市內湖區北勢湖鴨母嶺山腳下，即內湖路一段九十一巷八十八弄四十五號，座北向南，依山面水，龍蟠虎踞，青山繞廓，鳥語花香，景色宜人，鬧中取靜，交通便捷，是莘莘學子求學的最好地方。今日德明已畢業了十六屆，全國各地及世界上的每一個角落，都有德明校友的成就及事業，德明已綻放出鮮艷的花朵，品嘗到甜美豐碩的果實。這就是當年陳伯南將軍的苦心孤詣熱心興學，創辦人陳寶馨女士的果斷與魄力，鄭彥棻先生的辛苦經營循循善誘，二十年來如一日所努力耕耘的豐碩成果。

第二節　逐年興建校舍

德明商專創辦人陳寶馨女士，因在港、澳、英、美、法還有創辦的學校及事業，常奔走港臺及英美法等國之間，工作非常忙碌，所以建校之事，完全委託鄭彥棻先生全權負責。先生於民國五十三年七月接任董事長之後，隨卽展開校務的推動工作，首先就是收購土地開始建校，就在德明商專的現址，購買土地三萬五千餘坪，開始興建校舍，第一期工程完成百齡樓，爲一棟三層樓式建築物，爲紀念　國父百年誕辰而命名，於民國五十四年三月一日完工啓用。民國五十五年八月又完成行政大樓，民國五十五年十月教學大樓、學生宿舍及學生餐廳相繼完工落成啓用。當時先生正在擔任司法行政部長，日理萬機，忙碌異常，先生常是早晨上班前或晚間下班後，輕車簡從，獨自一人來校察看，雖然第一期及第二期工程已經完成，但對未來的校務發展距離尚遠，必須積極興建更多的教室。第三期工程興建有多目標用途的大禮堂，先生爲了激勵全體師生除舊革新，並能不斷的求新，因此採用大學上「苟日新，日日新，又日新」章句，將新興建之大禮堂定名曰「日新堂」，特別具有深遠及教育意義。於民國六十年十一月落成啓用。民國六十一年十一月七日，先生確因樞府公務繁忙，堅辭董事長職務。往後的時間裏，先生基於貫徹過去協助陳伯南將軍辦學之初衷，以及接受德明商專董事會之請託，以在野之身，反而更爲積極指導及策劃德明商專校務之發展。以後又相繼完成的有中正教學大樓、學生活動中心及學生餐廳等。這些一批批的建築，都是在先生細密的規劃及積極督促之下，而如期完成的。

第三節　伯南紀念圖書館之興建

先生辦學一向重視圖書館之興建及設備之充實，先生自從政以來，無不是以「機關學校化」

作爲入手之門徑。但「機關學校化」的第一步，就是先興建圖書館，充實圖書館，加強圖書館功能，購置大量圖書及報章雜誌。以供全校師生閱讀研究，發揮圖書館的最大效果。

先生認爲一個常讀書的人，不但可以充實個人的生活情趣，增加新的知識，獲取修己治人的內涵，擴大個人的生活領域，變化個人的氣質及道德修養，尤其在知識爆發尖端科技及電腦資訊快速發展的今天，圖書館的功能更見顯著而重要。

德明商專圖書館於民國五十四年三月一日，與百齡樓同時落成啓用。是爲紀念百粵名將陳伯南將軍愛護中華文化，熱心地方教育而創辦德明商專，故定名曰伯南紀念圖書館，簡稱爲伯南館。當時的伯南館是兩層樓式的建築，因爲德明商專在先生熱心指導之下，校務蒸蒸日上，發展十分快速，師生人數已超過五千三百餘人，原建之二層樓式圖書館，已顯得侷促狹小，而不敷使用，擴充或改建勢在必行，遂於民國七十一年冬月，由董事會指撥專款，與建一棟五層樓式的新式伯南圖書館，加上原來舊式伯南圖書館，兩館接連合併使用，於民國七十二年夏天落成啓用，共佔地一千三百平方公尺，總面積爲二、〇二三．八三坪。一樓仍爲開架式的閱覽室，開架式的圖書室；二樓爲圖書閱覽室，彥棻圖書室；三樓爲視聽圖書室，設有座位六百餘人次，四樓爲電腦網路研究室；五樓爲資訊中心。地下樓爲教師研究中心。每一樓均請有專人管理，爲全校師生服務。

伯南圖書館藏書，計有中文書籍九萬八千一百一十册，西文書籍共五千六百六十一册。鄭彥棻先生捐贈之圖書約一萬餘册，各類期刊一百五十餘種，中英文報紙十餘種，合計共有九萬餘册。圖書編目則採用「王雲五氏四角號碼檢字法」及「國立中央圖書館中文圖書編目規則」。西文圖書則採用「國會分法」、「英美編目規則」。查考容易，借閱方便。

可是在先生特別重視師生進修研究或寫作情形之下，除伯南圖書館每學期必須大量購置圖書外，其他各處室及各科研究室也必須購置相當數量的教學參考書及工具書，便於教學查閱研究。如校長室、教務處、訓導處及各科研究室，如國貿科、會統科、企管科、銀保科、財稅科、夜間部，也均設有閱覽室及研究室。雖然如此，先生仍不滿意。先生認爲圖書館在學校來說本身就是一個研究學術倡導讀書風氣的單位，應該延長開放時間以配合夜間部及住校師生的閱覽和研究，延長借書時間及擴大借書對象，除全校師生外，應包括全體畢業校友，並能經常舉辦各種講習會及書法比賽、中西名畫展覽、演講、座談會、中外圖書交換與全國大專文武院校學術交流等。總之，伯南圖書館在先生熱心誘導啓發之下，在德明商專的校園裏，確實充滿了濃厚的讀書風氣，到處都能嗅到書香味，學生的素質也因此提高了很多。

第四節　興建門前道路便利學子求學

民國五十三年九月，開始興建校舍，但興建校舍之前，必須先修建道路以利交通，並運輸各種建材來校，當時的德明商專門前並無道路可資通行。現在所行之道路，原本是一片荒草水塘，民國五十三年七月開始從幾十位私人土地所有權人的手中，一一協調測量收購，闢建成德明師生所行走之平坦柏油道路，在這期間先生不斷奔走協商，確實費了不少口舌與心血，雖然十分勞累與麻煩，但看到了莘莘學子求學時行走的方便，卻也忘記了自己的辛勞。

到了民國六十四年春天，政府興建臺灣南北高速公路，由麥帥公路直通圓山大橋，由內湖到圓山的一段，是最低窪的積水地區，必須從德明後山取土墊高。因此幾十輛重型運土大卡車，輪番奔跑在德明商專的校道上，不旋踵間，德明校道被破壞的面目全非，晴天則塵土飛揚，二目難睜。雨天則是泥漿四溢，寸步難行，完全失去了原來道路的面貌。尤其是學生必須步行至內湖路一段搭乘公車，學生叫苦連天，苦不堪言。先生見此情境，甚爲重視與關懷，除指示學校迅速以正式公文向交通部及有關機關交涉外，先生親自向有關單位陳請拜託，經過將近一年的奔走努力，高速公路局才停止借用德明校道，並應允將路面修復，鋪成柏油路面。這件事看起來雖然是一件小事，做起來眞是大費周章，實在不簡單，這也正是筆者在此特別一提的原因。

德明校道是德明商專向私人收購的土地，後來許多商人，在道路兩旁搭蓋違建，佔用道路，先生無時不在叮嚀有關人員，隨時維護道路完整，以利師生之交通，後不久臺北市政府爲了疏導內湖交通，再興建一條六十米寬的環山路，先生爲了師生行的方便，將校門改在環山路，原來的德明校道，以都市法規定私人道路使用超過五年，即收爲公有道路，現市政府已改爲內湖路一段九十一卷，「德明校道」四字已成爲歷史名詞，可是先生奔走的熱誠，德明師生是永遠不會忘記的。

第五節　定期捐書捐樹嘉惠學子及美化校園

先生熱心捐贈圖書，是從民國五十四年三月一日，伯南紀念圖書館落成啓用開放之日起，就不斷的捐贈圖書，先生將平時辛苦寫作所賺的稿費，平均每月收入一萬元左右，悉數購置圖書，捐贈給德明商專伯南圖書館，用以嘉惠德明學子。現在伯南圖書館的一樓，是學校逐年購置的圖書，約有九萬餘册。在伯南館的二樓，所有館藏圖書和陳列在外面的圖書以及報章雜誌，約有一萬餘册。均爲先生私人所捐贈。二十餘年來，從未間斷或停止。德明商專學生素質不斷的提高，都是先生以身示範，率先捐贈圖書，發生重大的啓發及鼓勵有以致之也。

今日德明商專的校園裏，綠樹成蔭，花木扶疏，芳香撲鼻，杜鵑花兒開滿校園，由董事會撥出專款購置韓國草皮及樹苗花木種植外，先生的熱心愛校也是最重要的因素，年年捐樹用以綠化校園。自民國五十三年八月建校以來，在每年三月十二日　國父逝世紀念日的植樹節，先生自掏薪水腰包購置花木樹苗，栽植德明校園之中，二十餘年來，從未中斷，持之以恒。今日德明校園中高大的龍柏及榕樹，圍繞校園四週，春風吹動，婀娜多姿，特別能點綴出校園的景色美，更能激發起青年學子讀書的情趣與蓬勃的朝氣。這一自然美麗風景畫，就是先生用心思所繪製而成的。德明全體師生無不衷心感激而永銘心版。所謂菁莪樂育乃先生之願望也。

第六節 加強師資陣容提高學生素質

先生辦校堅決主張欲提高學生素質，必先加強師資陣容；欲加強師資陣容，必先提高教師資歷及學養。民國六十年以前，因爲五專學制剛剛設立，一般社會人士，對五專學制缺乏信心，學生來源缺乏，師資不易羅致。社會對五年制專科學校常戲之曰：「小學設備，中學師資，大學收費。」而德明商專從一開始，對師資的遴選就非常嚴格，從六十一學年度王更生博士接長校務起，在先生指示之下，對於師資的遴選，更爲愼重而嚴格。王校長遵守教育部的規定，凡欲來德明任教者，必須具備：①獲有國內外大學博士、碩士學位經教育部認可者。②國內外大學畢業曾任高中教師五年以上獲有教育部頒發之講師以上證書者。③國內外大學畢業曾任助教四年以上獲有教育部所頒發之講師以上證書者。並開始施行責任導師制，每一班必須有專任合格教師擔任導師，隨班輔導學生作息，與學生生活打成一片。從此以後，不論專任或兼任，都必須是持有教育部所核定之講師以上合格證書者，才能發給聘書。迄今德明商專開辦已二十又七年，師資陣容一直是整齊而堅強，早已超過教育部所規定的每班必須要有一．五人專任合格教師的標準，民國六十五年五月教育部派人到校評鑑結果，德明商專師資一項，得分最高，列爲最優。爲其他一百零八所文武大專院校之冠。歷年以來，德明商專畢業生，插班考取國內外各大學院校、研究所、高普考、各類特考以及預備軍官者，年有增加。這都是先生所堅持「嚴師出高徒，師嚴而後道尊」的辦學基本原則，所獲致良好的教學效果。先生又指示每年校慶教學成果展覽，教師應率先躬行，不論專兼任教師，每人必須有一種以上出版之著作參加展出，作爲學生示範，俾收互相觀摩之效。

先生聘請師資時，必親自審核其學經歷及面談，有時候，還要親自登府拜訪或電話邀約，甚至於三請諸葛，陳以令教授、王更生教授、李康五教授、崔載陽教授、范志淳教授、趙際良教授就是在這種方式之下，來到德明任教的。以前先生親自聘請的教師，雖然先後因另有高就而離校，今日在社會上均赫然有成，成爲社會的中堅，國家的棟樑。如前任行政院副院長現任總統府資政的邱創煥教授、經濟部政務次長李模教授、國立彰化教育學院前院長張植珊教授、國立師範大學黃慶萱教授、中興大學文學院院長黃永武教授、政大文學院院長羅宗濤教授、國立藝術學院訓導長史濟鍠教授、東南工專前校長謝福生教授、德育護專校長沈啓祥教授、國立空中大學人文系主任沈謙教授、中央大學張夢機教授、三民主義理論家周榮華教授、臺南盲聾學校校長鄭武俊教授、經濟部研究發展室主任袁金和教授、行政院研考會主委黃壽高教授等，均爲當年德明商專教師一時之選，眞是人文薈萃，人才濟濟，盛況空前。因限於篇幅，無法一一枚舉。

第七節 更改校名校譽日隆

德明商專的前身，就是私立德明行政管理專科學校，設有國際貿易管理科、企業管理科、會計統計科、銀行保險管理科、財稅管理科、人事行政管理科及普通行政管理科等共有七科。可是一般社會人士，只看見其校名爲行政管理專科學校，而不問其所設科系內容如何？認爲學行政管理沒有出路，就業不易，一般考生裹足不前，招生不易滿額，當然與當時的考生人數太少，也是主要原因。臺灣北區二十六所五專聯合招生，僅有兩萬多人報考，與今日之十二萬五千餘人報考相比較，實在相差太懸殊了。先生有鑒於校務發展遲緩，爲了配合國家經建之需要，迅速培植經建人才，決定更改校名，將原來的「德明行政管理專科學校」，於民國六十三年六月二十一日更名爲「德明商業專科學校」，內設國際貿易科、會計統計科、企業管理科、銀行保險科、財稅科等五科。再加之當時負責實際校務的副校長洪文湘教授，剛由美國學成歸國，年輕有爲，精明幹練。這是德明商專自成立以來管教最爲嚴格的一段時期。自此以後，德明商專校譽，蒸蒸日上，學生入學成績日益提高，德明商專之有今日，從民國六十一學年暑期，王更生教授接長校務到六十三年暑期，在這兩年當中是爲進步的轉捩點，這都是由於先生具有銳利的眼光，運籌帷幄，把握時機，以及全體教師的配合執行，才奠定了今日德明商專的錦繡前程。

第八節　到校巡視風雨無阻專題講演從無間斷

德明商專自民國五十四年開辦以來，已歷二十又七寒暑，從先生擔任司法行政部長到總統府的秘書長，不論工作如何繁忙，事務如何緊迫，早上上班前或晚上下班後，先生常是獨自一人輕車簡從來校巡視，發現缺點詳予記載，督促叮嚀隨時改正，二十年來風雨無阻，校園中的一草一木，都與先生有著最密切的關係。先生關心校務之發展，注意學生之育樂，細心週到。除此之外，就是先生的專題講演，每逢開學典禮或開學以後的週會上，或校務會議、訓導會議、行政會議，作有計畫、有準備、有條理的專題講演或工作指示，迄至七十四學年度爲止，先生一共講演了數十餘場次，講演的內容大致包括國父革命、蔣公勳業、尊師重道、敎忠敎孝、仰慕前賢、團結奮鬪、自立自強、忠黨愛國、信仰主義、愛鄉愛校、服務社會、助人最樂等。先生講演時，從未帶稿，即席發揮，侃侃而談，講詞精湛，聲調鏗鏘，趣味雋永，深入淺出，語重心長，發人深省，態度自然，面帶笑容，自始至終，毫無倦容。全校師生如沐春風，影響至深且鉅。德明學子，氣質儒雅，儀態大方，節約勤奮，愛國愛校，皆爲先生苦口婆心，循循善誘所致也。

第九節 恭建 國父暨 蔣公銅像供全校師生崇敬膜拜

德明商專是爲紀念 國父而命名的。可是在德明商專校園內未能恭建 國父銅像供全校師生崇敬膜拜，先生常常引爲憾事。到了民國六十四年四月五日夜，先總統 蔣公因心臟病崩殂，先生悲痛逾恒，念念不忘蔣公提拔栽培知遇之恩。到了民國六十五年三月，先生決定親率全校師生恭建 國父暨 蔣公銅像各一座，全校師生聞之便熱烈響應，董事會慨捐新臺幣十五萬元，連同師生捐助者合計爲新臺幣四十七萬元之多，銅像籌建期間先生不辭辛勞，親自拜訪名雕塑家陳一帆先生，經過多次而細心的研商，看圖、看模型，務希認眞謹愼，銅像在雕塑期間，先生幾乎天天前往察看，稍有不妥立刻改正，務希兩位偉大領袖的銅像，莊嚴肅穆，雄偉慈祥，栩栩如生，經過先生辛苦的細心叮嚀，兩位偉人銅像於民國六十五年十一月四日及十一月十一日校慶日完成揭幕。國父銅像則由前國史館館長、已故總統府資政黃季陸先生主持揭幕式，蔣公銅像由前教育部長現任總統府秘書長蔣彥士博士主持揭幕式。到有各界長官貴賓及全校師生數千人，儀式莊嚴隆重，至今瞬目已十五年，因筆者當時也是參與者的一份子，所以仍留著最深刻的印象，由恭建銅像，即知先生對 國父崇高人格之景仰，篤信三民主義，是 國父的忠實信徒。對先總統 蔣公偉大勳業之崇拜，實踐 領袖言行忠貞不二，是 蔣公的最誠實楨幹，爲全校師生樹立了忠黨愛國的典範，尊老敬賢的楷模，所發生的教育影響是久遠的，是千載萬世的，更是永垂而不朽的。

第十節　興建　國父思想專用教室

德明商專是爲紀念　國父而設立的專科學校，不能沒有國父思想專用教室，自民國六十五年起，教育部即函請全國各文武大專院校，必須設立國父思想專用教室，在課外活動社團方面，必須先設置國父思想研究社，俾以擴大弘揚三民主義，早日達成以三民主義統一中國的願望。先生自擔任第一屆董事長起，即著手籌設國父思想專用教室。因爲當時校舍不敷使用，僅在教學大樓的二樓，撥出一間較大教室，作爲國父思想專用教室，由於內部陳設簡陋，圖表及書籍欠缺，先生很不滿意，屢次囑咐，充實改進，但始終未能達成先生之要求。直到民國六十九年先生應國防部青邨幹部訓練班主任王昇上將的邀請，擔任該班教授時，曾參觀該班的國父思想專用教室，佈置的美侖美奐，富麗堂皇，內容充實，圖表完整，很符合教育部的要求水準。先生立刻將其模型携回德明，即日起就在德明學生活動中心二樓，開始籌設國父思想專用教室，並請董事會撥付專款支持配合，因此國父思想專用教室順利完成。並指定專人負責管理，其內容之充實，圖表之完整，國父思想圖書之豐富，還有影片、幻燈、七十二吋錄放影機、電視機等最新設備。民國七十一年六月教育部實施國父思想教學成果評鑑，包括國父思想專用教室佈置及有關國父思想教學活動，如國父思想專題講演及國父思想論文比賽等，評鑑結果德明商專國父思想教學成績優異，名列前茅，榮獲冠軍。

最値得一提的是德明商專學生講演及論文比賽項目有：青年節、教孝月、教師節、雙十節、光復節、校慶、國父及 蔣公誕辰紀念、防空節及保密防諜等許多種類的比賽，唯有國父思想論文及講演比賽，規模最大，常有數百人參加與賽，盛況空前。這完全是因爲先生的倡導、鼓勵及啓發，所發生的熱烈回響。凡遇到國父思想講演比賽，先生不問如何忙碌，風雨無阻，必須親臨主持評審工作，並親自詳爲講評及頒獎鼓勵。先生對於推行三民主義教育的努力與積極，上行下效，蔚爲良好風氣。所以德明商專學生對於研讀三民主義都具有豐富的心得，成爲德明教學活動的一大特色。

第十一節　籌設書法專用教室

書法是中國固有文化的一環，近二十餘年來，因爲尖端科技及電腦的迅速發展，一般的人們對於中國書法漸漸淡忘及漠視，大多數學校包括初中和高中在聯課活動中雖設有書法研究社團，但並未得到重視。因爲時下各機關首長，以留學歐美者居多，尤其是各大專院校的校長，更是以留美博士佔其大多數，其中又以學自然科技者居多。當然對中國書法教學不感興趣而又陌生，可是先生早年是留學法國，是學統計學的，也是屬於數理科學的一種，但先生從來沒有忘記中國固有文化的重要性。在德明商專一系列的教學活動中，先生特別重視國父思想及書法教學。先生曾有很多次的指示，必須重視書法教學，更必須有書法社團及書法專用教室，並聘請專家或擅長書法的教授擔任指導老師。每隔一段時期必須舉行書法比賽，全校師生均可自由報名參加，並請專家學者評審，多作鼓勵或獎賞，優良作品從優頒獎，並陳列在書法專用教室內，俾可長期互相觀摩。先生常說，書法可以培養一個人的涵養；變化一個人的氣質；恢宏一個人的氣度；鍛鍊一個人的品格；寬廣一個人的胸襟。卽知先生對書法研究之深入及重視。

現在教育部已令國立編譯館，編出一系列的書法教學教材，從小學、國中、高中到大專，每班每週必須列入書法教學一小時，可見先生之主張，不但十分正確，而且還有遠見之明，並且都能與國家長期教育政策相配合。先生又說，復興中華文化，人人都有責任，一定要腳踏實地，認認眞眞實實在在，只要肯努力去做，總會有收穫的一天。

第十二節　增設電腦中心及視聽教室

德明商專在先生詳密計畫及熱心指導之下，日新又新，發展快速，天天有進步，年年添設備。自從民國六十三年更名爲德明商專後，配合國家經建政策，便大量添購教學器材。如電子計算機、打字機、電報機、英語教學耳機、電動打字機、電腦主機、端末機及微電腦機等。因此董事會積極支持先生的擴充計畫，並增撥巨款，光就電腦設備一項而言，在私立專科學校方面，德明商專是手屈一指的。現在德明的電腦中心已擴至行政大樓的一、二層樓，一次可以容納四百位學生實習，是電腦規模最大的一所專科學校。再以後又繼續增設了打字專用教室、電報專用教室、英語會話專用教室、護理專用教室、軍訓專用教室等。爲了配合電化教學以及舉行各類簡報的需要，又興建了視聽教室。再以後又增設實習銀行、實習商店及校史館等特種教學設備。先生認爲辦學的目的，就是在培植人才，只要是學生需要的，學校不論用去多少經費，也都是應該的。

第十三節　綜合實習部耕耘有成

德明商專自建校開始。就在校內的教學大樓及中正大樓的地下室，設有販賣部，最初經營不甚理想，在先生不斷督促叮嚀之下，歷年都有改善。到了民國六十六年二月正式成立綜合實習部，下設實習商店、模擬商場、國內外零售商場、批發商、公司、稅捐處、海關及實習銀行等。

壹、實習商店：內設文具部、冷飲部、書局部、食品部及日用品部。由於學生人數年有增加，實習商店各部門之商品，物美價廉，師生購買率激增，業務蒸蒸日上，由企管科、國貿科及會統科學生編成實習小組，輪流實習，老師從旁指導，迄今十年有玆，不僅建立了完整體制，並做到「事忙先記帳，過後免思想，今日帳目今日畢」，當日結帳，效果良好。

貳、實習銀行：內設存款部、放款部、稅務部、海關部、保險服務部。除稅務、海關、保險三部門純為服務性質外。放款、存款部門，由於存款利潤合理公平，手續便捷，大量吸收師生游資，養成全校師生勤儉建國節約儲蓄之美德，存款部業務鼎盛，存款數額已高達一千餘萬元。放款部門，也由於貸款利息也較一般商業銀行為低，手續方便，師生貸款者也甚為踴躍，已有數百萬之鉅，一般商業銀行貸款常有呆帳發生，而德明商業實習銀行貸款，絕不會發生呆帳，師生借款最高額一人不得超過三萬元，由在職的兩位教職員擔保，最長時間為一年，學年度終了歸還，如借款人中途離職，保證人負責歸墊。由於制度健全，施行至今，業績良好。同時也達到了銀保科、財稅科以及其他三科學生的實習目的。綜合實習部經過十多年的辛苦耕耘，成績輝煌，均應歸功於先生認眞規劃勤於指導之功。

第十四節　主張五育並重學生成績突飛猛進

鄭彥棻先生是黨國碩彥，革命元老，是一位教育家，也是最資深的訓導專家。先生二十歲時，畢業於廣東高等師範不久，即膺命高等師範附屬小學的訓育部主任，雖然時間不長，但成績確實輝煌可觀。先生認為作一個老師最重要的就是以身作則，以身示範，要有愛心、耐心，身教重於言教，鼓勵重於懲罰，五育並重來誘導學生，尤其是訓導人員，必須要認識學生、接近學生、瞭解學生、幫助學生、關心學生，使學生在心目中訓導老師的職位最崇高，訓導老師的人格最神聖，訓導老師的態度最有威嚴，訓導老師的口吻最親切，訓導老師的身分亦師亦友。使學生在心理上獲有保障及安全感，今日德明商專數千名學生，皆能篤信好學，熱愛國家，明辨是非，守法守分。全是先生苦口婆心，春風化雨的結果。先生無時無刻的經常指示，提高學生素質的主要條件，就是延聘優良師資，加強教學，倡導良好的讀書風氣，才是根本之道。

壹、對教務工作方面的要求：希能切實做到下列各點：

㈠、定期施行各類學科比賽，尤其是商校技能科目，如珠算、中、英文打字、會計學、電腦操作、統計學等，並從優頒獎鼓勵。

㈡、訂定嚴格的考試規則，養成學生自立、自治、自強的美德，視考試是一種神聖而有尊嚴的制度。

㈢、實施嚴格考試，期中及期末大考均採混合梅花編座方式，杜絕學生投機行為，學生非地毯式的用功讀書，卽無法通過考試，養成學生奮發向上的好習慣。除期中、期末大考外，在學期中間各科目平均抽考一至三次，養成學生不依賴，不懈怠，隨時提高讀書之警覺心。

㈣、利用寒暑假期實施重修輔導，凡是學科不及格而未達三分之二學分者或是補考後而仍未及格者，一律在寒暑假上課補滿所缺學分。重修班上課或考試與作業要求與平時上課同，並實施嚴格點名制，要求極爲認眞。

㈤、實施考前課業輔導，每屆暑假四、五年級或已畢業之校友，有考大學插班者，有考高普考者，有郵政、電信、銀行等特考者，一律向教務處登記，分類開班授課，由教務處選聘優秀教師，施予一到二週之考前複習，提示重點，已經報名參加選課之學生，中途不得退出，實施以來效果良好。經過輔導後之學生，考取者人數不少，但考取其他大學插班生者，年有增加，效果奇佳。

㈥、學生作業之抽查與批改，各科目均由教務處訂定出作業數量，由任課老師指定，由專業助教輔導，規定學生作業必須定期抽查，教師必須認眞批改，每班選出若干優良作業頒獎鼓勵。不合規定者也必須作適當之處分。民國六十四年十月，教育部派人蒞校評鑑，抽查德明商專學生作業之批改及考卷評閱情形，至爲良好，獲得教育部之書面獎勵。

貳、對訓導工作方面的要求：先生更是不厭其煩的叮嚀，務希做到下列各點。

㈠、實施點名制度，在訓導處設立點名小組，有三位老師專門負責點名，避免學生遲到早退或中途逃課。並詳細統計各班出、缺、曠席情形，每週公布乙次，自實施以來，效果頗佳。

㈡、實施生活競賽，其目的就是在於陶冶學生品德，提高學生的生活素質，變化學生氣質，蔚成良好校風。包括全校學生，每一年級爲一競賽單位。競賽項目包括週、朝會秩序，上課秩序，本週內之一班獎懲紀錄，服裝儀容比賽等。每一週、每一年級擇優選出一班頒發獎狀，連續三週時頒發錦旗乙面，自實施以來，收效宏偉。

㈢、實施整潔競賽，其目的在使學生養成勤勞服務，培養學生勞動美德。競賽範圍包括各班所分配之公共環境區域及教室整潔，每週每年級各取最優者一名，頒發獎狀一紙，連續四次最優者頒發錦旗乙面，自實施以來效果至為良好。

㈣、實施早讀競賽，自民國六十四年第二學期開始試辦，六十五學年度第一學期正式開始競賽，早晨自七時五十分開始，由導師隨班輔導，到八時十分止。每週每年級取最優者一名，頒發獎狀一紙，連續三週最優者，頒發錦旗一面。自實施以來，上午第一節上課，幾乎無人再遲到，早晨七時三十分開始進入校園，如入無人之境，靜如止水，落針可聞。在全國大專院校中，只有德明商專才有如此良好的早讀制度，可說是一大特色，實行以來，效果奇佳，此乃先生所創見也。

㈤、訂定學生獎懲辦法，先生再三指示任何一個團體總有少數不守規矩的分子，也必會有更多守法自愛的守分者。如果沒有獎懲即分不出高低上下，沒有黑白是非，這個團體是不會有進步的。但懲罰要運用得當，經過談話及詳細查詢。懲罰必須要公正公平，使學生心服口服，才能收到教育作用。先生主張多獎勵少懲罰，尊重學生人格，鼓舞學生士氣，並與家長密切聯繫，先生無處不為學生著設，無處不為德明著想，今日德明有如此的辦學成績，先生厥功至偉。

㈥、社團活動多彩多姿，先生向來重視學生之羣育教育，以培養學生的團隊精神，德明商專的社團雖不及各公私立大學規模之大之多，但所設立的社團都很實用而具有教育意義。每學期開學後的一週內，一、二、三年級學生，每人必須選擇一個適合於自己興趣的社團參加活動，四、五年級可以自由參加，不作硬性規定。德明商專社團活動共分爲學術、體育、康樂等三大類，合計共有四十幾個社團。社團活動均集中於每週三下午七、八兩節時間之內，每一社團均有老師在場指導，課外活動組派人到各社團點名，每社團設社長一人，協助處理該社團之一切事務，要求極爲嚴格，社團活動多彩多姿，學習認眞熱鬧非凡，每學期終了各社團必須將成果呈報訓導處核獎，成績可圈可點極爲豐碩，

先生對於體育活動，也特別重視，先生常說強國必先強種。人民之健康，國家之強弱，民族之盛衰，人心之振靡，體育是健身強國之基礎。並希多組團隊到校外比賽，吸取經驗，他山之石可以攻錯，多觀摩多學習他人之長處。如德明之羽毛球、男女排球隊、柔道、空手道、跆拳道等都有很好的表現，爲學校爭了不少榮譽。七十一學年教育部已核定德明商專爲單項體育發展最優之學校。

先生自民國五十四年八月三十一日出任德明第一任董事長起，到民國六十一年十一月七日辭去董事長，婉謝一切車馬費用，並不時捐書捐樹，出錢出力，先生之熱心教育，完全出於熱誠，其貢獻實無法描述於萬一。

第十五節　設置各類獎學金鼓勵學生勤奮向學

先生爲了鼓勵學生勤奮向學，特別指示必須廣設各類獎學金，以便激發成績優良的學生努力向學，茲將其獎學金類別簡述如下：

壹、清寒獎學金：清寒獎學金名額沒有限制，只要學行優良，家庭經濟無法負擔學雜費者，即可申請。凡具有申請條件者，可到課外活動指導組申請洽辦。

近年來臺灣經濟繁榮，軍公教人員待遇也逐年調整，清寒家庭已經很少了，可是先生常以惻隱之心，關心別人的困難和遭遇，爲顧及子女衆多之家庭負擔，特設置清寒獎學金，每一學期得到這項獎學金的人數，約有三十餘位同學。

貳、各科學業第一名獎學金：這一類獎學金，目的在鼓勵學生努力向上，提高學生素質，激發學生有競爭的精神，特設置此項獎學金。這類獎學金具備條件，凡各科學業成績第一名，操行成績在甲等以上，體育及軍訓成績在七十五分以上者。每學期由註冊組及夜間部教務組將得獎學生名單造册送課外活動指導組辦理即可，日間部有五科連同夜間部會統、企管、國貿、銀保、電算等五科合計共爲十名，每名可得獎金五千元，由學校頒發。

叁、各班學業前三名獎學金：爲提高學生讀書風氣，鼓勵學生努力求學，增進學生之榮譽心，特設置此項獎學金。此項獎學金申請條件，學科成績平均在八十分以上，每科目均必須及格，操行成績在甲等以上，並不得有申誡以上處分者，體育及軍訓成績均在七十五分以上。由教務處註册組及夜間部教務組將得獎學生名單，造册送課外活動指導組，每班以三名爲限，如未達此項標準者從缺，每學期頒發一次，每學期獲得此項獎學金者，人數常在一百五十位以上。

肆、特種獎學金：此項獎學金設置的目的，是爲了提高學生素質，鼓勵同學奮發努力，培養高尚品德，發揚校譽而設置，不受名額限制，此項獎學金之種類計分左列各項：

(一)普考或相當普考之特種考試及格者每名發給獎學金叁仟元。

(二)高考或相當於高考之特考及格者每名發給獎學金五千元。

(三)成功嶺大專集訓班，寒訓或暑訓結訓成績列爲每旅結業前三名者發給貳仟元、壹仟伍百元、壹仟元之獎學金。

(四)凡代表學校參加對外各類之學藝比賽，榮獲前四名者，分別發給壹仟、柒佰、伍佰、肆佰元之獎學金。

此項獎學金每學期頒發一次。檢齊有關證明文件，到課外活動指導組申請辦理。獲得此項獎學金的學生時少時多。有時候多達數十人，有時候只有三、二人。如民國七十一年六月所頒發之此類獎學金，僅有三人得獎，足證得之不易。

伍、忠黨愛校獎學金：本校爲紀念　國父而命名，中國國民黨又爲　國父所創建。所以特別重視忠黨愛校的學生，爲提高學生忠於黨國，愛護校譽，特設置此類獎學金，每學期十名，由訓導處負責擇優選拔，每學期頒發一次，獲得此項獎學金之學生，全是品學兼優，忠心耿耿愛黨愛校的好學生。

陸、國父思想獎學金：此項獎學金是爲了提高學生對三民主義的研究興趣，並激發同學愛國愛黨之堅強民族意識，特設置此項獎學金。

此項獎學金係採取甄選方式，不拘日、夜間凡有國父思想課程之班級，每班遴選國父思想成績最優之前二名，參加甄試，共錄取十二名，前二名由教育部獎勵，餘十名由學校頒發獎學金，此項獎學金每學期舉行甄選一次。因此每學期必有十二位同學，獲得此項獎學金。

先生對於此項獎學金之頒發，格外重視。先生以爲一個大專學生，平時連三民主義都不瞭解，根本不配做一個大學生的條件，所以先生想出種種方法，鼓勵學生研究三民主義，蔚爲風氣，俾以掀起研究三民主義的高潮。因此除每學期舉辦三民主義講演比賽，三民主義論文比賽，優勝者除隆重頒發獎品鼓勵外，特再設置此項獎學金，藉資鼓勵。教育部每一次評鑑德明商專國父思想教學活動時，都會感到十分滿意與讚賞，乃先生熱心推動倡導之功。

柒、珠算獎學金：爲了提高同學們對珠算學習之興趣以及培養高超之珠算技能，特別設置珠算獎學金，藉資鼓勵。

此項獎學金之申請條件，凡是在入學後取得珠算技能檢定一級及格，發給獎金八百元，初段至四段合格者發給獎金一千五百元，五段以上合格者，發給獎金兩千元。此項獎學金名額不受限制，凡合乎上項條件者均可申請。先生對於商業技能之提高，也甚為重視。

捌、英文打字、會計檢定獎學金：此項獎學金，也是先生基於商專學生需要的重要性而設置的，目的在於培養同學高超之商業技能，用以奠定打字及會計學科之良好基礎。其申請條件，凡英文打字A級檢定合格及會計學一級檢定合格，各發給獎金八百元，此項獎學金，名額沒有限制，每學期頒發一次，得獎人數時多時少，端賴同學努力之程度如何。德明商專學生近年來英文打字及會計學之程度，確實提高了很多。

玖、信愛獎學金：此項獎學金之申請，凡品學兼優之同學，遇有偶發事件，家長或本身遭遇重大變故，精神受到嚴重打擊與挫折，急待救助並協助重新建立求學信心，發揮學校及同學間之愛心，並助其迅速恢復正常學習生活，每名發給獎金五千元，七十學年度第二學期就有貿五甲班一位蘇欣瑜同學，於民國七十一年四月八日在臺北市信義路遭遇嚴重車禍，雙足折斷，急待愛心與溫暖之關懷。因此特別頒給蘇生五千元獎學金，俾資鼓勵與慰問，凡獲此項獎學金之同學無不感激萬分。

拾、特殊清寒獎學金：凡家庭特別貧困又有意外事故發生之學生，經導師及訓導處共同調查證明急待救助之同學，每名學生可以免繳全學期之學雜費。七十學年度第二學期就有財稅科一年級魏心悅同學，一家六口，有四位兄妹在學就讀，魏生之母親於四年前割除膽囊手術後，引發嚴重之肝硬化，長期臥病，曾耗用大量醫藥費，致魏生全家生活陷入困頓拮据。先生聞訊之後，本其照顧他人之慈悲心腸，立刻通知魏生免繳納全學期之學雜費，按時註冊入學就讀，合計爲新臺幣玖仟叁佰多元。

拾壹、校外獎學金：校外獎學金也是先生與政府各機關經常的接觸，不斷的向社會各界人士爭取而來的獎助學金。其種類有㈠教育部清寒學生獎學金。㈡國父思想獎學金。㈢聲寶電氣公司贈送的獎學金。㈣蔡屏藩先生獎學金。㈤臺北市動物用藥商業公會獎學金。㈥中國統計學會獎學金。㈦陳姓獎學金。㈧陳誠先生獎學金等共六十餘種獎學金。申請方法及規定均不相同，每學期開學時，課外活動指導組，必會詳細公布，同學隨時可以辦理申請。

德明商專設置的獎學金種類很多，雖然獲獎的同學所得到的獎學金有多有少，但合起來數字相當驚人，例如七十學年度第二學期頒發的獎學金計新臺幣壹佰叁拾多萬元，幾乎每一學期均是如此，先生愛護學生、鼓勵向上，提高學生素質，所用的苦心了。

拾貳、各科榜首獎學金：此項獎學金也算是很特殊的一種獎學金，此項獎學金是在每學期開學典禮上頒發，每科一人。得獎者是各該科入學成績最高分者，稱之爲榜首，日間部有六科，夜間部有六科共計十二人，每人頒發獎金五千元，以資鼓勵。這項獎學金，又可稱之爲各科榜首榮譽獎學金。

第十六節　夜間部茁壯成長

先生認爲德明商專校址座落在臺北市區，門前又有六十米寬之柏油大馬路，聯營公車加上臺灣汽車客運公司共有九線在德明商專門前設有站牌，距臺北市火車站僅有十五分的路程，交通最爲便捷，且內湖已於民國六十年禁建開放，新建巨廈如雨後春筍，人口密集驟增，工廠林立，發展夜間部，條件最爲優越，再三督促設立夜間部。校方於民國六十年六月專案呈請教育部，是年十月奉准設立夜間部，同年十一月招考會統科新生一班，至民國六十八年爲止，夜間部學生已增至六班。民國六十九年奉教育部核定增設國貿科，同時由德明商專自行單獨招生，是年招考新生兩班。民國七十年再奉教育部核准增加企管科，招考新生兩班，並准許招考選讀生三班，現在夜間部學生已增至五十八班之多，學生人數已增至三千人以上，先生計畫逐年爭取增班增科。七十四學年度開始繼續爭取增設銀行保險科、財稅科及觀光科。期以與日間部人數與班級相等，並駕齊驅，充分利用學校之現有設備，造就現代之商業人才，拯救失學之在職青年，參加國家之經建行列。先生向來料事很準，德明商專夜間部發展十分快速，前程似錦，想不久必能達其先生之願望矣。

先生爲顧及夜間部學生夜晚九時五十分放學後的通車及安全問題，尤其是下雨天或冬天，先生再三叮嚀向臺北市車管處交涉學生專車，疏導學生迅速回到自己的家中，車管處鑒於先生愛護學生心切，特別熱心幫忙，共派出二十多輛大型公車，分別由學校經內湖、大直、松江路開往臺北車站、士林、內湖、松山、永和及南勢角等地。所以學生來德明商專夜間部上課，不僅家長十分安心，學生也不以爲苦，人人感覺到最溫暖、最富有人情味、最有安全感，確有讀書求學之樂。先生關心學生學業之進步，品德人格之陶冶，生活行爲之輔導，愛國思想之啓發，身心體魄之鍛鍊，交通安全之導護，其愛心所施之程度，眞可以說是無微不至，稱美先生爲當代最熱心的教育家，洵非虛譽。

第十四章　領導中國憲法學會

第一節　前言

民國六十三年四月，中國憲法學會原任理事長張知本（字懷九）先生，因年事過高，當時已九十又五高齡，已到期頤之年，堅辭斯職。同年五月，中國憲法學會召開第九屆常務理監事會議，改選理監事，經全體出席理監事一致舉手通過，推舉該會常務理事鄭彥棻先生繼任理事長職務。張懷九先生與鄭彥棻先生都曾先後做過司法行政部部長，懷九先生當時爲總統府資政，黨國元老，法學泰斗，畢生爲法治而奮鬪。領導中國憲法學會十又三年，奠定了良好基礎。彥棻先生當時爲總統府秘書長，革命者碩，憲法學權威，精研中國憲法，見解獨到，畢生爲改革司法，弘揚憲法而努力。繼續領導中國憲法學會，必能再創新猷，締造佳績。而且懷九先生與彥棻先生都是憲法學會發起人。由彥棻先生接替中國憲法學會理事長職務，可算是年高德劭，名至實歸，是名重當時的最佳人選。

第二節　修訂中國憲法學會章程

先生於民國六十三年五月，接任中國憲法學會理事長之後（該項職務純粹義務性質絕無任何車馬之資），於六十三年八月二十四日，即召開第十屆會員大會，並禮邀嚴副總統家淦先生蒞臨大會致詞，讚揚會務由彥棻先生繼任，必有輝煌的貢獻。可知先生在法學界之望重，在國內聲譽之隆，治事效率之高。

在這一次的大會中，首先通過修訂中國憲法學會組織章程，該項章程原爲民國四十年五月二十日該學會成立時所制訂，因時代不斷的進步；經濟快速的成長；物價也有些波動，章程內容有部分條文已不適用，必須加以修訂，然後才能依照章程規定推展會務。以後在民國六十六年八月二十八日第十一屆會員大會再度修訂，到民國六十九年九月二十一日第十二屆會員大會再作一次修訂，其中第八條修訂爲本會置理事三十一人，候補理事十一人，監事九人，候補監事五人，常務理事九人，常務監事三人，任期均爲三年，連選得連任之。第九條修訂本會設秘書長一人，副秘書長一至二人，秘書一至三人。置憲政時代編輯委員會一至八人，其中一人爲召集人，餘七人爲編輯委員。同時分設編輯、研究、資料、聯絡、總務等五組，各組設主任一人及幹事若干人，均由理事會提請會員大會聘任之。第十二條條文修訂本會會員大會每年舉行一次，必要時得召開臨時會員大會。第十四條規定本會經費以左列各款充之。

㈠會員入會會費新臺幣二百元及常年會費二百元。團體會員入會會費新臺幣四千元，常年會費亦爲新臺幣四千元。

㈡個人會員，一次繳納十年會費及十年常年會費者。團體會員一次繳納五年常年會費者，均爲本會永久性會員，以後均不再繳納常年會費。

㈢機關團體補助費。

㈣自由捐助。

先生接任理事長後，第一件工作即完成了修訂憲法學會章程，立卽展現了會務的新猷，邁向光明燦爛的里程。

第三節　倡導研究憲法學術風氣定期提出報告

先生接長憲法學會之後，便積極的推展會務工作，爲了倡導憲法學術研究風氣，開展憲法學會規模，指定該會研究組規劃，經常舉行座談、講演、寫作、專題報告及集會活動並作各項獎勵，並且首創優良憲法學術著作獎，並舉辦憲法學術徵文及大專學生研究憲法獎學金。先生登高一呼之後，全國各界紛紛響應，成效大著。先生並勉勵該會會員每人必須閱讀或研究中國憲法，定期提出研究報告，其優良作品，經大會審查通過，除刊登《憲政時代》外，也給予較優厚之獎勵，以便蔚爲研究風氣。

同時先生按新修訂之憲法學會章程，增設憲法研究委員會，置委員三十一人，繼續研究憲法，以三年爲期，限時完成研究報告。就㈠行憲問題。㈡修憲問題。㈢增加臨時條款問題，分題加以研究，並作成結論。由學會第十一屆第二次會員大會通過，送請有關單位參考，並在《憲政時代》發表，以饗讀者。

此外，先生還指定資料組及編輯組，每年都要編列《會員論著索引》，並在憲法學會會所，闢設中國憲法研究室，充實法學、國父思想、蔣公言行、五權憲法、政治學、中國憲法等有關圖書，俾供附近居民以及對法學有興趣人士，前往閱讀研究，擴大法學知識層面。

第四節　創設《憲政時代》季刊

中國憲法學會原來刊物叫做《中國憲法學會年刊》，是國內研究憲法、發表論文著述唯一的園地，每年出版一次，先生接長後，力謀改進，認爲一年出版一次，實在太少，引不起讀者的研究興趣，對廣大社會難以發生影響作用。爲了擴大篇幅，充實內容，配合政府反共國策，加強筆戰，先生便決定將《中國憲法學會年刊》，改爲《憲政時代》，並指定編輯組，一定按時出版，每一期的內容，必有一個宗旨及重心，使讀者都有面目一新的感覺，不數年中國憲法學會在先生領導之下，成爲全國性最優良學術性團體，而迭獲內政部頒獎表揚。而更名後的《憲政時代》，亦成爲全國最具權威性學術雜誌，行政院新聞局評選爲全國最優良的出版品之一，曾頒發金鼎獎乙座，特別予以鼓勵。國立中央圖書館列爲國際出版品交換圖書之一種，名聲大噪，成績斐然。

第五節　發動籌募兩百萬基金運動

中國憲法學會，雖爲全國性最優良學術團體之一，但經費收入卻十分拮据，如果只靠會員入會所繳納之兩百元會費，仍不足維持會務的開支。先生爲了謀求會務之迅速發展，鞏固學會經濟基礎，必須寬籌經費，開闢財源，乃根據憲法學會組織章程第十一條之規定，得設置財務委員會，發動廣大社會力量，預定向社會各界募集兩百萬新臺幣作爲會務活動基金，在銀行開設專戶，其所生利息，除供學會各項學術活動的開支外，在憲法學會會所增設圖書館一座，大量購置中外憲法及各類法學叢書、廣設大專學生憲法研究奬學金、奬勵社會人士及本會會員憲法著作出版，以及本會會員的特別急難或偶發事件資助之用。使憲法學會業務，大展宏圖，進行順利。

先生不論主持任何一個私人或公家經濟困難或人手不足的機構，也均能從無中生有，虛中求實，從不可能中創出可能，做的蓬蓬勃勃而有朝氣，成績輝煌而令人刮目相看。我們讚先生爲領導強人，並具有統御的專才。

第六節　定期召開會員大會

凡是步上正軌的社會學術團體，必能遵照政府的規定，定期召開會員大會。中國憲法學會，在先生領導之下，成為全國最優秀學術團體之一，推展會務順利，定期出版季刊，定期召開會員大會，頒發大專學生獎學金，頒發會員有關憲法出版著作獎金、獎品、獎狀等。按中國憲法學會組織章程第十二條規定，本會員大會每年舉行一次，必要時得召開臨時會員大會。第七條規定本會以會員大會為最高權力機構，該會理事會監事會每半年開會一次，常務理事會每三個月開會一次，所以必會累積許多討論議案，還有散布在全國各地會員的寶貴提案，必須全部付諸會員大會討論通過後公布或實施。

最值得一提的是中國憲法學會會員的組成份子，幾乎網羅了全國公私立機關的領導人物以及公私立學術團體的精英，共有會員六百六十八人之多，是全國一百三十四個人民學術團體當中，會員人數最多，分布地區最廣，會員身分層次最高，皆為政府機構中之靈魂人物。因限於篇幅，僅舉出數人，便可推知其全體會員的學術水準了。例如：司法院院長林洋港、副院長汪道淵、前任監察院長余俊賢、黃尊秋，前任立法院長倪文亞，前任考試院長劉季洪、副院長張宗良，考試院長孔德成，考選部長韓忠謨教授，行政院副院長施啓揚博士，救國團主任李鍾桂博士，行政院政務委員李模教授，國民大會秘書長何宜武，國立政治大學法學院長張潤書教授，國安會副秘書長董世芳先生等，均爲社會賢達、專家學者或政府部門的領導人物，筆者有幸，厚忝濫竽，親見每次會員大會，將星閃爍，冠蓋雲集，盛況空前。歷任內政部長必親臨致詞勉勵，先後有連震東、張豐緒、邱創煥、林洋港、吳伯雄、許水德等，蒞會指導，足見內政部對中國憲法學會的重視。再由該會會員身分，可知先生學術地位之崇高，文章勳業之蓋世，道德聲望之隆盛。但先生並不因此而滿足，並計畫繼續擴大會務，擬議在數年中，選派資深會員赴全國各地闡釋講演憲法眞諦，並建議教育部在全國各文武大專院校增列憲法爲專修課程，出版憲法論文叢輯，擴大憲法功能，並與英、美、法、德、意、日等各先進國家交換憲法圖書，交換學人講演，互相訪問，互相切磋，藉以增進國民外交，因此便知先生領導的能力、創見的精神及辦事的魄力，實在令人敬佩。

第十五章　領導國立中山大學旅臺校友會

第一節　前　言

民國三十四年八月十五日凌晨，日本戰敗投降，抗戰八年終獲勝利。臺澎地區於是年十月二十五日也隨之光復，臺灣重回祖國懷抱後，百廢待舉，建設寶島，需才孔急，國立中山大學校友奉派來臺服務者，人數非常可觀。民國三十八年元月，中共佔領大陸，神州淪陷，三十八年十月，中央政府播遷來臺，建設復興基地，重振革命聲威，當時因事出倉促，來不及跟隨政府撤退，而留在大陸的國立中山大學校友，赤心耿耿，忠黨愛國。民國三十八年十一月大陸失守前夕，中山大學校友冒著生命危險，先後衝出鐵幕，而輾轉港澳或印、越、菲、日、韓等地來臺者，絡繹不絕。據民國三十九年元月統計資料所得，先後來臺的中山大學校友計有丘念臺、謝東閔、陳可忠、李翼中、陳蘭皋等二百零四人之多，於是共同發起組織國立中山大學旅臺校友會，並共推謝東閔先生爲理事長。

第二節　定期召開旅臺校友大會並發起籌募兩百萬基金運動

謝東閔先生，先後擔任過臺灣省議會議員、議長，實踐家政專科學校校長、董事長，臺灣省政府主席，以後又出任副總統，時間相當長久，一直在政府部門擔任要職，工作十分繁忙，分身乏術，實在無暇兼顧推動中山大學校友會會務，再三堅辭理事長職務。民國四十六年十一月舉行國立中山大學三十三週年校慶，會後，鄭彥棻先生在衆望所歸擁戴之下，全票當選國立中山大學旅臺校友會理事長。先生當時正擔任僑務委員會委員長及中央黨部第三組主任，雖然公務異常繁忙，還經常奔波於世界五大洲之間，宣慰海外僑胞，爭取國際友誼，但對於推動校友會會務，熱心積極，不稍懈怠，爲校友謀取福利，盡心盡力。先生接任理事長職務不久，卽召開旅臺校友大會，會中通過數項重要議案及工作：

壹、調查旅臺校友動態，編印校友通訊錄：俾便大家有所聯絡，有事可以互相支援，貢獻智慧，相互切磋，交換寶貴意見。

貳、出版校友通訊刊物：刊名集用　國父墨寶，詳細報導各地校友動態及會務狀況，並詳細報導及表揚傑出校友，以資鼓勵。

叄、募集校友互助福利基金：發動社會各界，籌募兩百萬新臺幣做爲校友互助福利基金，在銀行開設專戶，以孳生利息用以協助疾病、貧困、災難或有重大偶發事件的校友，以發揮校友愛、同胞愛及同志愛，並以無息貸款借給貧困的校友，以應急需。

肆、籌建校友連絡中心：先生認爲校友會沒有固定辦公地點，處理公務很不方便，因此擬向有關機關、社會人士或校友勸募款項，購買或新建校友會辦公會址，做爲校友的連絡中心和永久會議的場所。

先生不論擔任何種職務，常本著服務代替領導，服務爭取信任，人生以服務爲目的，更不會忘記幫助他人，解救別人的危難，助人最樂，助人爲快樂之本，這是先生所追求的最大目標和心願。

第三節　爭取母校在臺復校終告成功

民國三十八年，軍事失利，政府遷來臺灣，重建復興基地，經過十年生聚十年教訓，整軍經武，勵精圖治，臺灣已建設成三民主義的模範省，太平洋上的自由燈塔，不沉的母艦，東方的馬其諾，防務固若金湯，中共不敢再越雷池一步，社會安定，經濟繁榮，科學進步，教育發達，國民義務教育由原來的六年延長至九年，現已準備再延長爲十二年，直到高中畢業。高中畢業生因而隨之俱增，投考大學的人數，越來越多，每年大學聯招已有十三萬人報名應考，因此國立政治大學、清華大學、中央大學、私立輔仁大學、東吳大學、中原大學，因應時勢需要，均先後在臺申請復校。新成立或擴充而成大學者也不少，如國立成功大學、私立淡江大學、逢甲大學、文化大學等。先生有鑒於高等教育的迫切，立刻建議政府國立中山大學應該在臺復校，教育部非常重視先生的珍貴意見，經過三思之後，終因經費困難，復校暫行擱置。

到了民國五十二年十月二十一日，華僑救國聯合總會第二屆理事會第三次全體會議在臺北市僑光堂舉行，理事陳樹桓、吳壽頤等七人聯合提議，爲發揚國父革命精神，實踐三民主義，早日光復大陸神州，請中央准許中山大學在臺復校案，送請教育部參辦，教育部獲悉後研究再三，然後函覆，仍因經費困難，中山大學在臺復校問題，暫不考慮等語。

民國五十二年十一月，中國國民黨第九次全國代表大會，假陽明山中山樓隆重揭幕，海外代表余鳴傳、蔣賜福、梅友卓、黃仁俊等二十六人，向九全大會提出，爲擴大慶祝 總理百年誕辰紀念，請政府積極籌備國立中山大學在臺復校案，經大會通過決議，轉交中國國民黨中央委員會參考研辦。

民國五十三年一月，國立中山大學校友會第十六屆理監事聯席會議，一致決議組織「復校促進委員會」，公推鄭彥棻、陳可忠、崔載陽、劉求南、謝瀛洲、陸宗騏、袁晴暉、李樸生、董世芳、曹婉珍、潘錦瑞等十一位先生爲委員，並推舉鄭彥棻先生爲召集人。

以後又有國民大會代表、立監委員以及遍佈海內外各地的中山大學校友，紛紛提出請求，希望中山大學從速在臺復校。

民國五十四年十一月，政府籌備 國父百年誕辰紀念，教育部乃成立國立中山大學重建籌備委員會，聘請鄭彥棻、陳可忠、謝瀛洲、陳雪屏等四十位先生爲委員，消息傳出，臺南、高雄、彰化、嘉義等地方熱心教育人士，紛紛爭取設校，並自動捐獻土地，嗣因行政院經費困難，中山大學復校問題，再度擱淺。

自此以後，先生卽向政府各界首長，不停的奔走呼籲，期盼早日達成中山大學在臺復校的願望，曾在民國五十九年三月出版一本《國立中山大學在臺復校特刊》寄贈各界人士及中山大學校友參閱。先生在該特刊撰寫：〈我爲甚麼贊成國立中山大學在臺復校〉一文中，曾說明中山大學在臺復校的重大意義。先生說：「神州在中共統治之下，大陸還保存著僞中山大學，企圖欺世盜名，我們在臺灣恢復眞正的中山大學，更有鮮明的政治和革命意義。」❶先生本著愛國、愛黨及愛校的熱誠，忠心赤誠，崇敬 國父及信仰三民主義。中山大學一日沒有復校，先生的奔走與呼號，也就一日不能停止，不論在私在公，無時無刻，積極爭取，透過各階層的關係，力促早日實

---

❶《鄭彥棻八十年》第三二五頁。

現。

到了民國六十七年行政院決定在臺灣南部籌辦大學一所，先生聞訊之後，透過校友會聯絡各方人士及海內外校友，一致呼籲並面謁蔣總統經國先生，在南部新設立的大學，請命名爲國立中山大學，用以粉碎中共欺世盜名的詭計，最高當局立卽答允，行政院俯順輿情，決定命名爲國立中山大學，選擇高雄西子灣爲校址，遂於民國六十九年八月，正式招考新生，並聘請中國青年反共救國團前主任李煥先生爲第一任校長。先生爲了爭取中山大學的復校，所付出的心血與代價，也終於有了結果。中山大學能夠順利在臺復校，完全是先生熱心教育，不避辛勞，向各方奔走爭取而成功的。

第十六章　主持世界鄭氏宗親總會

第一節　前言

民國三十八年十月，神州淪陷，留在大陸的鄭氏宗親，不甘奴役迫害，紛紛逃出大陸，流落港九、南洋、南北美及歐亞各國，急待援助與聯繫。於是於民國四十六年元月，在臺灣正式成立臺北市鄭氏宗親會，公推年高德劭的鄭彥棻先生為理事長。先生接長之後，積極展開會務，擴大組織，加強推動功能，於民國六十一年籌備世界鄭氏宗親總會。向內政部申請立案，於民國六十三年五月奉內政部核准成立。一致公推鄭彥棻先生為第一任世界鄭氏宗親總會會長兼理事長。

第二節　定期召開會員大會

先生接任鄭氏宗親總會會長之後，積極展開會務，制定各類法規及辦事細則。例如世界鄭氏宗親會總會辦事細則、鄭氏宗親總會獎助學金籌措辦法及獎助細則、世界鄭氏宗親總會章程、鄭氏宗親總會財務管理委員會等。並定期召開會員大會，該會會員現擁有國內外團體會員二十個，個人會員一百二十餘萬人，遍布全球五大洲，先生爲聯繫宗親感情，特訂定會員大會在世界各地輪流召開。例如民國六十七年在泰國首都曼谷召開，民國七十年在菲律賓首都馬尼拉召開，民國七十一年又在曼谷召開，均由先生親自前往主持。每三年召開一次理監事會議，同時改選理監事，另外就是鄭氏宗親懇親大會每年召開一次。先生對會務的推動有條不紊。團結世界鄭氏宗親感情及精神，助益良多，對三民主義統一中國，更是增加了一股巨大的力量。

第三節　設置優秀學生獎助學金

先生不論主持任何政府機關或私人團體，總是以「機關學校化、工作教育化」的眼光來著手，先生接任世界鄭氏宗親總會會長之後不久，便設置優秀學生獎助學金，並制定鄭氏宗親獎助學金辦法，並成立獎助學金委員會，採公開申請，嚴格審查的方式，其中分爲特優獎、特等獎、優等獎、助學金及留學貸金等，獎學金金額從二千元至一萬元不等。例如民國六十三年就有臺灣大學學生鄭道生等七十三人獲獎，對優秀用功而家庭清寒的學生鼓勵甚大。先生對鄭氏子弟之照顧，可謂無微不至，功德無量。

第四節 定期出版會刊會訊報導宗親動態

先生常是以文化水準之高低去衡量一個社團的工作績效，先生接長後，首先籌備出版《滎陽會訊》，「滎陽」二字乃鄭氏宗親之堂號，表示全世界的鄭氏宗親，均始祖於河南省的「滎陽」，現該會除了出版《滎陽會訊》、《鄭氏宗親會訊》定期出刊，詳細報導鄭氏宗親動態之外，另外還有世界鄭氏宗親特刊及專輯，隨時調查世界各地鄭氏宗親之生活概況，宗親如有急難或有偶發事件，由宗親總會迅速支援和救助，以達到守望互相幫助，患難互相扶持，使每一位鄭氏宗親具有安全感，都能得到總會的溫暖，受到親切的照顧，內心無不衷心感激彥棻宗長的領導有方。

第五節 籌組鄭氏人文叢書出版委員會

先生爲了闡揚鄭氏世族事蹟，特組成鄭氏人文叢書出版委員會，專門負責辦理有關鄭氏人文專題研究、著述，並出版《鄭氏人文叢書》用以闡揚鄭氏世族之源流及歷代人文事蹟。該委員會正計畫第一步先出版《鄭氏人名錄》一巨册，其內容徵集範圍，先以亞洲地區，各地宗親分會現任會長、理事長、理監事、名譽理監事、董事、歷任顧問以及當地熱心宗親會務及士農工商各界名人，並附照片插圖，並評述其家世、事業，俾供國內外宗親之參考，作永久性之紀念出版物，並分函國內外鄭氏宗親，徵求寶貴意見，務必做的盡善盡美。可知先生之做事不但細心而且謹愼。

第六節　籌建世界滎陽鄭氏大宗祠及鄭成功廟

先生做事，總是喜歡多做少說，多做多對，多用腦筋，多研究分析，多服務，多奉獻，再開創新局。因爲世界鄭氏宗親總會，會員人數，據統計高達一百二十多萬人，回國開會、講學、參觀、經商、訪問或探親的鄭氏宗親日益增加，但卻沒有一個適當相聚的場所。正在使用之臺北市中山北路二段一二九號四樓，世界鄭氏宗親會址，是向一位鄭氏宗親借用的。雖然可以辦公，可以舉行小型會議，可是地方仍嫌偪促狹小，因此先生決心籌措新臺幣五千萬元。這五千萬元由國內宗親負擔二千五百萬元，其餘二千五百萬元，則由非律賓、泰國、新加坡、香港四個地區的鄭氏宗親共同負擔。興建一座規模巨大的世界滎陽鄭氏宗親大宗祠，暨鄭成功廟。先生認爲如此巨大工程，必須謹愼將事。所以該項工程興建之前，先設置「滎陽鄭氏大宗祠暨鄭成功廟興建委員會章程」以便督促施工，以責專成，俾竟全功。新宗祠地址已覓妥外雙溪故宮博物院對面山腰雞南山路旁，佔地約一千五百餘坪。該處羣山環抱，鳥語花香，小橋流水，風景奇麗，交通便捷，環境清幽，與東吳大學、故宮博物院、衞理女子高中爲隣，富有濃厚的文化氣息。新的世界滎陽鄭氏宗親大宗祠暨鄭成功廟，是一座古色古香五層樓中國古代宮殿式的建築。新宗祠完工之後，內設辦公室、會議室、大禮堂、圖書室、餐廳、臥房、康樂室等，不但解決了平時會議場地，同時也解決了世界各地宗親回國、開會或是參加十月慶典活動等食宿問題，並具有觀光價値，建設多目標，一舉數得。於此可知先生之魄力雄偉，眼光遠大，設想週到，從不計較個人辛勞，各方奔走連絡，勤於督導，纔得以順利成功。

第十七章　先生與其他學社之關係

第一節　先生與中國合作學社之關係

彥棻先生早年留學法國國立巴黎大學，雖然是專攻統計學，同時也選修了「合作經濟」及「合作學原理」，先生爲何會有這樣的選擇？乃是受到兩種因素的影響。先生說：「第一、是我對國父遺教發生興趣。國父講三民主義，是先講民族主義，次講民權主義，最後講民生主義；但是他在建國大綱裏，則揭櫫『建國之首要在民生』之旨，首謀『衣食住行』根本問題的解決。至於解決問題的方法，則主張採用王道的辦法，故重視分配社會化，倡導推行合作運動，以達到分配社會化的目的。我認爲這是非常正確的，這是我研究合作運動及其原理的原因。第二、是當時世界最有名的合作運動大師季特教授（Prof. Charles Gide）還在巴黎大學執教，我因爲仰慕他，不肯輕易地錯過這一個好機會，於是就跟隨他研究。原來我要寫的博士論文，也是以合作運動爲範圍的。」❶總統李登輝先生於民國七十四年七月六日在第六十三屆國際合作節慶祝大會上也說：「合作制度是以『互助』爲基礎，以『民主』、『平等』、『公開』爲原則，以『共同經營』爲方法，藉謀增進社會經濟利益，縮短貧富差距，其最終目標乃在建立一個合於公平、正義、道德以及和諧而富裕的社會，它不僅與我國文化的基本精神相符合，同時與　國父手創的三民主義經濟建設的理想完全一致，因此，我國憲法對於推行合作事業，明定爲基本國策之一。」❷合作事業運動與三民主義有著最密切之關係。

民國二十二年先生受聘國立中山大學教授兼法學院院長時，曾講授「合作論」，後來將平時所累積的講稿，編輯成册，著成《合作教育的研究》一書，出版後，頗能引起愛好合作運動人士們的最大興趣，該書銷路至佳。正因爲先生對合作運動是增進社會福利的事業，特別感到興趣，隨即加入中國合作學社爲社員。民國三十八年政府遷移來臺，中國合作學社亦同時在臺復社，但社務卻在停頓狀態，毫無發展成績。

民國六十九年六月二十一日，中國合作學社假臺灣省青果運銷合作社六樓禮堂，召開第十屆社員大會，並改選理監事及全體理監事會議，經全體理事熱烈鼓掌擁戴年高德碩的鄭彥棻先生擔任理事長。先生謙沖爲懷，以年事已高理應讓賢爲由，讓再讓三，謙辭不就。後經全體理監事多

---

❶《往事憶述》第四十三頁。
❷民國七十四年七月七日《中央日報》第二版。

次誠懇敦請，先生只好勉爲其難，暫允擔任理事長之職。先生做事向以重視工作實效，從不放棄任何職責，絕不願空懸理事長頭銜之虛名，而毫無作爲。但先生對於中國合作學會之運動，不但有悠久的歷史淵源，且具有濃厚興趣。先生半個世紀以來，一直是合作學社的忠實會員，出力出錢，貢獻智慧，奉獻心力，獻替良多。因此，先生格外關心合作運動的發展。先生願意接下合作學社理事長之職務，就是基於要貫徹對合作主義信仰的初衷，認爲推行合作運動是 國父遺教的一部分，是改善大衆生活的最佳捷徑。

先生就任合作學社理事長後，復於民國七十二年六月十八日召開理監事聯席會議，由先生親自主持。先生以會議主席的身分，發表一段簡短而嚴肅的談話。先生說：「大家推舉本人擔任理事長，心意非常誠懇，我只好接受，可是合作學會經費拮据，無法聘用專人處理社務，連日常辦公用的文具紙張以及寄發開會通知的郵票，都是向別人借來的，遑論推展社務，擔任這樣一個空有其名的理事長，毫無意義。」到會的理監事聽了先生一番嚴肅的致詞之後，果然引起大家的共鳴，莫不情緒激動。於是第一個議案便討論如何籌措經費案，討論結果，決定四項辦法：㈠徵收個人會員會費案。㈡全體理監事自由樂捐案。㈢徵求團體會員會費案。㈣呈請行政院補助案。先生爲了迅速推動社務，首先起帶頭作用，立刻慨捐新臺幣壹萬元，接著全體理監事便紛紛響應先生的號召及慷慨爲公的精神，踴躍輸將，會中共捐了新臺幣十萬元，先生便非常高興的說，由此推知合作學社未來的前途，是大有可爲的。希望今後共策共勉，共同努力，使合作學社的社務蓬勃發展，以底於成。

先生不論主持任何一個機構或民間團體，都能使之起死回生恢復朝氣，就以中國合作學社來說，長久以來，社務一直陷於停頓。先生當時以八十有二高齡的嵩喬之年接任理事長沒有多久，中國合作學社隨即有了轉機，雖然中國合作學社社務不及先生所領導之中國憲法學會、中山大學校友會、世界鄭氏宗親總會，業務推動的有聲有色，但也較先生未接長以前已進步的很多了。

第二節　先生與中國統計學社之關係

先生早年留學法國是專攻統計學，畢業論文以〈限制製造痲醉藥品統計上諸問題〉獲得巴黎大學法學院統計師學位，先生是中國學生留學海外獲得統計學位的第一人。民國十八年，中國國民黨在南京召開第三次全國代表大會，先生代表國民黨法國總支部回國參加，會中提出「統計建設方案」獲得黃昌穀、梁寒操等人之連署，內容包括組織、法規、教育研究以及與法國統計學術交流在內的一套完整的統計體系。先生此一提案，奠定了日後中國統計制度的良好基礎。

民國二十九年八月先生出任廣東省政府秘書長時，當時統計學科在中國還是一片荒涼，國人對統計學毫無認識。先生鑒於統計學科運用之廣，效果之大，不可沒有統計學，立刻建議廣東省政府，設立統計處，民國三十一年六月，先生兼理首任統計長。先生並特別強調「行政基於科學，科學基於統計」。旋卽舉辦統計人員訓練班，建立全省統計系統，召開全省統計人員會議，在極爲短暫的時間內，廣東省地方統計工作績效卓著，經中央政府統計處評定爲全國最優。中國今日統計事業蓬勃發展，先生實爲創設中國統計學科之始祖也。

以後的時間裏，先生不論奉調任何機關，都特別重視統計工作。民國四十一年三月，先生奉命接長僑委會後，深感缺乏正確的僑務統計資料，於是先生設法加強改進，成立統計機構，績效彌彰。

民國四十九年六月，先生接長司法行政部，任期凡七年有玆，其間，對統計制度之建立、統計工作之充實、統計機構之革新、統計人員之培植，著力尤勤。政府機構在普遍精簡聲中，先生獨排衆議，突破組織法之限制，將司法行政部內之統計室擴充爲統計處，調整員額，增強統計處人力，繼而在全國各級法院、檢察處、各監獄及看守所普遍設置統計處室，奠定我國司法統計基礎。嗣又建立司法行政公務統計制度，可資爲推檢人員考核與工作考評之重要依據。於今，我國政府機關中，統計機構最爲普遍，統計人員最爲充實，統計體系最爲完整，統計績效最爲各機關首長所重視。如非先生熱愛統計事業，諳練統計理論，雖以部長之尊，仍不忘護持關切，時時投注心力，曷克臻此。

先生於六十一年五月接任總統府秘書長，輔弼元首，贊翊中樞，雖事繁任重，仍時刻關切統計工作。先生鑒於政府銳意建設復興基地，統計事業更覺重要而又需才孔急。於是乃向中國國民黨第十次全國代表大會提出發展之重要提案：「為請政府加強發展統計業務，樹立科學政治基礎，以提高行政效率，配合國家現代化要求案。」其內容包括健全統計機構、充實統計人力、改進統計方法、寬籌統計經費等，當卽獲得出席代表劉季洪、周宏濤等六十二人熱烈響應連署，提請大會討論通過，交中央委員會轉交從政同志參辦。

之後，吾國之統計事業，逐漸蓬勃發展，今日之各大專院校，均設有統計學系，進而設置統計研究所，大規模的培植統計專才，統計學術水準大為提高，在在乃先生之高瞻遠矚，鼎力倡導，先生對統計事業之發展，貢獻至多。

先生向極熱心公益事業，鑒於統計學術之重要，民國十八年由歐洲返國參加中國國民黨第三次全國代表大會時，卽與國內統計工作之愛好者，籌組統計學社，因時間倉促而未果，後來先生返國任敎，獲悉中國統計學社業已組成，先生認為此一組織，可促成全國統計人員，互相切磋，可提高統計學術水準，先生便欣然參加。民國三十三年先生當選第十三屆常務理事，民國三十五年起連續蟬聯第十四屆常務監事。民國五十一年統計學社在臺復社，先生當選為復社後第一屆常務理事，一直蟬聯至六十五年，共十五屆。民國六十六年起，先生因本身事務繁重，乃堅辭常務理事。仍勉任理事，其見先生重視社務活動，負責任事，獎掖後進。民國六十九年起，由統計學社全體理事，一致通過恭聘先生擔任名譽理事長之職。

先生對於任何社團，不論是否為領導人，從不等閒視之。統計學社之理事會議、會員大會或統計學之研討會議等，先生身繫中樞重任，均能撥冗躬親出席，以襄盛舉，藉資鼓勵，並每多提出珍貴意見。諸如怎樣提升統計學術研究風氣、向民間推廣統計學應用、統計學社發行之《中國統計學報》之編輯內容，由純理論之闡述轉爲兼重統計方法與實務之分析，很受工商界歡迎，發行量遽增，社會各界對統計學之認識日益普遍。又先生於民國六十一年總統府秘書長任內，親任「中國統計學社統計獎學基金籌募委員會」召集委員，凡兩年，當時預定籌款目標爲新臺幣五十萬元，很多年來，贈獎名額逐年增加，均爲先生之遠見與熱心，大力推動影響所及也。

第十八章 先生與 國父

第一節 恭聆 國父講演三民主義

民國十三年，先生還是廣東師範四年級的學生，讀的是理化部，但已接受了革命的洗禮，再由鄒海濱校長的介紹，加入中國國民黨，信奉了三民主義。

先生回憶當時雖然還是一位在校的學生，也有不少機會見到 國父。其中印象最深刻而能記憶猶新永遠不會忘記的有三次：㈠先生親自恭聆 國父講演三民主義。㈡先生曾以學生會代表的身分到大元帥府向 國父請願。㈢先生曾以廣東學生聯合會評議部代表的身分恭聆 國父向全國學生聯合會評議大會訓話，這三次親自瞻仰 國父的風采，先生常引爲最大榮幸而終身難忘。

先生回憶說：「當年 國父講演三民主義是有計畫的、有系統的分次講演，每週一次，時間都是在星期日，計有民國十三年元月二十七日到八月二十四日，共講演了十六次，其中民族主義六講、民權主義六講、民生主義只講了四講沒有講完，因為　國父赴韶關❶督師北伐而中輟。其間也曾因故間歇了兩次，一次是三月三十日講完民權主義第三講後，停了兩個星期至四月十三日又講第四講，可能是因為　國父公務太忙的緣故。一次是四月二十七日講完民權主義第六講後，更停了三個多月，到八月三日才開始講民生主義。這固然是因為　國父在五月間曾因腦病及眼血管破裂必須就醫治療，也是因為民生主義的理論，比民族主義、民權主義深奧，要有充分的時間作準備，所以停講若干時日，將民生主義講演的大綱擬妥後，再繼續講下去。記得當時每次參加聽講的，包括黨國負責人、海外同志、母校及其他學校學生人數達三千人以上，母校的大禮堂，樓上樓下，座無虛席，還有許多人是在大禮堂的四週站著聽講的。」❷先生又接著說：「國父來講演時，總是先到校長室，略事休息，便步入禮堂，登上講臺，開始講演。國父從無預備講稿，只是準備了一些綱要和資料，即席發揮。國父講演時，態度從容……但當時　國父正以一身兼理黨政軍事務，將革命事業從頭做起，在最繁忙的時刻，來作這一長期性、系統性的講演，自極辛勞。」❸因此先生對　國父印象特別深刻。

---

❶ 韶關：位於廣東省北部，又稱曲江。是粵漢鐵路上的一個大站，由此經摺嶺到湖南，經梅嶺到江西，也可以由北江經水運到廣州，是聯絡華南和華中必經之交通重鎮。工商業發達，盛產白米、香烟、水泥等。

❷《鄭彥棻先生文集》第十頁。

❸《鄭彥棻先生文集》第十一頁。

先生爲紀念　國父講演三民主義六十週年，特以最虔敬的心情，親撰〈恭聆　國父講演三民主義的感受〉一文，長達兩萬餘字，在國內各大報章發表，俾資紀念。先生說：「國父講演時，聲調鏗鏘，侃侃而談，內容充實，雖是高深理論，因運詞顯豁，趣味雋永，取材適切，深入淺出，極能吸引聽衆的注意和興趣。國父也越講越有勁，毫無倦容。我當時雖然只是一個快要畢業的學生，也聽得津津有味，越聽越神往，越聽越有勁……」❹

先生後來事業光明蓬勃，完全是受到　國父人格的啓發以及鄒海濱校長的提拔與賞識，乃先生一直銘記在心的一樁大事。

第二節　著述立說弘揚三民主義

先生大學畢業以迄於今，著述立說，從未間斷，但無不是以宣揚　國父革命精神，實現三民主義爲其旨趣。先生所著有關　國父遺敎或三民主義等書，經蒐集出版者，計有：㈠《民生主義的眞諦》。民國五十二年三月，中央文物供應社。㈡《徵印三民主義版本校勘報告》。民國四十一年六月，海外出版社。㈢《五權憲法的要義》。民國四十二年三月，中央文物供應社。㈣《從五

❹民國七十三年一月二十七日《中央日報》第十二版。

權憲法的理論到中華民國憲法的制定》。民國四十三年七月，海外出版社。㈤《國父在海外》。民國四十八年三月，海外出版社。㈥《國父的治學精神與革命精神》。民國四十九年五月，海外出版社。㈦《五權憲法的理論基礎》。民國六十六年中華學報四卷。㈧《主義與憲政》。民國六十六年中央組工會。㈨《國父遺教講述》。民國六十七年元月，總統府人事處。㈩《國父遺教闡微》。民國六十八年元月，正中書局。(十一)《偉大的國父及其思想闡微》。民國七十四年九月一日，正中書局。(十二)《國父孫中山先生》民國七十六年十二月，正中書局。

先生在各報章雜誌發表有關國父遺教之專文篇數也相當可觀，計有：㈠〈我們的總理〉。國防部青邨幹訓班。㈡〈努力闡揚　國父五權憲法的遺教〉。《廣東導報》。㈢〈總統　蔣公對國父思想的闡揚〉。《廣東導報》。㈣〈發揚　國父的革命精神〉。六十七年七月，《中央日報》二版。㈤〈國父上李鴻章書的研究〉。民國六十七年元月《憲政時代》五卷三期。㈥〈舉世景仰的國父孫中山先生──我的體認與崇敬〉。《近代中國》雙月刊三十二期。㈦〈淺談　國父創立的五權憲法〉。民國七十二年六月，《中央日報》。㈧〈國父當年在廣東高等師範學校講演三民主義的經過情形〉。《廣東文獻》季刊十三卷二期。㈨〈我對　國父的認識和景仰〉。民國七十二年十月，《憲政時代》。㈩〈恭聆　國父演講三民主義的感受〉。民國七十三年元月二十七日，《中央日報》。(十一)〈經歷六十寒暑而彌新（鄭彥棻先生談　國父演講三民主義的時代意義）〉。民國七十三年元月二十七日，《青年戰士報》二版。(十二)〈紀念中國國民黨第一次全國代

表大會暨 國父講演三民主義六十週年學術討論會紀實〉。《近代中國》雙月刊三十九期。(十三)〈國父的憲法思想與其革命思想體系〉《法令月刊》第三十五期。(十四)〈我見我思——「三民主義自序」重讀有感〉。《中外雜誌》二百一十期。(十五)〈「國父的聖哲典型與待人風範」序言〉。民國七十三年八月二十五日，《中央日報》第十版。(十六)〈孫文先生的憲法思想(中、日文)〉。民國七十三年八月二十六日，孫文學說研究會演講辭。(十七)〈「三民主義自序」失而復得的經過及其題跋〉。《德明青年》第七十一期。(十八)〈驅逐馬列恢復中華——實現三民主義統一中國〉。民國七十三年十一月二十五日，《中央日報》第二版。(十九)〈闡揚 國父憲法思想的演進〉。《中央月刊》十七卷二期。(二十)〈宣揚主義團結僑心〉。民國七十三年十二月十六日，《中央日報》第二版。(二十一)〈國父與法國〉。《近代中國》雙月刊四十四期。(二十二)〈國父創立興中會前後的革命救國思想與作爲〉。《近代中國》雙月刊四十五期。(二十三)〈鄭彥棻題「國父手書三民主義自序」感言墨寶〉。《美哉中華》一九七期。

先生所以就 國父遺敎發揚闡微，俾資引起國人的重視，蔚爲研究風氣，進一步人人能實踐篤行，愛國僑胞在海外各地籌組三民主義大同盟分會，其目的在喚醒愛自由的國際人士，認識三民主義眞諦。由於先生平時呼籲闡釋，鼓動風潮，並率先躬行，將來必能造成事實，希望三民主義統一中國早日實現，以解大陸十二億同胞於倒懸。

(附先生親書 國父手書三民主義自序失而復得之經過眞筆墨寶)

鄭彥棻先生親書 國父手書三民主義自序失而復得之經過真筆墨寶

總理撰書三民主義自序真跡曾由鄒海濱黃昌穀先生等題跋此一重要文獻前因戰亂流失嗣經吳劍雄同志於民國五十五年在香港獲知其下落報請政府設法收購彥棻奉 總裁命主持其事賴劍雄同志之努力卒使此具有歷史價值之自序及題跋重歸中央彥棻特撰三民主義自序失而復得之經過及其題跋一文記述其事於民國七十二年四月十七日及二十四日連續刊載於中央日報自序真跡及題跋不僅為本黨之重要文獻且為中華民國極珍貴之國寶由此憶及彥棻當年於母校

國立廣東高等師範大禮堂
恭聆　總理演講三民主義
之情景歷歷如昨面對遺墨
如聞其聲如見其人不禁愴
然際茲蔣主席經國先生
正號名以三民主義統一中
國三民主義自序及題跋所
涵蓋之意義更顯重要吾黨
同志自應秉承　總理遺教

總裁訓示繼續鑽研三民
主義引伸發揚光大並加強
在海內外及對大陸宣傳作
攻心之奮鬥使三民主義深
植人心完成以三民主義統
一中國之使命庶不負　總
理親自撰書三民主義自序
之至意

鄭彥棻敬題

中華民國七十二年五月五日於台北

第三節 專題講演闡釋三民主義

先生自踏入社會從政以來，三句話不離本行，無時無刻不是就三民主義詳加闡釋與發揚。先生主持僑委會時，曾講「海外革命三老」、「國父卒生在海外」，四次出國訪問，曾到各地講演三民主義及 蔣公言行。主持司法行政部時，以 國父遺教作爲演講題材的計有：㈠「國父法律思想的認識」。㈡「從開國文獻看法治建設」。㈢「努力闡揚 國父五權憲法的遺敎」。㈣「五權憲法理論應有的認識」。㈤「從 國父遺囑談到對遺敎應有的認識」。㈥「制憲國大對地方制度審查和修正的經過」。㈦「擴大三民主義模範縣的法治基礎」。㈧「發揚中華文化的傳統精神」。先生擔任德明商專董事長時，在每一次的週會上，闡述 國父遺敎的次數也很多，計有：㈠「銘心的感受」。㈡「恭聆 國父演講三民主義憶述」。㈢「國父的治學精神與革命精神」。㈣「紀念國慶要體認 國父的革命定力」。㈤「國父建國的四大綱領」。㈥「國父的革命精神與革命哲學」。㈦「國父的民主思想」。㈧「國父的憲政思想」。㈨「國父的法治思想」等。先生任職總統府時，就 國父遺敎爲講題的計有：㈠「關於五權憲法」。㈡「政治的眞諦」。㈢「發揚 國父的革新精神」。㈣「國父對心理建設的遺敎」。㈤「國父的開國外交」等。

特別値得一提的是民國七十三年十一月二十五日，爲中國國民黨檀香山總支部建黨九十週年，舉行慶祝大會，特邀請先生前往主持，並作專題講演，先生以「驅逐馬列，恢復中華，實現以三民主義統一中國。」向與會的三百多位來賓，作四十分鐘的精闢講演。先生說：「九十年前的今天， 國父孫中山先生在這裏創立了興中會，九十年以來檀島僑胞也一直支持本黨，對國民革命輸財出力，始終不懈。所以檀香山固然是本黨的發祥地，檀香山僑胞也是國民革命的前鋒，在國民革命史上，有著輝煌的貢獻。」❺先生接著又說：「最近中共對海外僑胞加緊施展其統戰陰謀，企圖以愛國心和民族情感來轉移僑胞對共黨專政的憎恨，騙取僑胞向其『認同』。不錯，我們僑胞都有強烈的愛國心，但我們愛的是具有五千年歷史文化的中國，而不是奉馬列思想爲神明的中共；我們都希望祖國富強，但我們希望眞正的是國家獨立、人民自由、民生樂利，而不是『只要核子，不要褲子』的外強中乾的假象。今天，海峽兩岸的對峙，絕不是兩個政黨的對立，而是 國父思想與馬列思想、三民主義與共產主義、自由民主與極權專制、安和富足與貧窮落後的對抗。我們要全國人民都能過自由民主、安和富足的生活，便必須團結在 國父思想之下，高舉三民主義的旗幟，徹底消滅馬列思想和共產主義，重建獨立自由統一的新中國。」❻

先生當時已是松鶴之年，仍不惜長途跋涉，越洋過海，高舉反共大纛，宣揚 國父遺敎，高呼三民主義統一中國而努力不懈。文化大學鄭向恒教授在《海華雜誌》第一卷第一期創刊號〈鄭

❺ 民國七十三年十一月二十五日《中央日報》第二版。

❻ 同右

彥棻的檀島之行〉訪問報導說：「黨國元老鄭彥棻先生，不但是三民主義的忠實信徒，而且是一位忠實精幹（蔣公在彥棻先生七十歲時所題贈），立志獻身黨國的反共鬪士；他雖已屆八十三高齡，但是黨國需要他，他都樂意接受，努力以赴。這次彥棻先生前往革命聖地——檀香山，主持與中會創建九十週年大典，就是一大明證。」先生結束檀香山之行回國後不久，臺北市黨部馬副主任鶴凌先生代表中國國民黨中央委員會蔣主席頒贈先生一幀紀念狀，紀念狀上的全文是：「參加本黨奉行三民主義，獻身革命，已逾五十年，始終不渝。玆値本黨九十週年，特頒紀念狀以表敬意。主席蔣經國。」這是先生在這六十多年以來，拳不離手，曲不離口，不知爲黨國爲主義奉獻多少精神和心血。稱道先生爲 國父的忠實信徒，三民主義的實行家及三民主義研究專家，乃先生應得之美譽也。

第四節 以身作則實踐三民主義

民國十二年，先生才二十多歲，卽成爲中國國民黨黨員的一份子，算起來先生的黨齡，已超過了六十二年。先生高等師範畢業後，前往法國深造時，先生就帶了一大批三民主義大字本，用作宣傳。先生擔任三民主義青年團宣傳處長時，又鑒於三民主義課本的缺乏，而一般社會青年，又很需要研讀三民主義，先生便發動徵印三民主義一百萬册分贈青年閱讀。先生在中央黨部秘書長任內，凡黨部文件資料，均視若珠璣，遷徙流亡期間，衝破萬難，搬運來臺，後調任海工會主任及僑委會委員長，多次出國慰問僑胞，翻山越嶺，千里迢迢，到處宣傳三民主義，講述 蔣公言行，改造海外黨務，訓練反共幹部，大量印製三民主義課本及三民主義函授講義空運海外。曾任僑委會副委員長的柯叔寶先生說：「中華民國四十一年夏，鄭彥棻先生銜命訪問菲律賓，這是膺任僑務委員會委員長之後，正式代表政府出國訪問僑社的第一站……彥棻先生到處訪問，到處演講，到處闡釋三民主義才眞是救國、建國的經典，到處說明政府發奮革新的實況。」❼先生主持司法行政部時，主張對受刑人實施民族主義精神教育，在管理上必須採用民權主義的精神，在作業上要本著民生主義的原理，在制定監所的三民主義教育綱要方面，增設三民主義教育課程。內容分為民族主義、民權主義、民生主義、五權憲法及 蔣公言行，舉辦三民主義講演比賽、出版壁報弘揚三民主義、佈置教室環境，以三民主義為藍圖等重要措施，使受刑人如沐春風，遷善改過，收效宏偉。曾任中央黨部社工會主任蕭天讚先生說：「彥棻先生本著先總統 蔣公『越是對最痛苦的人服務，越有價值。』的指示，率先致力於獄政的革新，最顯著的成就有，推行三民主義原理原則管教措施的方法。在教化上實施民族主義教育，激發其愛國思想。在管理上採用民權主義精神，培養其自尊自愛精神。在作業上以民生主義的原理，學習謀生技能。」❽曾任臺中監

---

❼《鄭彥棻八十年》第一二九頁。
❽《鄭彥棻八十年》第一一一頁。

獄典獄長的姚治清先生也說：「彥公對於三民主義的闡揚，理論闢透，頗多精到之處，爲時人所稱重，而於實踐方面更不遺餘力，於司法部長任內，以監獄看守所作爲實踐三民主義的園地，至今仍爲監所革新進步的張本，曾記得彥公於五十年六月一日在動員月會中說，我認爲監所是個適於教育三民主義的場所……使受刑人在三民主義薰陶下成爲三民主義的鬪士。」❾先年負責德明商專期間，更特別重視三民主義教育課程，國父思想教授，先生必須親自遴聘，投下巨資設置國父思想專用教室，大量購置三民主義圖書、圖表，恭塑 國父及 蔣公兩大偉人銅像，供全校師生崇敬瞻仰。德明商專三民主義講演比賽，二十多年以來，共舉辦五十餘場次，先生必躬親主持評審工作並頒獎，不論是隆多溽暑，風雨無阻，從無缺席遲到，其重視之程度由此可知也。先生捐贈德明商專圖書，也以三民主義及五權憲法的書籍爲最多，約一萬餘册，先生處處以身作則，實踐力行。鄭向恒教授也特別印證說：「最令人感動的是抗戰時期彥公在重慶曾擔任三民主義青年團宣傳處長及文化建設運動委員會主任委員職務時，他認爲青年人一定要研讀三民主義，抗戰期間，許多地方找不到三民主義，而許多鄉下青年也買不起三民主義，於是彥公發動徵印三民主義一百萬册運動，這個運動由三民主義青年團以及黨部推動，結果得到各方的熱烈響應和贊助。彥公以學者從事黨政工作，六十餘年以來，無一日不在爲黨國努力奮鬪。最難得的是民國三十八年

---

❾ 《鄭彥棻八十年》第三六五、三六六頁。

從南京、廣州、重慶，輾轉來到臺北期間，都是在政局動盪顛沛之中，卻能排除萬難，應付多變，把所有黨員名册帶來臺北。後來彥公任司法行政部長時，最重要的措施是推行三民主義獄政，倡行監獄學校化、工廠化、醫院化。」❿

以上就是先生以身躬行腳踏實地弘揚三民主義的最佳證明。先生後來曾擔任國立中山大學中山學術研究所及文化大學三民主義研究所教授，親自講授三民主義。先生弘揚三民主義，一直是站在三民主義最前線，有始有終，從不稍懈，六十年來如一日，稱讚先生爲三民主義的忠實信徒，三民主義的堅強鬪士，最成功的三民主義教育家，是實至名歸最爲恰當。

---

❿《海華雜誌》創刊號第一卷第一期。

第十九章 結論

鄭彥棻先生，幼年失怙，苦學有成，卓識遠見，古今獨步。道德文章，足以示範人倫。進而報効黨國，宣慰僑胞，改革司法，興利除弊。襄助元首，宵旰忠勤。其勳業政績，足以光昭史乘，功在國家，垂範百代，誠爲堅苦卓絕，自立自強之典範。

先生之莊敬自勵高風亮節之精神，足可作爲時人正心修身齊家報國之楷模。先生之日常生活，刻苦儉樸，向無一般人之不良習尚；食則清茶淡飯，不煙、不酒、不賭。唯嗜愛讀書寫文章，孜孜不倦。因公宴客，不論客人身分高下，或長輩、或部下、或親友、或門生，久持六菜一湯之原則。衣則經常一襲中山裝，如非接待外賓，或參加重大慶典，不論在家或外出，從不改變。住則乃公家分配之日式平房，不但狹窄，且年久失修，隨時有倒塌之虞，後來由其兒女共同合資改建爲五層式公寓，先生住其底層，先生特別感覺舒適而滿足。

先生一生叱咤風雲，久居高位。對 國父及先總統 蔣公，赤心耿耿，忠貞不二，公忠體國，無私無我，赴湯蹈火，在所不辭。但個人出處，從不計較，求之今日，並不多見，看似平凡，但在平凡之中卻有其偉大。先生之孝親永思，尊老敬賢，可作爲現代青年之矜式。由先生親著之《往事憶述》、《景光集》、《師友風義》、《思齊集》等書，看出先生飲水思源，尋根索本之精神。先生之十叔軍凱公，曾參加過辛亥革命、北伐、抗日，勳績彪炳，已經退役來臺頤養，已是九五高齡之期頤之年，精神矍鑠，康健如恒，先生事之如父，縱然日理萬機，忙碌異常，每週必親自慰薦定省，噓寒問暖，按月奉俸侍養，先生可謂今日倡導教忠教孝之表率也。

先生之用人唯才，培植後進，關懷下屬，篤念故舊，更是現代社會之典型，一般人眞正能夠做得到的，可謂少之又少。政府遷臺後，香港有一雜誌，歷舉國民政府中之中興人物，埋頭苦幹，不計名利的，一爲堅決反共的谷正綱先生，二爲領導僑務的鄭彥棻先生，三爲復興中華文化的張其昀先生。便知先生對黨國之盡瘁心力，犧牲奉獻，家喩戶曉，人皆津津樂道也。

先生一生爲推行三民主義、五權憲法而努力不懈，是三民主義的忠實信徒，是自由中國研究三民主義，最能探微勾玄，窮源竟委的理論家，實行三民主義的力行家。也是自由中國誨人不倦的教育家，高瞻遠矚的政治家，樹立司法尊嚴的法學家和力主僑教的僑務專家。

後記

本書印行，一波三折，自民國七十年七月三日始稿，至民國七十四年七月殺青，正擬付梓。筆者於七十四年九月二十三日因胃疾送醫手術，於七十五年元月返家休養，粗體尚未復原，未料於民國七十六年六月六日又因甲狀腺肥大，再度入院治療，迄今已十有一年。本書原名《鄭彥棻先生奮鬪之歷程》。民國七十九年六月二十一日午夜，先生因腦血管病變而遽返道山。瞬目又屆三年，本書也因之更名為《鄭彥棻傳》，俾符合事實。筆者雖仍感力不從心，但必力疾完稿問世，俾償心願。並對先生致其最沉痛的哀思與悼念，以慰先生在天之靈。

本書於民國七十四年七月一日脫稿，首先呈奉先生過目教正，隨卽懇請陳以令教授、林清溪秘書、林安弘教授等三位先生在百忙中，分別詳審校閱，經過多次增刪訂正，終於定稿。又承蒙德明商專夜間部主任賴永華教授熱心協助，東大圖書公司董事長兼總經理劉振强先生慨允出版，本書卽將發刊之際，特別表示衷心感激之意。

中華民國八十二年六月馮成崇識於臺北泉廬

附錄一：本書寫作重要參考書目

書名	作者	出版書局	出版年月
1 蔣委員長言論類編		正中書局	民30 8
2 國民大會實錄		國民大會秘書處	民35 12
3 從制憲到行憲	鄭公彥棻	南京黑白出版社	民37 1
4 僑務問題的新認識	鄭公彥棻	海外出版社	民42 5
5 蔣總裁言論選輯㈢		中央文物供應社	民44 8
6 蔣總裁言論選輯續編		中央文物供應社	民44 8
7 當前僑務	鄭公彥棻	僑委會	民46 2
8 僑胞的動向與路向	鄭公彥棻	海外出版社	民48 10
9 民生定義的眞諦	鄭公彥棻	中央文物供應社	民52 3
10 七年來的司法行政大事記	陳志川	文瑞印刷公司	民56 7
11 五權憲法要義	鄭公彥棻	中央文物供應社	民58 11
12 風雨中的寧靜	蔣總統經國	國防部	民56 2
13 蔣總裁言論選輯下册		中興山莊	民60 9
14 鄭彥棻先生言論選集	鄭公彥棻	大信圖書公司	民61 2
15 景光集	鄭公彥棻	三民書局	民64 2
16 傳記精華第五集	鄭公彥棻	中外圖書出版社	民64 9
17 國父遺教講述	鄭公彥棻	總統府人事處	民67 1

18	蔣公大事年表		近代中國社	民67 4
19	往事憶述	鄭公彥棻	傳記文學出版社	民67 6
20	師友風義	鄭公彥棻	東大圖書公司	民67 11
21	中華民國當代名人錄(一)	熊鈍生	臺灣中華書局	民67 11
22	國父思想闡微	鄭公彥棻	正中書局	民68 1
23	憲法論叢	鄭公彥棻	東大圖書公司	民69 9
24	我所瞭解的蔣經國先生	王昇	黎明文化事業公司	民69 11
25	中國現代史	國立編譯館	幼獅文化事業公司	民70 1
26	當代名人塑像	李德安	松霖印刷公司	民70 6
27	憲政時代季刊六卷三期		中國憲法學會	民70 7
28	鄭彥棻八十年	陳伯中	傳記文學出版社	民71 1
29	鄭彥棻先生文集		德明商專校友會	民71 1
30	思齊集	鄭公彥棻	東大圖書公司	民72 5
31	中華民國現代名人錄		亞太出版社	民72 6
32	法律問題彙編第四至第十輯	司法行政部	臺北監獄印刷工場	民49 7
33	司法行政論集一—八集	鄭公彥棻	司法官訓練所	民50 7
34	司法行政一年一—七集	司法部編纂會	臺北監獄印刷廠	民50 7
35	聯合報第七版			民73 10 26

附錄二：鄭彥棻先生著作一覽表

書籍名稱	出版書局及處所	出版年月
1 限制痲醉藥品製造的統計諸問題（法文本）	法國巴黎大學	民20 6
2 我對於國際聯合會應有的認識與態度		民21 6
3 合作教育的研究	中山大學法學院	民22 4
4 鄉村服務實驗區報告書	中山大學出版部	民25 4
5 推行機關學校化運動的意義方式和方法	廣東省政府	民31 6
6 怎樣才能使機關學校化	重慶出版社	民32 2
7 青年與訓練		民32 3
8 省政五論	廣東省政府	民32 5
9 從制憲到行憲	南京黑白出版社	民37 1
10 關於五權憲法	革命實踐研究院	民41 2
11 民生定義的眞諦	海外出版社	民41 5
12 徵印三民主義版本校勘報告	海外出版社	民41 6
13 五權憲法要義	中央文物供應社	民42 3
14 僑務問題的新認識	海外出版社	民42 5
15 從五權憲法的理論到中華民國憲法的制定		民43 7
16 革命領袖對海外工作的指示	海外出版社	民45 1
17 當前僑務	僑委會	民46 2

18國父在海外	海外出版社	民48 3
19僑胞的動向與路向	海外出版社	民48 10
20國父的治學精神與革命精神	海外出版社	民49 5
21鄭彥棻先生言論選集	大信圖書公司	民61 2
22景光集	三民書局	民64 2
23傳記精華第五集	中外圖書出版社	民64 9
24五權憲法的理論基礎	中華學報四卷	民66 7
25主義與憲政	中央黨部組工會	民66 10
26中華民國憲法之基本精神	陽明山莊	民67 1
27國父遺教講述	總統府人事處	民67 1
28往事憶述	傳記文學出版社	民67 6
29師友風義	東大圖書公司	民67 11
30國父思想闡微	正中書局	民68 1
31我們的總理	青邨幹訓班	民69 1
32憲法論叢	東大圖書公司	民69 9
33地方自治論文集		
34思齊集	東大圖書公司	民72 5
35國父的偉大及其思想探微	正中書局	民74 9
36國父孫中山先生	正中書局	民76 12

附錄三：鄭彥棻先生在報章雜誌發表刊載之鴻文

文章名稱	出版報章及處所	出版年月
1 努力闡揚 國父五權憲法的遺教	廣東導報	民61 6
2 念 蔣公談往事	廣東導報	民61 6
3 永懷今之恂恂君子	廣東導報	民61 6
4 團結奮鬥衆志成城	廣東導報	民61 6
5 鄒魯全集編印經過	廣東導報	民61 6
6 總統 蔣公對 國父思想的闡揚	廣東導報	民61 6
7 迎接光明的一年	廣東導報	民61 6
8 總統 蔣公的人權思想	廣東導報	民66 6
9 海濱先生的著述	廣東導報	民66 6
10 不朽的演講	廣東導報	民66 6
11 堅定信心加強團結	華僑問題論文集	民64 10
12 風雨中的定力	中央日報	民66 10
13 不憂不懼自立自強	中央日報	民66 10
14 效法總統 蔣公的革命精神	中央日報	民67 4
15 發揚 國父的革命精神	中央日報	民67 7
16 向團結革新建設的大道邁進		
17 我怎樣做訓育工作		

18國父上李鴻章書的研究		
19胡展堂先生對憲政的貢獻		
20積厚流光的馬星老		
21母校對高等教育的貢獻		
22胡漢民先生的學生修養學		
23革命者典型		
24五四運動在廣東		
25實踐機關學校化工作教育化的明訓		
26亮老對五權憲法理論與實施的貢獻		
27革命聖人朱執信先生逝世六十週年紀念		
28中華民國憲法的特質		
29鄒魯研究初集序		民69 1
30白石老人群蝦圖記		民70 1
31王寵惠先生對我國民主法治的貢獻		民70 1
32學優從政的循吏——林雲陔先生百年誕辰紀念		民70 4
33團結、光宗、愛國		民70 4
34我所認識的黃天鵬先生	青年戰士報	民71 4
35愛國、愛鄉、愛校	德明青年	民71 6
36中華民國憲法之基本精神	近代中國第二十九期	民71 9
37憲法第十二章之研究(上)	憲政時代八卷一期	民71 9
38憲法第十二章之研究(下)	憲政時代八卷二期	民71 10

39 樂教新聲——黃友棣教授著「樂韻飄香」讀後	中外雜誌三二卷四期	民 71 10
40 中華民國憲法的特質——以中華民國憲法統一中國的闡釋	中央月刊	民 71 12
41 舉世景仰的國父孫中山先生——我的體認與崇敬	近代中國雙月刊三十二期	民 71 12 31
42 慶雙十，談統一	廣東文獻季刊十二卷四期	民 71 12 31
43 憲法第十三章之研究（上）	憲政時代八卷三期	民 72 1
44 憲法第十三章之研究（下）	憲政時代八卷四期	民 72 4
45 我所崇敬的吳鐵城先生	中外雜誌月刊二百期	民 72 10
46 我與僑聯	中外雜誌月刊一九一期	民 72 1
47 一位平凡而清高的革命賢者——略述梅喬林先生的嘉言懿行	廣東報導九十二期	民 72 2
48 我對闊伯川先生的認識	近代中國雙月刊三十三期	民 72 2 28
49 陳樹人先生百年誕辰	近代中國雙月刊三十三期	民 72 2 28
50 五權憲法與世界憲法思想	中央日報	民 72 3
51 志行高潔的鄒梁定慧女士	廣東文獻季刊十三卷一期	民 72 3 31
52 吳忠信先生百年誕辰	近代中國雙月刊三十四期	民 72 4 30
53 五四運動的健將段錫朋——五四運動六十四週年紀念文章之二	藝文誌月刊二一二期	民 72 5
54 淺談國父創立的五權憲法	中央日報	民 72 6
55 國父當年在廣東高等師範學校講演三民主義的經過情形	廣東文獻季刊十三卷二期	民 72 6 30

56 先總統　蔣公的民主憲政思想(一)	憲政時代	民72.7
57 我對　國父的認識和景仰	憲政時代	民72.10
58 李文範先生百齡冥誕紀念	傳記文學二五九期	民72.12.1
59 曼谷之行	中央日報	民72.12.11
60 吳忠信公忠體國	中外雜誌月刊二〇二期	民72.12
61 五權憲法的基本認識與研究途徑	憲政時代九卷三期	民73.1
62 革命鬪士馮自由	中外雜誌月刊二〇三期	民73.1
63 悼念陸京士兄	中央日報	民73.1
64 恭聆　國父演講三民主義的感受	中央日報	民73.1
65 經歷六十寒暑而彌新(鄭彥棻先生談　國父講演三民主義的時代意義)	青年戰士報二版	民73.1.27
66 以今年的豐收展望明年的美景	臺北廣東同鄉會七十三年特刊	民73.2
67 紀念中國國民黨第一次全國代表大會暨　國父講演三民主義六十週年學術討論會紀實	近代中國雙月刊三十九期	民73.2
68 鄒海濱先生的生平	近代中國雙月刊三十九期	民73.2
69 鄒魯先生對教育的偉大貢獻——為紀念海濱先生百齡冥誕而作	青年戰士報二版	民73.2.7
70 國父的憲法思想與其革命思想體系	法令月刊三十五期	民73.3
71 蔣總統經國先生的民主憲政思想(一)	憲政時代九期	民73.4
72 敬述海師幾椿革命史實	傳記文學月刊二六三期	民73.4.1
73 春暉永憶	藝文志月刊二二四期	民73.5.5

74 衞道齋正統書法展	中央日報九版	民73 5 23
75 衞道齋正統書法弁言	衞道齋書會	民73 5 30
76 蔣總統經國先生的民主憲政思想(二)	法令月刊三十五期	民73 6
77 求學、爲人、做事	青年戰士報十一版	民73 6 26
78 先總統 蔣公的民主憲政思想	法學叢刊二十九期	民73 7
79 我見我思——「三民主義自序」重讀有感	中外雜誌二一〇期	民73 8
80 「國父的聖哲典型與待人風範」序言	中央日報十版	民73 8 25
81 孫文先生的憲法思想（中、日文）	孫文學說研究會演講辭	民73 8 26
82 我所景仰的朱執信先生	近代中國雙月刊四十二期	民73 8 31
83 革命老僑溫炳臣	中外雜誌二一二期	民73 10
84 鄒魯先生對民主憲政的卓識與篤行	憲政時代十卷二期	民73 10
85 中國國民黨改造之歷史意義與時代使命	近代中國雙月刊四十三期	民73 10 31
86 「三民主義自序」失而復得的經過及其題跋	德明青年七十一期	民73 11 10
87 驅逐馬列恢復中華——實現三民主義統一中國	中央日報二版	民73 11 25
88 我與中山大學	中外雜誌二一四期	民73 12
89 闡揚 國父憲法思想的演進	中央月刊十七卷二期	民73 12
90 宣揚主義團結僑心	中央日報九版	民73 12 16
91 國父與法國	近代中國雙月刊四十四期	民73 12 31
92 鄭彥棻先生主張創立華僑大學	亞洲報導十期	民74 1
93 訪問黨國元老鄭彥棻的檀島行	青年日報十一版	民74 1 18
94 盡義、盡忠、盡德	中央日報十二版	民74 1 22

95 工作即教育	大華晚報十版	民74 1 28
96 國父創立興中會前後的革命救國思想與作爲	近代中國雙月刊四十五期	民74 2
97 鄭彥棻題「國父手書三民主義自序」感言墨寶	美哉中華（畫報月刊）一九七期	民74 3
98 我所敬佩的黄季陸先生	近代中國雙月刊第四十七期	民74 6 30
99 偉大的國父——從辛亥革命說起	中央日報六版	民74 9 1
100 縱橫十萬年	德明青年七十七期	民75 6 16
101 薛伯陵將軍——我所尊敬的一位長者	中央日報第十二版	民75 8 13
102 中俄問題的國際輿論及其給與我們的教訓	旅歐黨聲月刊第二期	民19 6 1
103 我們對於國際聯合會應有的認識與態度	新亞細亞雜誌第一卷第四期	

滄海叢刊書目㈡

國學類

先秦諸子繫年	錢 穆 著
朱子學提綱	錢 穆 著
莊子纂箋	錢 穆 著
論語新解	錢 穆 著
周官之成書及其反映的文化與時代新考	金 春 峯 著

哲學類

哲學十大問題	鄔 昆 如 著
哲學淺論	張 康 譯
哲學智慧的尋求	何 秀 煌 著
哲學的智慧與歷史的聰明	何 秀 煌 著
文化、哲學與方法	何 秀 煌 著
人性記號與文明—語言·邏輯與記號世界	何 秀 煌 著
邏輯與設基法	劉 福 增 著
知識·邏輯·科學哲學	林 正 弘 著
現代藝術哲學	孫 旗 譯
現代美學及其他	趙 天 儀 著
中國現代化的哲學省思	成 中 英 著
不以規矩不能成方圓	劉 君 燦 著
恕道與大同	張 起 鈞 著
現代存在思想家	項 退 結 著
中國思想通俗講話	錢 穆 著
中國哲學史話	吳怡、張起鈞 著
中國百位哲學家	黎 建 球 著
中國人的路	項 退 結 著
中國哲學之路	項 退 結 著
中國人性論	臺大哲學系主編
中國管理哲學	曾 仕 強 著
孔子學說探微	林 義 正 著
心學的現代詮釋	姜 允 明 著
中庸誠的哲學	吳 怡 著
中庸形上思想	高 柏 園 著

儒學的常與變	蔡仁厚 著
智慧的老子	張起鈞 著
老子的哲學	王邦雄 著
當代西方哲學與方法論	臺大哲學系主編
人性尊嚴的存在背景	項退結 編著
理解的命運	殷　鼎 著
馬克斯·謝勒三論	阿弗德·休慈原著、江日新 譯
懷海德哲學	楊士毅 著
洛克悟性哲學	蔡信安 著
伽利略·波柏·科學說明	林正弘 著
儒家與現代中國	韋政通 著
思想的貧困	韋政通 著
近代思想史散論	龔鵬程 著
魏晉清談	唐翼明 著
中國哲學的生命和方法	吳　怡 著
孟學的現代意義	王支洪 著
孟學思想史論(卷一)	黃俊傑 著
莊老通辨	錢　穆 著
墨家哲學	蔡仁厚 著
柏拉圖三論	程石泉 著

宗教類

佛教思想發展史論	楊惠南 著
圓滿生命的實現（布施波羅密）	陳柏達 著
薝蔔林·外集	陳慧劍 著
維摩詰經今譯	陳慧劍 譯註
龍樹與中觀哲學	楊惠南 著
公案禪語	吳　怡 著
禪學講話	芝峯法師 譯
禪骨詩心集	巴壺天 著
中國禪宗史	關世謙 著
魏晉南北朝時期的道教	湯一介 著
佛學論著	周中一 著
當代佛教思想展望	楊惠南 著
臺灣佛教文化的新動向	江燦騰 著
釋迦牟尼與原始佛教	于凌波 著

唯識學綱要	于凌波 著

社會科學類

中華文化十二講	錢 穆 著
民族與文化	錢 穆 著
楚文化研究	文崇一 著
中國古文化	文崇一 著
社會、文化和知識分子	葉啓政 著
儒學傳統與文化創新	黃俊傑 著
歷史轉捩點上的反思	韋政通 著
中國人的價值觀	文崇一 著
紅樓夢與中國舊家庭	薩孟武 著
社會學與中國研究	蔡文輝 著
比較社會學	蔡文輝 著
我國社會的變遷與發展	朱岑樓主編
三十年來我國人文社會科學之回顧與展望	賴澤涵 編
社會學的滋味	蕭新煌 著
臺灣的社區權力結構	文崇一 著
臺灣居民的休閒生活	文崇一 著
臺灣的工業化與社會變遷	文崇一 著
臺灣社會的變遷與秩序(政治篇)(社會文化篇)	文崇一 著
鄉村發展的理論與實際	蔡宏進 著
臺灣的社會發展	席汝楫 著
透視大陸	政治大學新聞研究所主編
憲法論衡	荊知仁 著
周禮的政治思想	周世輔、周文湘 著
儒家政論衍義	薩孟武 著
制度化的社會邏輯	葉啓政 著
臺灣社會的人文迷思	葉啓政 著
臺灣與美國的社會問題	蔡文輝、蕭新煌主編
自由憲政與民主轉型	周陽山 著
蘇東巨變與兩岸互動	周陽山 著
教育叢談	上官業佑 著
不疑不懼	王洪鈞 著

史地類

國史新論	錢　穆 著
秦漢史	錢　穆 著
秦漢史論稿	邢義田 著
宋史論集	陳學霖 著
中國人的故事	夏雨人 著
明朝酒文化	王春瑜 著
歷史圈外	朱　桂 著
當代佛門人物	陳慧劍 編著
弘一大師傳	陳慧劍 著
杜魚庵學佛荒史	陳慧劍 著
蘇曼殊大師新傳	劉心皇 著
近代中國人物漫譚	王覺源 著
近代中國人物漫譚續集	王覺源 著
魯迅這個人	劉心皇 著
沈從文傳	凌　宇 著
三十年代作家論	姜　穆 著
三十年代作家論續集	姜　穆 著
當代臺灣作家論	何　欣 著
師友風義	鄭彥茶 著
見賢集	鄭彥茶 著
思齊集	鄭彥茶 著
懷聖集	鄭彥茶 著
周世輔回憶錄	周世輔 著
三生有幸	吳相湘 著
孤兒心影錄	張國柱 著
我這半生	毛振翔 著
我是依然苦鬥人	毛振翔 著
八十憶雙親、師友雜憶(合刊)	錢　穆 著

語文類

訓詁通論	吳孟復 著
入聲字箋論	陳慧劍 著
翻譯偶語	黃文範 著
翻譯新語	黃文範 著
中文排列方式析論	司　琦 著
杜詩品評	楊慧傑 著

詩中的李白	楊慧傑 著
寒山子研究	陳慧劍 著
司空圖新論	王潤華 著
詩情與幽境——唐代文人的園林生活	侯迺慧 著
歐陽修詩本義研究	裴普賢 著
品詩吟詩	邱燮友 著
談詩錄	方祖燊 著
情趣詩話	楊光治 著
歌鼓湘靈——楚詩詞藝術欣賞	李元洛 著
中國文學鑑賞舉隅	黃慶萱、許家鶯 著
中國文學縱橫論	黃維樑 著
漢賦史論	簡宗梧 著
古典今論	唐翼明 著
亭林詩考索	潘重規 著
浮士德研究	李辰冬 譯
蘇忍尼辛選集	劉安雲 譯
文學欣賞的靈魂	劉述先 著
小說創作論	羅盤 著
借鏡與類比	何冠驥 著
情愛與文學	周伯乃 著
鏡花水月	陳國球 著
文學因緣	鄭樹森 著
解構批評論集	廖炳惠 著
世界短篇文學名著欣賞	蕭傳文 著
細讀現代小說	張素貞 著
續讀現代小說	張素貞 著
現代詩學	蕭蕭 著
詩美學	李元洛 著
詩人之燈——詩的欣賞與評論	羅青 著
詩學析論	張春榮 著
修辭散步	張春榮 著
橫看成嶺側成峯	文曉村 著
大陸文藝新探	周玉山 著
大陸文藝論衡	周玉山 著
大陸當代文學掃描	葉穉英 著
走出傷痕——大陸新時期小說探論	張子樟 著

大陸新時期小說論	張放 著
兒童文學	葉詠琍 著
兒童成長與文學	葉詠琍 著
累廬聲氣集	姜超嶽 著
林下生涯	姜超嶽 著
青　春	葉蟬貞 著
牧場的情思	張媛媛 著
萍踪憶語	賴景瑚 著
現實的探索	陳銘磻 編
一縷新綠	柴扉 著
金排附	鍾延豪 著
放　鷹	吳錦發 著
黃巢殺人八百萬	宋澤萊 著
泥土的香味	彭瑞金 著
燈下燈	蕭蕭 著
陽關千唱	陳煌 著
種籽	向陽 著
無緣廟	陳艷秋 著
鄉　事	林清玄 著
余忠雄的春天	鍾鐵民 著
吳煦斌小說集	吳煦斌 著
卡薩爾斯之琴	葉石濤 著
青囊夜燈	許振江 著
我永遠年輕	唐文標 著
思想起	陌上塵 著
心酸記	李喬 著
孤獨園	林蒼鬱 著
離　訣	林蒼鬱 編
托塔少年	林文欽 著
北美情逅	卜貴美 著
日本歷史之旅	李希聖 著
孤寂中的廻響	洛夫 著
火天使	趙衛民 著
無塵的鏡子	張默 著
關心茶——中國哲學的心	吳怡 著
放眼天下	陳新雄 著